# 室町時代の一皇族の生涯

『看聞日記』の世界

横井　清



講談社学術文庫

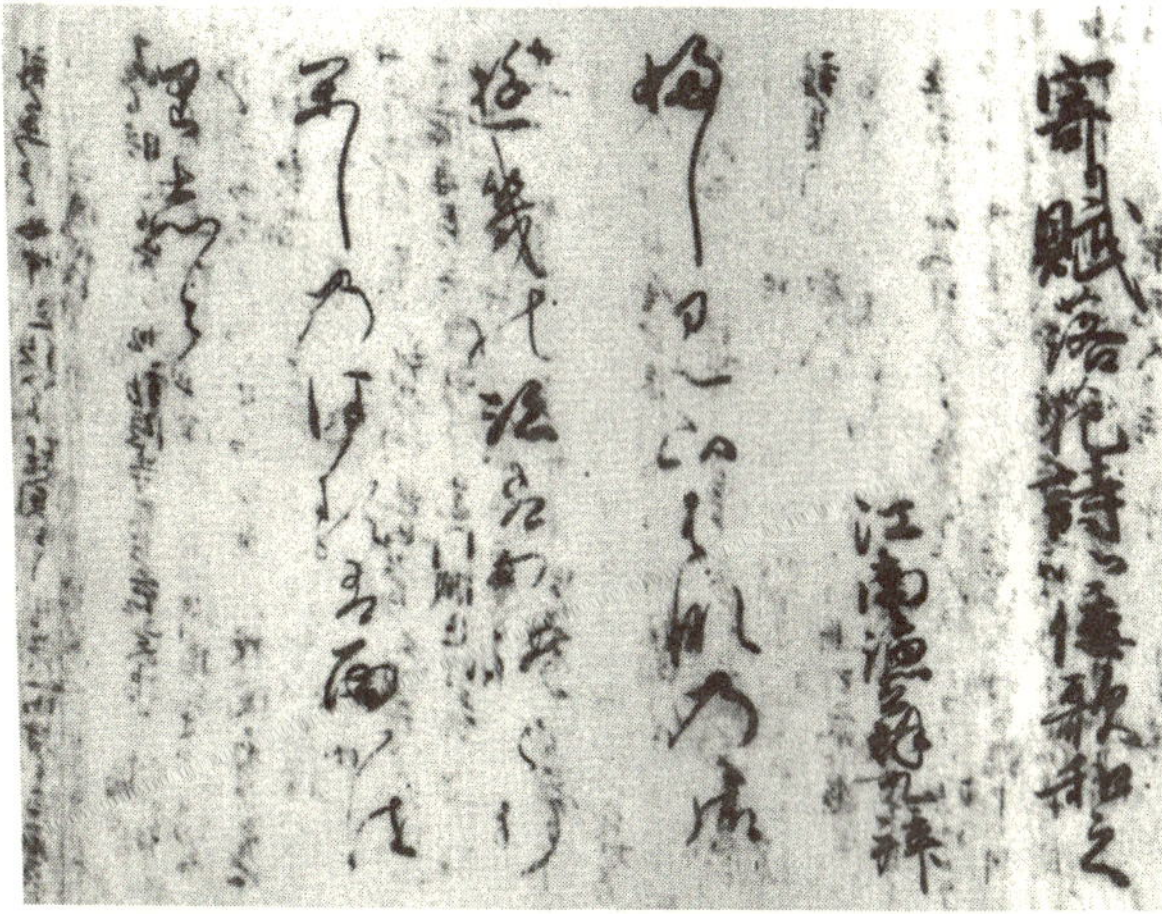

貞成親王筆　和歌一首懐紙（『看聞日記』巻七，紙背。宮内庁書陵部所蔵）

寄賦落花詩以倭歌和之

江南漁翁九拝

ふしみ山はなの御
ゆきの跡はあれとむ
かしのはるは面かは
りして

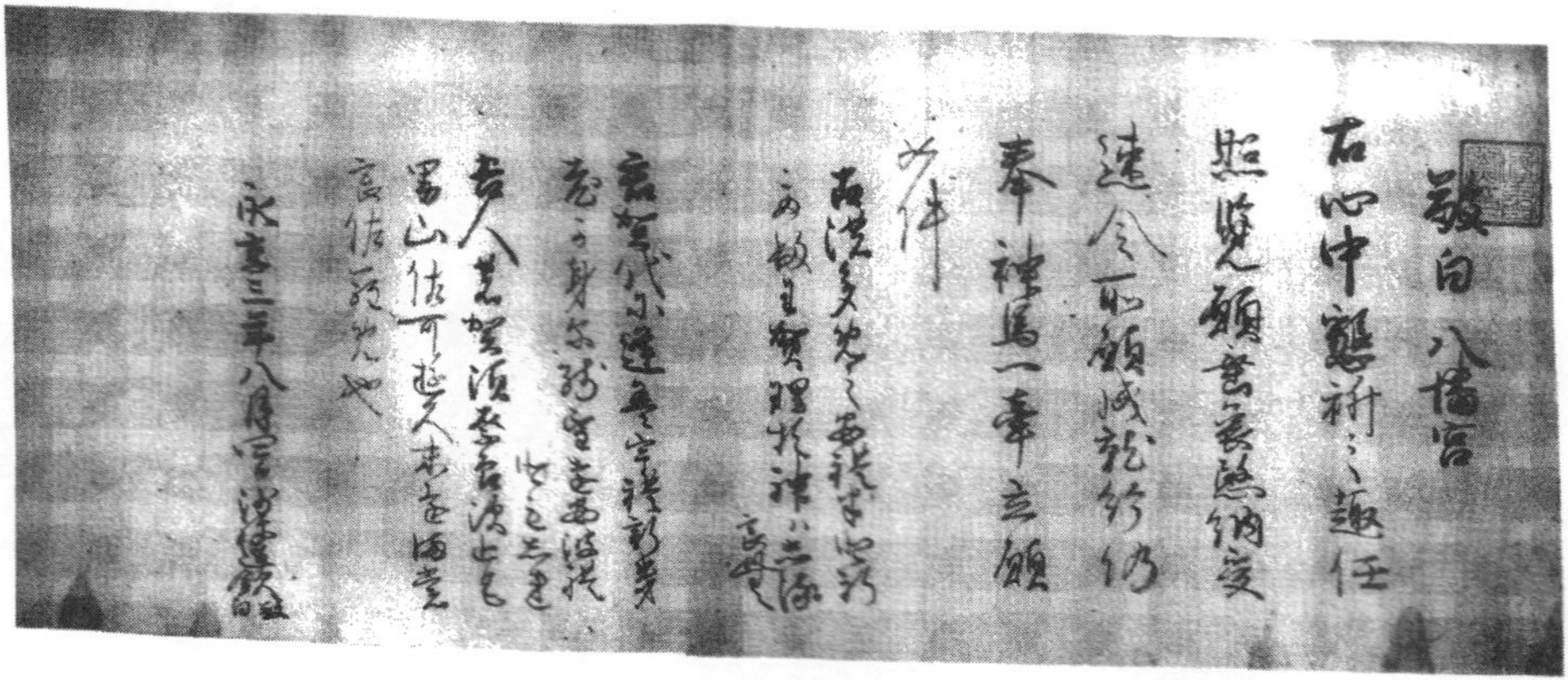

貞成親王筆 願文案（永享 3 年 8 月 4 日，『後崇光院御文類』。宮内庁書陵部所蔵）

# 学術文庫版の刊行に当たって

今回、学術文庫出版部より刊行されるに当たり、苦吟の末に面映ゆいばかりの新しい書名を付したが、中世史料としての『看聞日記』それ自体の分析・研究よりも、日記の筆者である伏見宮貞成親王の心性と一期とに焦点を合わせきろうと試みた小著には、新しい名のほうが近しいと言えるかも知れない。ただ、旧版に付していた副題（「王者」と「衆庶」のはざまにて）は、私が貞成という人物を自分に引き寄せつつイメージしつづけた際の「鍵」でもあったので、記憶にとどめておいてくだされればありがたい。

ところで、貞成親王は応安五年（一三七二）三月二十五日に誕生した室町時代前期の皇族であり、伏見宮第三代の当主であって、後花園天皇の実父に当たる。その伏見宮は、（南北朝時代の）北朝崇光天皇の第一皇子、栄仁親王を祖（初代）とし、その子治仁が第二代、治仁の同母弟貞成が第三代である。崇光天皇（兄）のあとは後光厳天皇（弟）が継いだが、その後は込み入った事情があって、ずっと後光厳天皇の流れを引く後円融天皇・後小松天皇・称光天皇が相次いで皇位を占めたため、同様に皇位継承者の地位にあったにもかかわらず、崇光天皇直系の父栄仁親王は即位できずじまいに終わった。

その栄仁親王の没後、嫡男の治仁が家を継いだが、後継の男子が得られぬままに間もなく頓死したので、予め治仁の猶子とされていた本書の主人公たる弟の貞成が、急遽、宮家を担い立った。時に、四十六歳。これ以降、貞成後半生の人生行路は、宮家の経済的基盤を確立し、祖父崇光天皇の嫡流を引く者として皇位を取り戻すことに集中され、これに、足利将軍家――四代将軍義持・六代将軍義教の意向や、後小松上皇・称光天皇の父子、それぞれの思惑が陰陽、微妙にからみつき、常に予断を許さぬ劇的な展開が高波のうねりのように繰り返されてゆく。その航跡を『看聞日記』の中に追う私の作業は、五、六百年もの歳月を隔てていながら、あたかも同時進行ドキュメントの如き様相を呈したのである。

さて、三十有余年にわたる『看聞日記』は、筆者貞成の胸の鼓動とともに、連歌・和歌・立花・順次茶会・聞香、さらには風流松拍（松囃子）の世界までも合わせつつ、この息詰まる歴史の過程を現代の私たちに生き生きと語り告げてくれる。すべては本文に譲るとして、もし幸いに読者の皆さんが、本書を通じていたく興趣を覚えつづけられるとしたら、それは本書の功などでは決してなく、あくまでも『看聞日記』という名の日記の、オリジナルな面白さ、筆者貞成の人間的な面白さ、さらには彼が生き抜いた室町の時代と社会そのものの面白さによることである。そのすべてが『看聞日記』の行文・行間・紙背に、毛細血管で緊密に連絡されつつ凝縮している。なんと恐るべき力を潜めた「日記」であろうか。だから、細切れに分解することもできず、史家にありがちの、気ままな摘み食いに終始することも許されがたい。いつも、生き物の肉体のように、「全体」として史家の眼前に蠢いて在る。その点に、およそ「日記」を扱う史家の仕事の愉悦と不安とは、根を発するものらしい。

＊

このたびは、漢字・かなの表記を適宜改めたり、よみがなを大幅に増やしたり、語義・文意を適宜補ったりして読みやすくするとともに、旧版での相当の誤記をおおむね訂正しえたのは実にありがたいことである。また、これは「凡例」でも触れていることだが、旧版で採用していた『看聞御記』の名を本来の名『看聞日記』に戻した。『看聞御記』の呼称は、続群書類従完成会発行の刊本（上下二巻）の普及により一般的に流布してきているが、貞成＝後崇光院の格段の立場に特別の配慮を加えた書名であるのは明白であり、いざ、いずれの名称を採用するかは日本史研究者として大切な事柄であって、その点を後年に深く反省して「日記」と「御記」の間」という小文を公にしたこともある。万一にも参看される機会があれば、望外の幸せである。（『文学』一九八四年七月号所載、小著『光あるうちに』阿吽社、一九九〇年、再録）

それから、旧版の冒頭に載せていた「伏見山寺宮近廻地図大概」（俯瞰図）は、近年、瀬田勝哉氏による同類複数の古絵図の綿密厳正な考証(注)の結果、それが基礎としていた原図が絵地図資料として信憑性を欠くことが明らかとなったので、熟慮の末に再録を差し控えた（これに関連して本文中で同図に言及していた箇所にも若干筆を加えたが、論旨への影響はない）。代わりに、いたって簡素なものだが現代の略図を巻末に添えて、読者の参考に供することとした。

（注）瀬田勝哉「「伏見古図」の呪縛」（『武蔵大学人文学会雑誌』第三十一巻第三号、二〇〇〇年三月）

なお旧版の初刷刊行（一九七九年十二月）以後に出された、『看聞日記』を主な材料源とする論考は、市野千鶴子氏の「伏見御所周辺の生活文化――『看聞日記』にみる――」（『書陵部紀要』第三十三号、一九八二年二月）をはじめ、本書では力量不足で手薄に過ぎていた宗教信仰をはじめとする多彩な室町文化の具体相や、貞成の膝元の荘園である伏見庄、そこでの庄民たちの生産・生活・自治自衛的組織などに関する研究論文を含めるとすでに相当数に上っており、本書の空白部を補って余りあるといわねばならないが、さし当たりは、管見のかぎりでのまとまった研究書として左の二書をあげておきたい。

（1）『伏見宮貞成の文学』位藤邦生著（清文堂出版株式会社、一九九一年）

これには、拙著でしばしば援用させていただいた位藤氏（中世文学）の諸論文に加えて拙著刊行以降の研究成果も収録されており、『看聞日記』・伏見宮貞成の研究者には必携の一書となっている。

（2）「伏見宮文化圏の研究――学芸の享受と創造の場として――」（平成一〇～一一年度科学研究費補助金〔基礎研究C〕研究成果報告書／研究代表者・熊本大学文学部教授　森正人、二〇〇〇年三月）

これは、森正人氏をはじめ安倍素子・坂口至・堀畑正臣・櫻井陽子・鈴木元・春田直紀・小川剛生の諸氏による共同研究の報告書であり、儀礼・北野信仰・古典・美物贈与・『看聞日記』所出人名等々の諸事項につき、分担執筆されている。この貴重な共同研究成果が広く活用さるべく、いずれ改めて上梓される日を鶴首待望する。

さらに、本書（「秋」の部とその注7）で言及していた村田正志氏の重要な論文「伏見宮栄仁親王の二皇子に関する史実」は飯倉晴武氏（宮内庁書陵部、当時）のご教示で初にその存在を知り、披見し得ていたものである。遅きに過ぎたがここに追記して、飯倉氏に謝意を表したい。当の村田論文と、同「後小松天皇の遺詔」とは、いずれも『村田正志著作集』二（思文閣出版、一九八三年）に、また『証注椿葉記』は、その四（一九八四年）に再録され、幸い容易に披見できるようになっている。

*

なにはともあれ二十三年も前、四十代半ばに筆を走らせた小著が甦るのはいささかならず気恥ずかしいが、それでも版が絶えて久しいこんにちのことなので、実に嬉しい。かれこれ欠点の数々をも含めて、著者自身、一方ならぬ愛着を覚えつづけてきた小著がようやく甦りの暁を迎えた今、往時の故大谷高一氏、牧野高明氏をはじめ「そしえて」社の皆様のご尽力に対して、改めて感謝の気持ちを深うする。それと併せて想うのに、旧版刊行直後の年末年始に大切な時間を割いて通読してくださった故林屋辰三郎先生が、洛北一乗寺のお宅で対面の砌、「読んだ。日記を扱うのに、あんなふうにやったとはな」とだけ呟かれ、それ以上には何も言及されぬまま視線も話題も転じられたのが、まるで昨日のことのように記憶に鮮やかである。その四年前に『内乱のなかの貴族——南北朝期『園太暦』の世界——』（角川書店、一九七五年）を上梓されていただけに、小著での構想や歴史叙述の手法について何か、先生ならではの端的かつ辛辣なご意見がおありだったに相違ないと身勝手に憶測して、折々に、あの瞬間の先生の表情と右手の仕草を懐かしく思い出してはきたのだが、それをお尋ねする機会は、ついになきままに終わった。

　最後に、当節このような時代に、こんなにも地味な中味の史書に眼をとめられ、万事に行き届いた配慮で蘇生を実現された福田信宏氏をはじめとする学術文庫出版部および講談社校閲部各位に対して、深甚の謝意を表したい。そして歴史学と文学のはざまにて身を傾けながら漂う私の、この旧作が、更なる批判に曝(さら)されながらも世代を問わぬ新たな読者の掌に載り、ささやかなりとも歴史の深みと人間の面白さにいちだんと心を開かれる縁(よすが)ともなれば、それだけですでに、史家冥利に尽きるのである。

二〇〇二年　秋　高梁川畔にて

横井　清

目次

## 秋

冬

# 凡例

一、『看聞日記』は、伏見宮貞成（後崇光院。一三七二～一四五六）の日記である。

一、『看聞日記』の書名は、宮内庁書陵部架蔵の貞成自筆原本に付された名称である。従来一般に『看聞御記』と称されることが多かったので本書の旧刊時（一九七九年、そしえて刊）にはそれをまったく便宜的に採用していたが、今回は原名に改めた。ただし、他者の著述の引用等に際しては原文のままにしてある。二つの名称を併用していることについて、あらかじめ読者各位の了解を得たい。

一、日記の本文引用は、すべて続群書類従完成会の刊本によった。ただし、ごく一部を除いては、現代仮名遣いによる読み下し文に改めるとともに、句読点を補訂したり、傍注・濁点・傍点を付したりしている。振り仮名も現代仮名遣いに従った。また、原文・原字について疑問を生じた場合に限って、影印本『看聞日記』（昭和九年、宮内省図書寮発行。巻子装）を参看した。

一、他者の論著からの引用部分に含まれる場合以外には、『椿葉記』は『群書類従』（続群書類従完成会刊）帝王部所収のものを用い、また『砂玉和歌集』（沙玉和歌集）は同じく和歌部所収のものを使用した。

一、和歌・連歌の引用に際しては、いっさい濁点を付さなかった。ただし、諸記録・文芸作品からの仮名交じりの原文については、出典での措置のいかんを問わず濁点を付した。

一、記述はおおむね日記の順を逐ってなされているが、年月が相当に隔たる記事を引用した場合、またその事実が記されている条を指摘した場合に限って、（ ）内に該当年月日を記してある。

一、各部の扉に掲げた春夏秋冬の文字は、いずれも『看聞日記』巻二一（応永二十三年正月―十二月）より選んだ貞成の筆蹟である。

# 室町時代の一皇族の生涯

『看聞日記』の世界

# 伏見の里――序　幕――

木幡山路に行き暮れて月を伏見の草枕

## 伏　見

室町の歌謡にそのようにうたわれて「貴賤上下」に親しまれた伏見の里は、京の南郊、伏見山のふもと一帯にひろがる田園であった。伏見と聞くと、人はきっと伏見城とか伏見の清酒とかを連想されるであろう。むろんのことそれらは桃山―江戸時代におけるこの地の象徴であり、伏見の歴史と文化を通観する際には落とすわけにはいかない。背景には城下町としての伏見の繁栄があったたし、またそれにつづく時代の郷土産業の発展がみられたからである。

この本の舞台となる伏見というのは実はそれ以前、室町初期から中期にかけての数十年間の伏見であるが、むろんのこと前史は長く、文献の上では山背国俯見村を根拠地として土器を貢進した贄土師部の存在と活動を示す『日本書紀』(雄略十七年)の記事が初見とみられている。その後の歴史では、とくに平安時代なかば以降に、伏見の風光を賞玩する都人士に大いに好まれて山荘(別荘)の地となり、それぞれにゆかりの寺々も営まれるようにはなっていた。けれども、いくばくかの寺社、緑なす山林・田園、農耕や漁撈や商いにいそしむ里人たちの生活ぶり……といったことどもを除けば、格別これといって目立つこともない、ごくふつうの荘園にすぎなかったのである。

## 貞成親王と『看聞日記』

ところで、室町前半の一時期には、この伏見の里の一角にはたいそうやんごとなきお人が住んでいて、好話題に富んだ厖大な日記を後世に書き残してくれた。その人の名は、後崇光院伏見宮貞成親王といい、日記を『看聞日記』(『看聞御記』)という。この人の名はいかにも長々しく、固苦しいようだが、最初にかかげたような歌謡の一節を耳にしてもたぶん相好を崩しつつ、自分も思わず手を拍って歌いだし、楽しみを「衆庶」と分かち合える感性の柔らかさを持ち合わせていたにちがいあるまい。そういう人であった。その身は、覚悟一つを分かれ目として、事と次第では「王者」の座につくことができたかも知れぬのに、それこそ諸般の事情をまことに賢明に判断して呑み込んでしまい、丸坊主となり、禁裏と幕府の双方に適切な眼くばりも果たしながら、しかも都鄙の「衆庶」の生活と心情にも深い関心を寄せつづけたのである。本書（そしえて刊版）の副題（「王者」と「衆庶」のはざまにて）は漠然たるものではあるが、このような言い方で貞成親王をあえて位置づけてみることによって、初めて彼は矛盾の相にみちみちた、時にはその治者意識への反発を惹き起こしかねない、それでいてなんとも憎めぬ親しさ近しさを感じさせずにはおかない――そういう人柄を、私たちの眼前に開き見せてくれるのではあるまいか（「貞成の名は後年元服時の名乗りであるが、それ以前についても便宜上そう呼ぶこととする）。

さて、『看聞日記』は、応永二十三年（一四一六）正月一日に始まり、文安五年（一四四八）四月七日に終わる。惜しくも散佚し去り、私たちの眼にはふれない分を無視して算ずれば、通算三十三年におよぶのである。その人の年齢に照らせば、四十五歳の年の新春から七十七歳の年の初夏まで（旧暦）ということになる。全四十三巻。それに、新たに刊行された重要な別記類が加わるのであるから、これはこれで、けっこうな分量にちがいはない。

　ところが、日記とその筆者との関わりようを追っていく身となると、これはいずれの日記についてもいいうることだが、筆者「個人」の前半生に関しては当の本人の筆先に出た日次記からはなに一つとして看取しえないという条件は、まことに苛酷というほかはない。しかも、貞成親王自身の記すところを信ずれば、最初から書いてはいなかったのである。つまり『看聞日記』の冒頭巻である応永二十三年の巻の裏に記された「日記　自今年書始之　以前不書」（日記、今年よりこれを書き始む。以前は書かず）という十二文字をじっと見ていると、「これまでのことは人に知られとうもないし、記す気とてなかった」とつぶやいているようでもあるし、「いよいよ日記というものを本気で記し継ぐべき立場に自分は立った。そのことがはっきりと今わかった」とわざわざ記しているようにも思えてくるのだ（一一九頁図版参照）。

　しかしながら、そういう身勝手な、しかも根拠薄弱な当て推量も、当面は意味がないようである。というのは、『看聞日記』はたしかに貞成親王の真筆なのだが、応永三十二年以前の分については、本人の手によって全体が清書し直されて今日に伝わるものであって、さき

の裏書とて、清書の際の新規の書き入れと推測されるからである。すなわち、当の裏書の十二文字に続いて、彼は、

此年有㆓大通院御事㆒（この年に大通院の御事有り）

と記しているのだ。懐かしい父、栄仁親王の逝去の頃を偲んでの筆である。おのれの日記の清書本の、最初の巻の裏に、「この年までは日記は書いていなかった」と記すとともに、「日記の書き始めの年に父は世を去った」と記している。日記を書いていなかったとする「告白」と、父が逝った年だったという「想い」とは、通りいっぺんの解釈を拒絶しかねない雰囲気を感じさせる。「いや、それは少し考えすぎなのではないか。」「そうではない。何かがその瞬間に彼の胸の中を去来したのだ。」「やはり、それは歴史研究者としては抑制してよいほどの思い込みすぎだろう。後世の人に対して、これ以前の分はないという事実と併せて、書き始めたその年に父が世を去ったという、その二つの事柄のみを彼は自然に記し残したのにすぎないのだ……。」そういう〝対話〟が私の中でもつれ合い、絡み合う。

けれども、あれこれ思いあぐねての末に得られる結論は、ただ一つである。すなわち、裏書に記し込まれた二つの事柄には、貞成親王という人の誕生から閉眼にいたる「個体」史に深く関わりつづけたであろう、人としての想いが秘められているにちがいない——ということである。『看聞日記』という、まこと饒舌にして波瀾と珍奇に富む「日記」の世界を支え

とおしていたある種の強靱なる精神力は、たぶん、合計二十文字の裏書にその根っこを露わしていたとさえ思われてならないのだ。一つには「日記」を書かなかったという前半生の意味であり、二つには亡き「父」への想いを通しておのずと浮かびくる伏見宮家の閲歴の意味が、そこにはこもっている。そう見てとってのことではあるが。むろん、考えすぎとの批難は甘んじて受けなくてはなるまいが、しかし多少の考えすぎや思い込みをすら、あえて犯す心の働きを押さえ込んでしまっては、一つの「時代」を生きた一個の「人間」に真っ向から立ち向かい、理解することはできないともいえようか。文字なき「空白」部に広がっていたはずの、広大無辺際の宇宙——。

それはそれとしてのことだが、『看聞日記』は、昭和五年（一九三〇）に続群書類従完成会の尽力で、宮内省図書寮（現宮内庁書陵部）所蔵の貞成親王自筆原本が翻刻刊行され、それ以来、同時代の政治・社会・文化の諸相についての研究は大いに助けられた。現在『続群書類従　補遺』に収められる『看聞御記』上下二巻がそれである。そして、昭和四十年に至っては、宮内庁書陵部の編になる『図書寮叢刊　看聞日記紙背文書・別記』一冊が刊行されて、従来私たちがなじみきっていた日記本文のほかに、貞成親王の人となり、その好みの方向性や姿形をさらに深くうかがい知るための、紙背に潜んでいた厖大な領域が明るみに引き出されたのである。文芸の面に関しては、多くは連歌懐紙の類であり、消息の面では、ほとんどが断簡遺墨にすぎぬ……と言ってしまえばそれまでであろう。しかし、その年その月の連歌会の本文記事を裏づける懐紙であったり、交際・所領問題に関わる消息であったりすることを思えば、これはこれで日記と筆者の世界に多少とも深入りしたいと考える者にとっては、まことにありがたい大切な〝道具〟が関係者の苦心によって世に送られたのであった。数点の「別記」類も併せてのことである。その上に、同じく宮内庁書陵部編で、昭和五十三年に『図書寮叢刊　後崇光院歌合詠草類』が刊行されて、貞成像に迫るための小径（こみち）はさらに増えた。

とまれ、貞成親王の八十五年の生涯を、四季の移ろいゆくのに乗せて春夏秋冬の四部に分かち、一（ひと）とせになぞらえて章を十二に仕立てつつ、読者とともに『看聞日記』とその筆者の世界へ、思いきって歩み入ることとしたい。

さて、歴史の幕は南北朝内乱の終焉近いころに開かれる。一三七二年のことであった。

# 春

かすめるを月やあらぬとうらむれは我身一つの涙成けり――砂玉和歌集――

# 一　薄明のなかの青春

## 誕生

応安五年（一三七二）三月二十五日、晴。この日、一人の男子が生まれた。元気のよい産声が響きわたり、安産を祈りつづけて見守っていた人びとの表情がその一瞬にくつろいだにちがいない産屋が、いったいいずこにあったのかはわかってはいない。たしかなことといえば、その嬰児が「貴種」の血を承けてこの世に生を得たこと、父の名は伏見宮栄仁親王、母は三条実治の娘治子、西御方であったということだ。本書の主人公、貞成の誕生である。

ずっと後年、六十二歳の年に貞成自身が筆先を通して洩らしたところでは、「襁褓の時」、つまり、おむつをしたままのまだ幼かった頃に、彼は今出川公直という公家の邸で養育される身となったという（『椿葉記』）。

ところで、その今出川氏は藤原北家閑院流で、もともとは、西園寺実氏（文永六年、一二六九年没）が京の今出川殿に住み、その子孫代々が「今出川」と称していたのだが、実氏の孫実兼の四男である兼季の代に「今出川氏」を称したとされており、これをもって同氏の始祖とみなしている。面白いことにはこの兼季という人、無類の菊好きであって、邸内の庭を菊花でうずめ、世に「菊亭」の異名をとったくらいで、子孫代々「菊亭」を通称としたので

ある童子の像（『稚児大師絵巻』部分）ふくよかな頬，両の肩に振り分けられた髪，掌を合わせた可愛い手。どこの誰とも知れぬ童児がモデルの肖像画であろうが，その容貌を後代に伝えてくれなかった貞成の，幼い頃の面影を偲ばせるものがある。

あった。菊亭家……といえば今出川氏、というぐあいにである。むろん、公直の代にも菊亭には菊花が溢れていたのかどうかまでは調べはついていないのだけれども、幼い貞成が菊花の季節にはその香につつまれて育ったのだとしたら、それはそれで想像するだに心温まる光景ではないか。

しかし、そうは言ってみても、誰の眼にもあどけなく、愛らしく映ったにちがいない彼のおもざしや姿形とは裏腹に、「貴種」の流れに立つとはいえ父栄仁親王を初代とする伏見宮家の当時の現実は、なかなかに厳しいものであったようだ。宮家の置かれていた現実の厳しさとは、いったい何か。それをたしかめるためには、私たちは少しばかり時代をさかのぼってみなくてはならない。いかにもまわりくどいようだが、そうすることで初めて、貞成という人物、その心の一角に深入りしていく道が開かれるであろう。

## 持明院統と大覚寺統

高校日本史の勉強のおさらいみたいだが、鎌倉時代の末期に「両統迭立」というのがあった。ここで別掲の「二つの皇統」を眺めてみよう。最初に示してある後嵯峨天皇は、承久の乱のあと四国の土佐に配流された土御門院の第一皇子であったが、仁治三年（一二四二）に四条天皇死去のあとを承け、執権北条泰時に擁立されて皇位についた人である。在位わずか四年にして寛元四年（一二四六）に第三皇子久仁親王に譲位した。これが後深草天皇であるが、後嵯峨の院政下で正元元年（一二五

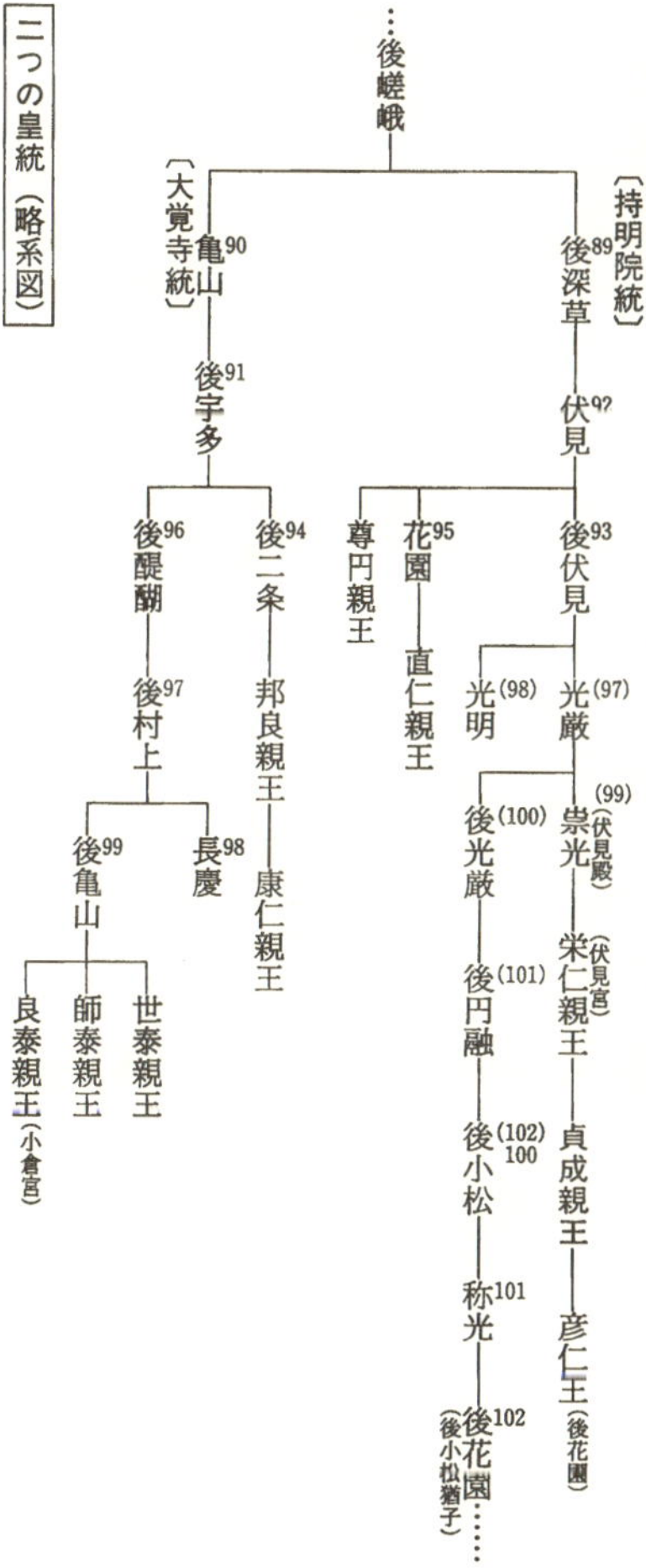

二つの皇統（略系図）

九）に同母弟の恒仁親王に位を譲った。亀山天皇である。ところが、父の後嵯峨院は、ひとしおこの亀山を寵愛していたのみならず、文永九年（一二七二）に世を去るに際しては、後深草にとっては痛恨の一撃ともいうべき遺詔を残したのである。一つには、後深草に皇子があったにもかかわらず、亀山のあとの皇位はその第二皇子世仁親王に継がせるべきこと、二つには、それ以後も皇位継承は亀山の系統によるべきこと――であった。この遺詔どおりに、文永十一年（一二七四）に亀山は世仁親王（後宇多天皇）に譲位し、後嵯峨院亡きあとの院政を受け継いだ。そしてここに、皇位継承をめぐる二つの皇統、すなわち後深草系の持明院統と、亀山系の大覚寺統の対立が始まった。

事態を重視した執権北条時宗は、亀山院に対して、後深草院の皇子熙仁親王を後宇多天皇の皇太子とするように奏上。これが実現して、弘安十年（一二八七）には後宇多のあとを承けて熙仁が即位し（伏見天皇）、後深草が院政をにぎった。伏見のあとは第一皇子胤仁親王が承けたが（後伏見天皇）、それ以後は、略系図にみられるとおり後醍醐（大覚寺統）にいたるまでの皇位は、両統交互に継承されることとなった。

けれども、両統間の〝皇位独占志向〟は、容易には収まらない。周知のように、双方の和解のための〝文保の和談〟（文保元年、一三一七）も実現したのだが、なお矛盾と対立は尾を引いた。そして、その翌年に持明院統の花園天皇のあとを承けて後醍醐天皇が即位したのだが、天皇を中心とする倒幕計画が進む中で、正中の変、さらには元弘の乱が起こり、後醍醐がいったん離京する一方では北条氏の擁立する持明院統の光厳天皇（後伏見天皇の第一皇子）が即位して、二人の天皇が並立する形になった。光厳は、在位あしかけ三年で幕府の倒壊とともに位を退いたが、後醍醐による建武の新政が崩壊したあとは、足利尊氏に支えられて光明天皇（光厳の同母弟）が即位を遂げ、ここに後醍醐―後村上……と続く「南朝」と、光明―崇光……と続く「北朝」とが、半世紀以上にもわたる確執と抗争の歴史の幕を切って落としたのである。

## 崇光院と後光厳院

さて、話は戻るが持明院統に焦点を絞ってみなおせば、光明のあとは光厳の皇子興仁（初め益仁）が光明の皇太子となって、貞和五年（一三四九）に即位した。崇光天皇であり、貞成の祖父に当たる。当時十六歳。その翌々年、観応二年（一三五一）の十月には足利尊氏・義詮父子が南朝方に降伏するという一幕があり、崇光天皇は皇太子直仁親王（花園天皇皇子）とともに廃止されて、また翌年には光厳院・光明院といっしょに南朝方の北畠顕信（親房の二男）に捕らわれて大和の賀名生まで連れていかれるという悲運に遭った。五年後の正平十二・延文二年（一三五七）に帰京し、同年二月十八日に伏見の邸（伏見殿）に身を収めて余生を過ごしていたが、明徳三年（一三九二）に出家を遂げ、応永五年（一三九八）正月十三日に、六十五年の生涯を閉じた。

崇光天皇が廃され、吉野に幽閉されて自由を奪われているうちに、室町幕府二代将軍足利義詮の要請で皇位を継いでいたのが光厳院の第三皇子弥仁王、すなわち後光厳天皇であり、崇光の同母弟である。後光厳は応安七年（一三七四）正月二十九日に歳三十七の若さで世を去ったが、それに先立つ応安四年三月には十四歳だった皇子緒仁に譲位して、その践祚を実現していた。後円融天皇である。

ところが、ここで一つの問題が生じていた。もともとは、貞成がのちに『椿葉記』で記すところでは「だいりはふしみ殿と御中よく申つうぜられ侍る」という次第で、後光厳と崇光とは仲が良かったらしいのだが、それがまずいことになってしまったのだ。

このころ、将軍職は足利義満が受け継いでいたが、利発な人とはいえ、まだ十三、四歳の年少で、「執事」の細川頼之が一切を代行して執りしきっており、「譲国のさたやう〳〵風聞せし」折から伏見殿（崇光）より日野中納言教光を勅使として幕府に送り、「御深草院以来、正嫡にてまします御理運の次第」を説き、親王栄仁の践祚のことを積極的に申し入れていたのである。つまりは後光厳の子の緒仁を立てるか、それとも崇光の子の栄仁を立てるか——という、持明院統内部における皇位継承の争いである。

ちなみに、賀名生での幽閉生活から解き放たれて帰京した時、すでに崇光院はその系脈のものが皇位につくのを断念するように約束させられていたのであって（『満済准后日記』、永享五年十月二十三日条）、本来ならば栄仁親王をこのように推すのは憚られたはずであった。そこをあえてと身を乗り出しての内々の働きかけなのである。

さて、崇光院からの申し入れに対する幕府の返事は「聖断たるべきよし」、すなわち「後光厳天皇の裁断にまつ」ということであった。伏見殿は、かようなことについては「承久以来は武家（幕府）よりはからひ申す世になりぬれば、いかにも申さたせらるべきよしを、さいさむおほせらる」というわけで、要するに幕府に決断を求めたのであるが、頼之は

「だいりより、べつして頼之朝臣を頼みおほせらるゝによりて、所詮いづかたの御事をもいろひ申まじきよしを申て」、内裏（天皇）へも伏見殿へもとやかく干渉がましいことは申すまい…という態度で受け流しつつ、結局は緒仁の皇位継承に持ち込んだ、というのである。その結果、崇光と後光厳の兄弟は「たちまち、御中あしくなりて、近習の臣下も心々に奉公ひきわかる」という為躰になった。

　さて、後光厳院の没後に正式に即位した後円融天皇は、永徳二年（一三八二）四月、第一皇子の幹仁親王（後小松天皇）に譲位した。つまり、本来は〝嫡流〟を主張しうる立場の崇光院（兄）の流れがまたも排されて、後光厳院（弟）の系統から天皇が出たことになる。崇光院が光厳院の〝嫡流〟なればこそ、持明院統に伝来の長講堂領・播磨国国衙領も崇光院が継承していたのであり、そういう自負心、主張の根拠があって、あえて崇光院は栄仁親王を推しつづけようと試みていたわけだが、先述のように、なんとしても、皇位を断念するという誓いを立ててしまっていた上は公然たる動きもならず、幹仁親王の践祚・即位を斜めから眺めるのみであった。このように、このたびは伏見殿も重ねて「御微望」すらも申し入れることはなかったから、「あらそふかたなく、一の御子（後小松）に即ぬ」というふうに収まった――というのが『椿葉記』の説明である（この点については後に再述）。後小松天皇、この年わずか六歳。一方の栄仁親王は、「皇位」が永久に遠ざかる中で、すでに三十二歳であった。

大光明寺　臨済宗相国寺派の寺で，京都市上京区相国寺門前町にある。もと伏見にあり，栄仁没後に大通院が境内に置かれて以後は伏見宮の菩提所。曲折を経て江戸初期の元和初年に相国寺境内に移転。

## 父と子

栄仁親王は崇光院の第一皇子で、観応二年（一三五一）に生まれた。母は権大納言庭田重資の娘資子である。応安元年（一三六八）一月二十一日、十八歳で親王宣下を受け、二十五歳の年の永和元年（一三七五）十一月十三日、伏見御所において元服加冠した。加冠の役は右大臣藤原忠基が勤めた。

この皇子の将来に父崇光院が託した夢は大きかったが、結局は二度にわたる〝機会〟を逸し去り、父子ともども伏見の一角に失意と不遇の日々を送らねばならなかったのである。

しかし、そのうちには政情もしだいに大きく変わりをみせはじめた。「天下の事は大樹（将軍＝義満）執行はせ給ふ」（『椿葉記』）というぐあいにである。すでに義満は二十一歳の年に室町の新邸、花御所に移り、次の年には有力守護大名の一人であった土岐頼康を討ち、また幼少時より補佐の任にあった細川頼之を管領職より追い立てて、その本拠たる讃岐に帰らせていた。そして、二十六歳の年に源氏長者、次に淳和・奨学両院の別当、さらには准三后（准后）の地位にまで昇った。准三后とは、この時代には名誉称号と化してはいたものの太皇太后・皇太后・皇后に准ずる待遇を指すのであって、すみやかな栄進ぶりが偲ばれよう。

そのころ義満は、よく伏見殿へも遊びにきたといい、沈みがちであったろう父子の御所もさすがに「いと、ときめき給ふ」風情であった（『椿葉記』）。また至徳元年（一三八四）の、たぶん十一月には、崇光院の亡き母、陽禄門院秀子（前内大臣正親町公秀の娘、文和元年十一月二十八日没、行年四十二歳）の三十三回忌の仏事も、義満の支えがあってのことか、伏見大光明寺でおごそかに、かつ盛大に営まれたりして、なかなかと晴れやかな一時期があったとみえる。その法会の席には、十三歳になっていた貞成も参席して祖父や父母と対面していたであろうが、それはともあれ、そうした義満と伏見殿との交流は、当然のことながら父子の心になにほどかの「本望」を甦らせたようである。しかし、それ以上の幸運が開かれることはついになかったのである。

さて、その後のこととしては、康応元年（一三八九）八月十三日に栄仁の外祖父に当たる庭田重資が八十三歳で天寿を全うし、さらに明徳三年（一三九二）閏十月十四日には栄仁の母資子の実兄、田向資蔭が世を去り、その翌月三十日には父の崇光院が伏見御所において薙髪入道した。この年、五十九歳。戒師は相国寺第三世、鹿苑院主の仏日常光国師（空谷明応）であった。本来ならば法親王（仏門に入った皇子）の授戒によるべきところ、〝先皇〟とはいえ概して「閑素」「幽閑」な様子であった伏見殿では、わざわざその道もとらず、また禅宗や律宗の戒師も先例がないわけではないということで、後小松天皇に説法した功で国師号を賜っていた近江浅井郡出身のこの臨済禅僧が戒師に指名されたものである。

ところで、同年閏十月には、永年にわたった南北両朝の対立に終止符が打たれている。同月二日に南朝の後亀山天皇が帰京し、五日には北朝の後小松天皇に〝正統〟の証たる「神器」を伝授したのであった。

この年、貞成は早二十一歳になっていた。各地での戦闘の風聞も、神器授受の日の模様も、ひっそりと菊亭の中で人伝てに耳にしていたのであろうか。はたちをすぎたというのにまだ元服の儀もないままで、いわゆる曹司住(部屋住み)の身であった。父栄仁自身が不遇の親王であり、家督のことでは、これまた貞成と同様に無位無官の身ではあったが兄に治仁という人がいた。「貴種」とは言い条、しかるべき官位もなければ家督を継ぐ見込みもないという若者が、いったいどのような青春の日々を過ごしていたものか。和歌・連歌、そしてさまざまの遊びごとに日を過ごす――というのが見やすい筋道だけれども、あとに述べるようにほんの一時期「俗躰」でなかった事実のほかは、いっさいが薄明の中に閉ざされ、史料は多くを語らない。ただ一つ、ずっと後年に貞成が「幼稚のそのかみ」、つまりはまだ幼少であった昔の話として伝える一挿話は、父への形ばかりのほめことばの域をはるかに超えて、栄仁と貞成という父子の間に流れていた熱い情を偲ばせていて、若き貞成の軌跡をたどる者の胸を強く打つのだ。

ある時貞成は、天台宗寺門派三門跡の一つであった聖護院に入って僧侶としての生涯を送るはずであった。当時の門跡は覚増法親王といい、後光厳院の皇子の一人で、右衛門佐局

貞成親王とその身辺（略系図）

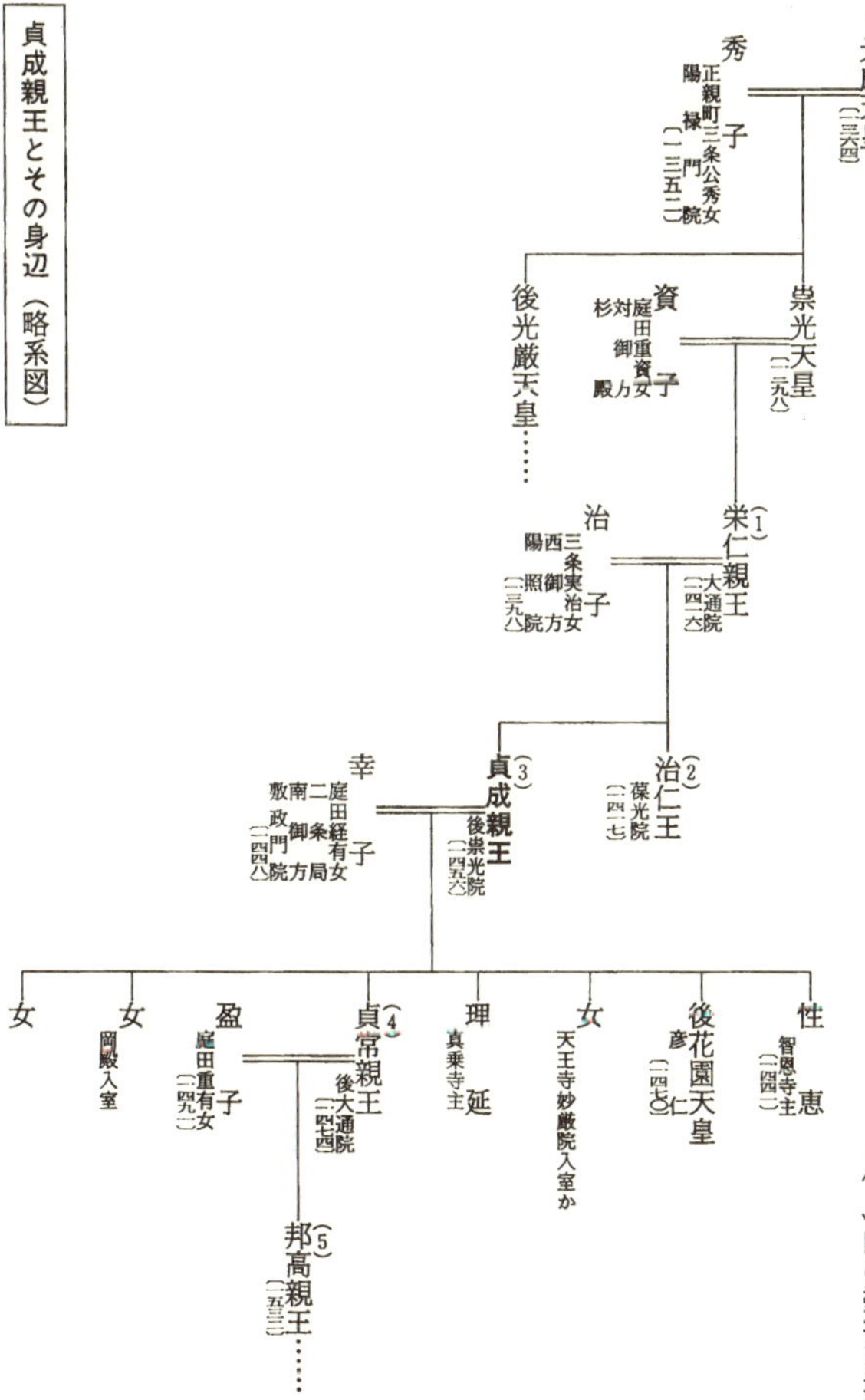


＊〔　〕内の数字は没年

と称する宮仕えの人を母に、貞治二年（一三六三）に生まれ、のちに臨済禅僧の春屋妙葩のもとで喝食（禅寺で食事時を報知する役、稚児）となったが、ゆえあって春屋から離れ、養い親の前大納言今出川公直のもとで日を過ごし、応安六年（一三七三）に聖護院に入って出家、明徳元年（一三九〇）に二十八歳で没している。貞成の父栄仁とは従兄弟に当たるわけである。それはともあれ、貞成の入寺が滞りなく行われ、そのままでいったとしたら、やがては法親王として門跡の地位に昇ったのであろうが、しかしすでに入室の日取りまで決まっていたにもかかわらず「ふしぎの障碍いできて」急にとりやめとなってしまった。その事情はいっさい不明だが、かねてよりの崇光—後光厳の兄弟の〝仲〟のぐあいの悪さに一因を求める考えもすでにあって、うなずかれるのである。

ところで、これに続けて貞成自身が記し込んだ文言は、きわめて重要と思われる。ゆっくりと読みついでみよう。

……つら〱思ふにも、こなたさまの身は、もんぜき（門跡）をさへきらはる（嫌）ゝ程の員外の事にては、ひたすらにうき世（世）をそむき（背）て山林にこそおもひ入べきを、なを執心ふかくよにあらん事を祈念してすぐし（過）侍るほどに、慈父の恩愛によりて俗躰になりぬ。……

（『椿葉記』）

我流で訳すと、次のようになろうか。

……つらつら思いますのに、当方伏見宮家の者の身は、門跡寺院に入ることすら嫌われるほどに、数の内に入らぬ立場なのであれば、いっそのこと、ひたすらに現世に背を向けて山林にすべてを入れ込んでもよろしかったのですけれど、それでもなお執念深く現実の俗世間の中に生きてみたい、生きてゆきたいと祈念しつづけて日を過ごしますうちに、ありがたいことには慈父栄仁親王様の恩愛により、俗躰の身に戻りましてございます。……

〝先皇〟の血脈を承けていながら、たまさかにしか〝世にときめく〟ことのなかった伏見宮家の立場がここに浮かんでおり「員外」の宮家の者という自己認識＝劣等感・疎外感のありようが貞成自身の中で入道への「障碍」を転機としつつ一つの〝無常観〟を惹き起こし、さらにはそれがしたたかな発条に転化して現世への執着心＝生き抜く気力を呼びさましたという事情が、若き日の貞成の精神的軌跡として明確にあとづけられている。「ひたすらにうき世をそむきて山林にこそおもひ入べきを、なを執心ふかくよにあらん事を祈念してすぐしていた吾が身を救って「俗躰」に戻してくれたのが、父であった。〝山林にこそ〟の一句はまさに〝無縁〟の境界に身を置くことを指していて、なまはんかの重みではない。そこに入るべき身を引き戻してくれた父栄仁を「慈父」といい、その「恩愛」をありがたく想う心根は、「秋」の部の第七章でも詳述するように、吾が子彦仁王の即位という、伏見宮家の〝枯木″に開いた大咲きの花を吾が眼に映してのちに文字にされたものではあったけれど、そういういきさつを離れてみても「俗躰」に戻っていてほんとうによかったという喜びの念と、父への想いの篤さとは疑うべくもあるまい。たしかに不遇ではあったが、貞成にすればまこと、かけがえのない良き父であった。毎日その顔を眺めて過ごせる位置にその父がいて、笑ったり怒ってみせたりしてくれたわけではなかったのだが――。

**五人の母**

少なくとも……の話だが、貞成には五人の母がいた。一人は生みの母、あとの四人は、かなり早い頃から栄仁の傍らに侍っていたらしい側妾である。

生母は、西御方で、中納言三条実治の娘、治子である。同じ流れに阿野家というのがあり、これも藤原北家閑院流で、しかも、「権中納言実治」という人がいたことから、二人の実治は混同されやすい。この点については、つとに村田正志氏の考証があって、もはや疑うべくもないのである[注1]。

ところで、生母以外の四人は、後年の呼称に従えば、宝珠庵（廊御方）・東御方・廊御方（近衛局）・典侍禅尼であったが（応永二十七年八月十五日条）、なかでも特に重視してよいのは東御方である。

その東御方は、はじめの頃には対御方とも呼ばれ、正平十八・貞治二年（一三六三）に三条実継の娘として生まれた人で、どうやら機智にも富んだ才気煥発な女性であったようだ。栄仁親王との間に四児をもうけながら西御方（正室）の子の治仁や貞成のことにも気遣いして、嘉吉元年（一四四一）五月に世を去るまで七十九年の長寿に恵まれた。その間に、腹を痛めた四児にはすべて先立たれる不幸にも遭っている。貞成生母のことはくわしくはわからないのだが、貞成とはまるで姉と弟のようにわずか九歳しか年の違わなかった東御方というこの女性のことは、貞成が七十歳に到る年まで生き永らえていたこともあって、断片的ながら『看聞日記』の世界に見えつ隠れつし、貞成晩年の独特の心境とも関わりつつ、重要な位置を占める。それについては、あとでくわしく追うことにしよう（「秋」九）。

**所領と伏見御所のこと**

さて、応永二年（一三九五）六月に足利義満は出家を遂げたが、その頃のことであったろうか、伏見の御所に遊びにやって来て、十万疋もの進物（銭）を崇光院に呈上したという。崇光院はその返礼にと、御所の庭前で「田植興行」をやらせ、「田楽などいとおもしろき御あそびども」で義満とその一行をもてなしていた（『椿葉記』）。伏見庄の農民の奉仕によるのであろう。

だが、こののち一とせ余りの内に、崇光院の体は目立って弱りをみせていたらしく、応永四年冬頃には病床に臥す身となり、そのまま年を越した。

かくして、孫貞成二十七歳の新年は悲しい幕開けとなる。応永五年正月十三日、伏見御所で崇光院は閉眼したのである。行年六十五歳。遺勅により「崇光院」と称する。その崩御の知らせは京の今出川邸へも飛び、貞成もむろん伏見へと輿を走らせたにちがいない。崇光院の遺骸は正月二十三日に伏見の大光明寺で荼毘に付され、大光明寺陵に葬られた。三月二日には、その七々日（四十九日）聖忌の御経供養が栄仁親王によって伏見御所で営まれた。

ところが、百箇日を過ぎた頃に、栄仁親王とその一族にとっては青天の霹靂としかいいよ

男山からの眺望　石清水八幡宮の山上に立つと，洛南は一望のもと。前方に宇治川が白く光り，その向こうに伏見の丘陵がみえる。

うのない事態が生じた。伏見殿の所領として栄仁親王に伝えられるはずの所領の内、長講堂領・法金剛院領・熱田社領・播磨国衙が後小松天皇に召し上げられてしまったのである。ただし、これは理由のないことではない。というのは、召し上げの根拠が故光厳院の残した「置文」（遺書）にあったからである。その要旨は、『椿葉記』によると次のとおりであった。

㈠（崇光院の）親王践祚あらば、ただちに御相続あるべし。

㈡もししからずば、禁裏（後光厳天皇）御管領あるべし。

㈢ただし、末代両方（崇光院流・後光厳流）御治天あらば、正統（子孫）（嫡流）につきて伏見殿（崇光院）の御しそん御管領あるべき由……。

以上である。この「置文」の趣旨を守るかぎりは後小松天皇に〝理〟がある。つまり、崇光

伏見観月橋付近の光景　南詰より，宇治川を隔てて指月の森を望む。このあたり，天気の良い日には大小の太公望が群れ集う。

院の「親王」の栄仁は践祚できなかった身であるし、崇光天皇退位ののちは、一方的に後光厳天皇系で皇位が占められてきているからだ。崇光院が、その実質はさておいても厖大な所領を保持しえたのは、先述のように持明院統の「嫡流」であることによるが、その閉眼と同時に、所領はおのずと後光厳系の天皇――すなわち当面は後小松天皇の掌中に帰さざるをえなかったのである。

父を失ったあとに、またしても重なるこの不運にすっかり消沈してしまったらしい栄仁親王は、同年五月二十六日、伏見の指月庵において薙髪入道してしまった。突然の発心入道は、実は素懐（かねてよりの念願）を遂げたものともいわれ、戒師には同月十八日に相国寺鹿苑院から等持院に転じていた仏日常光国師が請ぜられて勤めた。崇光院の時と同様である。近臣庭田経有朝臣は知らせに接して夢か幻かと驚いたが、「凡そ天照大神以来一流の御正統、既に以て失墜、言語に絶するものなり。只、悲涙に溺れおわんぬ」と同情を惜しまず、「御前途（将来）を期せらるゝの処、にわかの此の如き御進退。さりながら、彼の相国の申沙汰なり」と記して、栄仁が四十八歳という若さで「多年の御前途」への期待を一気に放念して入道した背景には義満の動きがあったことを暗示している[注2]。貞成後年の言によれば、「あまりになさけなき次第、申せばさらなり」であった（『椿葉記』）。おまけにこの年十二月十日には治仁・貞成の母、西御方（治子）も世を去ってしまった。

不幸中の幸いといえば、五月十四日に六十四歳で入寂（にゅうじゃく）した入道直仁（なおひと）親王（花園天皇皇子、萩原殿（はぎわらどの））の遺領の内七ヵ所と萩原御所その他が、十月になって伏見宮家に戻ってきたことである。その遺領というのは、もとは後堀河院（ごほりかわいん）の娘暐子、室町院（むろまちいん）[注3]の領であり、萩原殿直仁親王の没後は「宗領」に返付すべき由を光厳院が「置文」に記していたものであって、直仁親王は生前にそれらを伏見宮の栄仁親王の管領に委ねるべしと言い残していたのである。そのことを知った義満は、十月十六日に伊賀国（いがのくに）の長田庄（ながたのしょう）、近江国の山前庄（やまざきのしょう）等七ヵ所と播磨国国衙領を栄仁親王に還付させたのである（『椿葉記』[注4]）。もっとも、還付された所領には「不知行」すなわち支配—徴収が「有名無実」の土地が多く、目録の上では見栄えしていても伏見宮家の収入源としてはまことに心細い内容であったらしい。それでも、有るのと無いのとでは雲泥の差である。私たちが想うほどには、中世——それも後期の親王家や公家の家計はけっして豊かなものではなく、ましてや陽当たりのよくない家の台所ともなれば火の車で

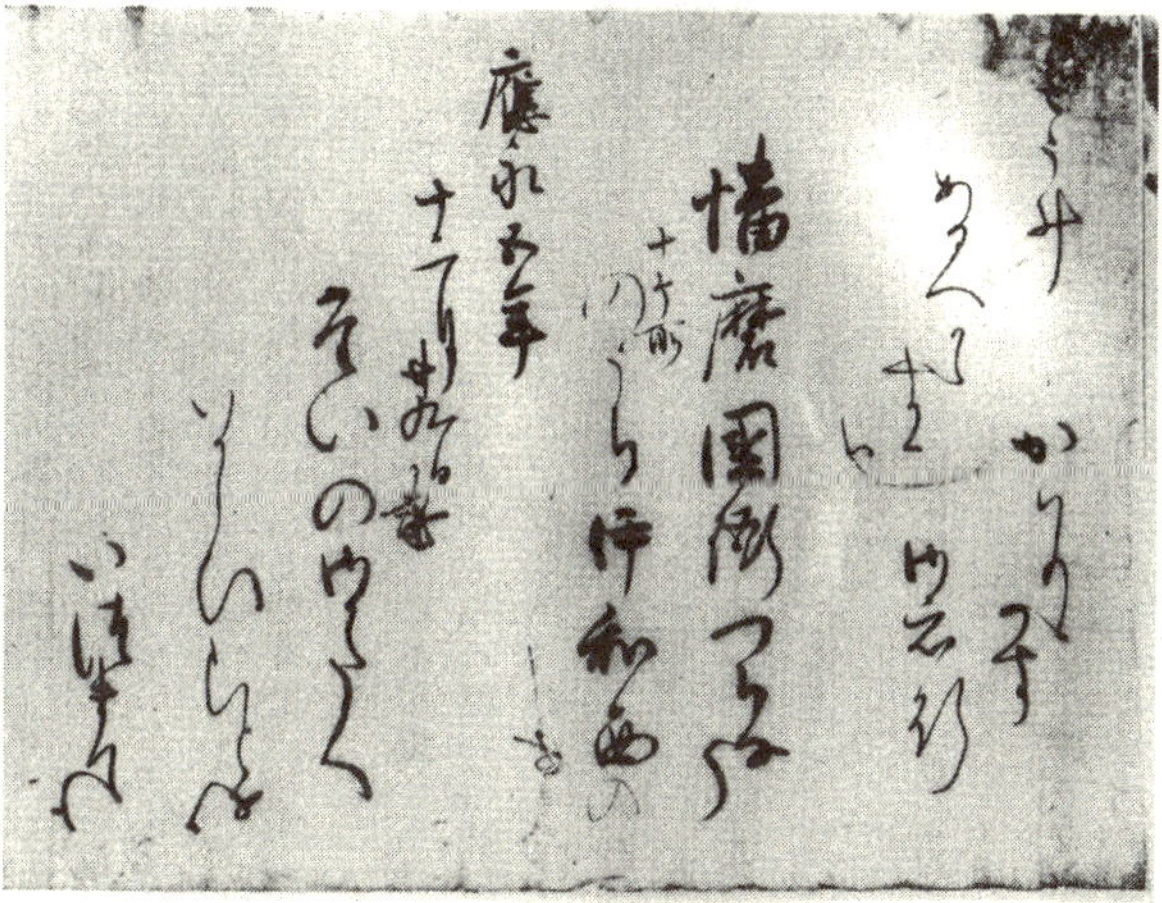

後小松天皇宸翰譲状（応永5年12月29日。高松宮所蔵文書）

⑨さうゐ　⑦かハリ候
⑩あるへから　ハす
⑪す候也　⑧御知行
①播磨国衙へちなう
②十ケ所
③のうち伊和西の
事
⑫応永五年
十二月廿九日（花押）
④たいの御かたへ
⑤ハからひまいらせ
候
⑥いつまても

あった。先例・故実―家格―体面―手許不如意……の連環に、まるで風の中の野辺の薄か、挽木の下の茶臼のように揉まれ揉まれて、重代の家宝を一つ一つ手離したり、金策に近臣らを奔走させせざるをえぬ――というのが実情であった。伏見宮家とて例外とはいえなかった。家格が高いだけになおさらであっただろう。そして、同じく師走の二十九日、後小松天皇は、栄仁親王の母資子に対して播磨国衙別納十ヵ所の内、伊和西の地を賜与した(四七頁参照)。せめてもの幸いというべきか。

その間に、また一つ不運なことが降って湧いていた。いや〝相手〟が相手だけに、我慢するに値することであったかも知れないのだが、どう気に入ったものやら義満が伏見御所がほしいと言いだしたのだ。同年八月のことであり、十月段階での所領還付の一件と抱き合わせの申し出かとも思えるが、ともかく山荘にしたいと言い、栄仁親王を洛北萩原御所へと移住させた。先述した入道直仁法親王の居所であった所だが、まさに「武家」の言いなりであるる。そうまでさせておいて、義満がすぐに山荘として活用するのかと見れば、さにあらずで、「人もなく、いたづらにをかる(置)」という為躰にて、放ったらかしのまま月日を過ごし、翌応永六年十月(『椿葉記』では十一月と記す)に大内義弘の反乱(応永の乱)が起こって「天下みだれたるおりふし」に結局は栄仁親王に返却されることと決まり、同年師走に栄仁は帰住したのであった(『椿葉記』)。

ほっと一息ついて二とせばかり。応永八年二月に天皇の御所、土御門内裏が炎上して洛中洛外の話題をひっさらったあと、今度は栄仁親王が失火のために焼け出されてしまった。重代相伝の記録・文書・楽器などもほとんどが灰となった。法体で邸外に出たにちがいない栄仁親王は、義満を頼ったらしいが、萩原御所はその後荒れるにまかせていて、とうてい住めたものではない。やむなく萩原御所の修理が成るまで……ということで、洛西嵯峨の洪恩院（小川禅尼の山荘という）にいったん入居した。その一、二年のちには、嵯峨の有栖川にあった斯波武衛義重の山荘に移って、そこで七、八年を過ごすこととなる。

**松の下草・埋木の心境**

相変わらず距離を置いての生活とはいえ、父と子らとはよく対面していたとみえる。主としては歌会の席でのことだが、七夕（たなばた）や八月三五夜（十五夜）や庚申待や九月十三夜、それに柿本人麻呂影供などの折ふしに催される歌会に顔を合わせ、それぞれに敷島の道一筋に打ち込んで、心の憂さを忘じ去るのを常としていたらしいのである。とりわけてのこととしては、応永十三年夏の頃おいに貞成が有栖川山荘を訪れてしばらく滞在した間に、閏六月五日には三十六番歌合、同十一日には五十番歌合が催され、冷泉中納言為尹とか飛鳥井中納言入道雅縁とかの名だたる歌詠みもこれに参会して、競合と批評に興じた様子が窺える。ちなみに、その五日の会では貞成も「夏月」と題する

月やとる岩井の清水結ふ手のあかても明るみしか夜の空

など六首を詠み、また十一日の会では「谷鶯」と題する、

霞つゝ古巣もみえぬ谷の戸をねにあらはれて出(いづ)る鶯

など九首を詠じていた（『砂玉和歌集』〈後崇光院御集〉）。

ついでながら、貞成の歌作は遅くとも十五、六歳頃には始まっていたようで、十年も経つと、そこそこの腕達者になっている。もっとも彼の詠んだ歌一々の出来、不出来といったことは今は論外としても、折にふれて貞成が作り残した和歌の数々、その内側に潜むものについては、かねてより国文学の立場から、表現・語彙を手がかりとするきめ細やかな研究が重ねられており、貞成という人の心に深入りしていくための道が堅実に固められてきている。そこでの所説は、もちろん中世文学研究の領域に属することであって、歴史学研究の視点・方法とはまるでその趣を異にするのは改めて言うまでもあるまいが、しかし前半生在京時代（四十歳の年の応永十八年四月以前）の和歌についての分析結果一つをとってみても、学ぶところは多大なのである。

すでにみておいたことからもたぶん察せられるように、栄仁・貞成らの置かれた境涯は、一口でいうと「不遇」の一語に尽きていた。そして、その「不遇」の根拠は、いわば広い意味での「政治」史に求められよう。登極(とうきょく)――すなわち皇位へと到る道の困難さであり、また絶望である。さらには、そのことと表裏一体をなす「経済」面での困窮であった。そうした事情が父子の「精神」史にどのような影を落としていたかについては、むろんのこと歴史学も無関心ではありえないのだけれど、それをまさぐるための史料は、あまりにも僅少であって、関心の深入りを許さない。同時に、根拠なき空想の羽撃き(はばた)も差し控えねばならないのである。厖大な貞成の「和歌」群を斜めから遠望することはできても、また、その一々の本質・核心部に突入してみたら、「薄明のなかの青春」の一角を摘出する手立ての一つがそこにあるに相違ない……と感じてはいても、文学的表現と、それを支えていたことばに対するしなやかな触覚を磨き鍛えることについて、私などはずいぶんと無神経でありがちだったと思う。いや、饒舌(じょうぜつ)な愚痴はこのくらいにして、国文学者による貞成への斬り込みの深さを読者とともに追ってみよう。

たとえば、下房俊一氏(注5)は「京にすみ侍りしころ百首を詠じて伏見殿（栄仁親王）の御点を申侍し」と注される貞成の「百首」の中に、「疎外される者の悲しみ」の心を読み取ろうとされる。引かれた和歌は、左のとおりである（傍点＝原まま）。

春　雨

春の雨のあまねき恵もらすなよみは時しらぬ松の下草

袖上時雨

心して我そてよきよはつしくれうき身を秋の露もほさぬに

寄鐘雑

うき身思ふ心もつきぬわか世はやふけ行鐘におとろかされて

寄世雑

うしとてもいかにのかれんかたもなしこの世はなるゝ道しあらねは

松の下草・うき身（憂身）・うし（憂し）等々のことばが印象に残る。下房俊一氏のみではない。位藤邦生（注6）氏もまた次のような和歌に注視されている。

春の雨あまねきめくみもらすなよみは時しらぬ松の下草
（後崇光院御百首・沙玉和歌集II）

いかにせんみは中空にあま雲のはれぬおもひのゆくかたもなし　（同右）

雲のよそにみてこそやまめ位山麓をたにもこえぬうき身は　（同右）

いかにして朽はてぬまに埋木（ふるやのイ）の花さくほとのおもひ出もかな　（同右）

つくくとうき身世にふるなかめして心も晴ぬ五月雨の空
（沙玉和歌集II・六十番自歌合）

物おもはぬ人たに袖はぬらすらんましてうきみを秋の夕くれ　（同右）

左うき身をは秋はてなからかくて猶世に有明の影もつれなし

右月にいかに我世もすてにふけぬへしうき身をさへそ行末の空

＊左右ともに作者述懐いつれもすてかたくこそ　（同右）

左うき身いかにあらさらん世の跡までもしのはれぬへき思ひ出も哉

右いかならんと思ふうき身の行末も君をそたのむ世をはたのます
　＊作者の述懐の深浅短思わきまへかたく侍り（ママ）　（同右）

ここでもまた、松の下草・み(身)は中空(なかぞら)に・は(晴)れぬおも(思)ひ・うき身・埋木……といった特定のタームがまこと印象的である（傍線と＊印＝横井）。＊印の文言は、父栄仁親王の評言であり、感懐であるというが、位藤氏の指摘の数々を通して、今の私にも迫りくるのは、最後の一首、

いかならんと思ふうき身の行末も君をそたの(頼)む世をはたのます

のもつ一種の〝迫力〟であり、同時に父親王の「作者の述懐の深浅短思わきまへかたく侍り」との評言なのであって、両者のやりとりを眺めていると、遠い距離を跳び越えて、相対する父子のつぶやきがこの耳に陰々と響いてくるかに思える。いってみれば……の話ではあるけれども、

御父上さま、私はいったいこれからどうなるのでございましょう。世間など頼ろうとも思いませず、ひたすらに御父上さまのみをお頼り申しているのでございますが……。

なにを申しているのか、貞成よ。心苦しいのだが私には、そなたの考えたり言ったりしていることがよくわからないのだ。

しかし御父上、私もすでに三十路（みそじ）。その上の無位無官、そして部屋住みの身で元服の儀すらもまだ……。

おだまり。己だけが辛い身と思うたりしてはならぬ。私とて辛いのだ。「わきまへがたく……」と申しているこの想いも、少しはわかりなさい。

というふうにである。いや、ついつい調子に乗って羽を伸ばしかけてしまった。気をつけなくては。

それはともあれ、これも位藤氏の論文(注7)で教わったことだが、応永七、八年（一四〇〇―〇一）頃に貞成（二十九、三十歳頃）の手で編まれたかともみられている『菊葉和歌集』の中の贈答歌は、まことに興味深いものである。すなわち、

伏見の紅葉を思ひやりて申送り侍ける　従三位政子

思ひやる心は空に時雨（しぐ）るれとそむらん色はみぬそ悲しき（『菊葉和歌集』巻第五秋歌下）

従三位政子みやこの紅葉を折て伏見なる人の許へ　此枝に宮古（みやこ）の梢思ひやれさこそ紅葉は

なかめたるとも　と申送りて侍る返事を女房にかはりて御返し

手折見する情もふかき紅葉はをいかゝなへての色にくらへん　　御製（同右）

の二首がそれである。一見、まったく無関係な別人たちの和歌としか思えないのだが、「従三位政子」、そして「御製」とある作者については国文学者伊藤敬氏により前者はなんと貞成自身であり、後者はこれまた栄仁親王なることが推定されるにいたったという。(注8) ついでながら、治仁は同集では「従二位栄子」と称されている由で、要するにすべてが仮名（仮に付した名）で詠じられているという次第である。『菊葉和歌集』は、勅撰和歌集の体裁をまねて編まれたもので、その中で栄仁の作が「御製」と称されているのは明らかに彼を「天皇」に擬してのことであって、そのこと自体が栄仁親王とそのファミリーの意識の方向性やありていを思わせて面白いし、またあとでふれる「三度の瑞夢」が『菊葉和歌集』の二、三年のちのことであるのを思い合わせるとなおさらのことなのだが、今はただ、さきの二首の和歌そのものに眼を転ずれば、「此枝に宮古の梢思ひやれさこそ紅葉はなかめたるとも」の一首を京の紅葉一枝に添えて伏見に送り届けたという体の貞成の歌の心は、すでにすでに父の御所のある伏見の空に飛んでい、またその一枝を手折って届けてくれた人の情に心ゆさぶられた体の栄仁親王の返歌の心は、都の空へと走っている。とりわけては「親兄弟と離れて暮すつらさを（貞成が）贈答歌の形で訴えている」点が位藤氏によって指摘されているのである。

以上は、和歌を通しての貞成研究のほんの一端にしかすぎないのだが、これだけからも貞成研究における和歌群の重要性は推し量られるであろう。わが身を「松の下草」「埋木」と見、「うき身」と観念する心根と、父栄仁親王が虚構の内に「天皇」に擬されるという意識の状況とは、貞成の中で直結していたのであり、そのことは同時に薄明に漂う若き日の貞成の心の基本形をよく窺い知らしめるものであった。

**三度の瑞夢**

さて、父栄仁親王が斯波武衛義重の山荘に移住した応永十年（一四〇三）の十一月、三十二歳に達していた子の貞成は、三度にわたって「瑞夢」を見たという。『伏見宮家御記録』(注9)（元・26・坤）に残る「伏見殿御夢想事」を見てみよう。

> 応永十年十一月の頃、夢想。此の蓬屋（菊亭内の居室）へ俄に行幸あるべきの由、仰せ出さる。仍て仰天し、東西に馳走（奔走）し、其の用意を致すの処に、門前に恠の女人ありて、「只今嵯峨殿（栄仁）これへ入御」の由申す。すこぶる存外の処、すでに「御車」とて、新御所（栄仁）御首服（元服）の御姿にて入御あり。迷惑（困惑）せしめ、やがて愚身（貞成）構へて見参。さる程に、対御方（東御方＝栄仁の仕女）御共に祗候あり。我と人と、ひしめき経営（世話）するの処、誰やらん、その形はたしかに覚えず。（貞成の）傍に人ありて、「行幸とはこの御事にて御す」と申す。不思議(ママ)の思を成して、夢醒め了ぬ。その後、十一月晦の夢に、新御所（栄仁）近日の内に御元服あるべしと。その故は今度の御位（皇位）に定め申さると二条申し沙汰し、然るべきかの由、彼の方の沙汰と云々。この事、夢中に、或る人相語らふに「是非もなく珍重。さりなが

> ら、例の巷説やらん（いつもの噂話の程度であろう）」と申さしむるの処、その御所より御書（書面）あり。「この事（即位）すでに治定（決定）。彼の方より御迷惑（困惑）申さる。御悦喜、なか〳〵是非に能はざる」の由、仰せ下さるゝの間、「さては実説にて侍り」ありと（貞成は）喜悦の思肝に銘じて、夢醒めり。

文意かならずしも明瞭とはいえぬ箇所もあるが、父栄仁の「即位」を祖父と同様に潜在願望とせざるをえなかった貞成の心根の一端が察せられようというものだ。夢の話も軽視はできぬ。おまけに、翌応永十一年正月二十日には、またしても同類の「夢想」である。

> 応永十一年正月廿日夜の夢に、信儀朝臣（不詳）立文たる状を愚身（貞成）に献ず。上書の肩に「キト〳〵（きっと〳〵。すぐに）」と書く。仍て急ぎ披見するの処、北山殿（義満）より彼朝臣（信儀）を召されて、其御所（貞成）へ「今度の儲君（皇太子）に定め申さる」の由、申し入るべきの由仰せ下さる。珍重ながら、余に急の告示の由、これを書す。心中迷惑（困惑）歓喜極まりなし。然れば「この御光に愚身（貞成）の進退も能き様に定まるべきか」と、我も人も（かように）申すと相存じて、夢醒め畢んぬ。

父が皇位につき、吾が身が皇太子になる……という一片の夢物語ではあったが（以上はいずれも原仮名交じり文。さらに仮名を補ったり、漢文体の箇所を読み下したりしておいた)、この二年にわたる「瑞夢」の連続にいたく心をゆさぶられた貞成は、末に次のように記していた。

瑞夢すでに三度にも及べり。珍重の間(めでたくもありがたきことゆえ)、これを記す。秘相構へて〳〵他見あるべからず(用心に用心をして、他人の眼にふれないように)。秘せらるべし、〳〵(内緒〳〵)。

と(原漢文)。他者に対して「秘」するに値する歓喜の念を、一人ひそやかに嚙みしめている。ちなみに、同年五月三十日の萩原殿での歌会で召されたという歌三首を左に掲げておこう。

山家鶯
鶯のなくねにのみやともなはん人をもさそへ春の山里
契久恋
契りしを命にかけていつまてか憂にたへたる世をもすくさん
草庵雨
思ひある葎の宿の夜の雨に猶ぬれまさるかたしきの袖

(『砂玉和歌集』)

## 二　義満時代から義持時代へ
### ――「王者」の時代像――

**「日本国王」**

さて、貞成が三度にわたる〝瑞夢〟と眼前の〝現実〟との間に身を漂わせていた頃、京は衣笠山の麓、翠緑を背にする一劃、すっかり荒れ果てていた西園寺家の山荘跡地に豪奢な新山荘が姿を現しつつあった。足利義満の北山殿である。すでにふれたことと少しは重なるが、延文三年（一三五八）に二代将軍義詮を父に、石清水八幡宮検校善法寺通清の娘紀良子を母として生まれた義満は、二人の兄が早くに夭折していたために、誕生時より三代将軍の座を約束されて育ち、父の死去の年、貞治六年（一三六七）に十歳で家督を継ぎ、その翌年に将軍職に就いた。十五歳で「判始」の儀を執り行い、以降はすべての将軍家御教書に決裁の花押を据えていた。二十二歳の年に、対南朝策や諸大名統制策の上で有力大名と意見の対立することの多かった細川頼之を退けて、管領に斯波義将を充て、将軍家の威信の確立に積極的に乗り出した。そして、明徳二年（一三九一）には数ヵ国守護職を兼併して「六分一殿」の異名をとっていた大名山名氏の一族、山名氏清を征圧（明徳の乱）、ついで翌年に南北朝合一を実現、さらに応永六年（一三九九）には両朝合一・山名氏討伐に功績のあった六ヵ国の大名、大内義弘を討ち（応永の乱）、全国統一を成し遂げた。

一方、「公家」の世界の故実や作法にも明るかった彼は、絶妙の策を駆使して宮廷に喰い入っており、公卿として昇進しつづけ、永徳二年（一三八二）には将軍としては初例の左大臣に昇った。准三后の宣下を受けたのはその翌年のことであるが、なにしろ摂政・関白か天皇の外祖にしか先例のないこととて、異例中の異例である。地歩を固めてからの朝廷での言動にも、それこそ「異例」の面が少なからずあり、天皇の意志で決まることに介入して後円融天皇を激怒させ、腹立ちのあまりかっときた天皇が腹を切ろうとしたこともあったくらいである。両朝合一の翌々年、応永元年の師走に、まだ三十七歳というのに「武家」の最高職である将軍職を子の義持（当時九歳）に譲り、自身は徳大寺実時に代わって太政大臣に就任した。摂関を除けば、むろん「公家」の最高職である（ちなみに、この時、今出川公直に代わって弟の実直が右大臣に就任している）。その翌年、応永二年春の内裏の節会では関白一条経嗣に自分の服の裾を取らせて、まわりを唖然とさせたというのも、義満ならではの聞こえた挿話である。同年六月には、就任後半年とちょっとで太政大臣を辞し、薙髪出家の身となって、道有また道義と号したが、実権を手離したわけではなく、それまでよりもはるかに強大な「権力」を固めた。これも知られた話であるが、応永六年九月の相国寺大塔供養に際しては、一条経嗣の任関白（再任）拝賀式を、建設中の北山殿で執り行った上で供養の場へ供奉（お伴）させたのも「僭上（僭越）の沙汰」として悪評を招いたし、その北山殿には紫

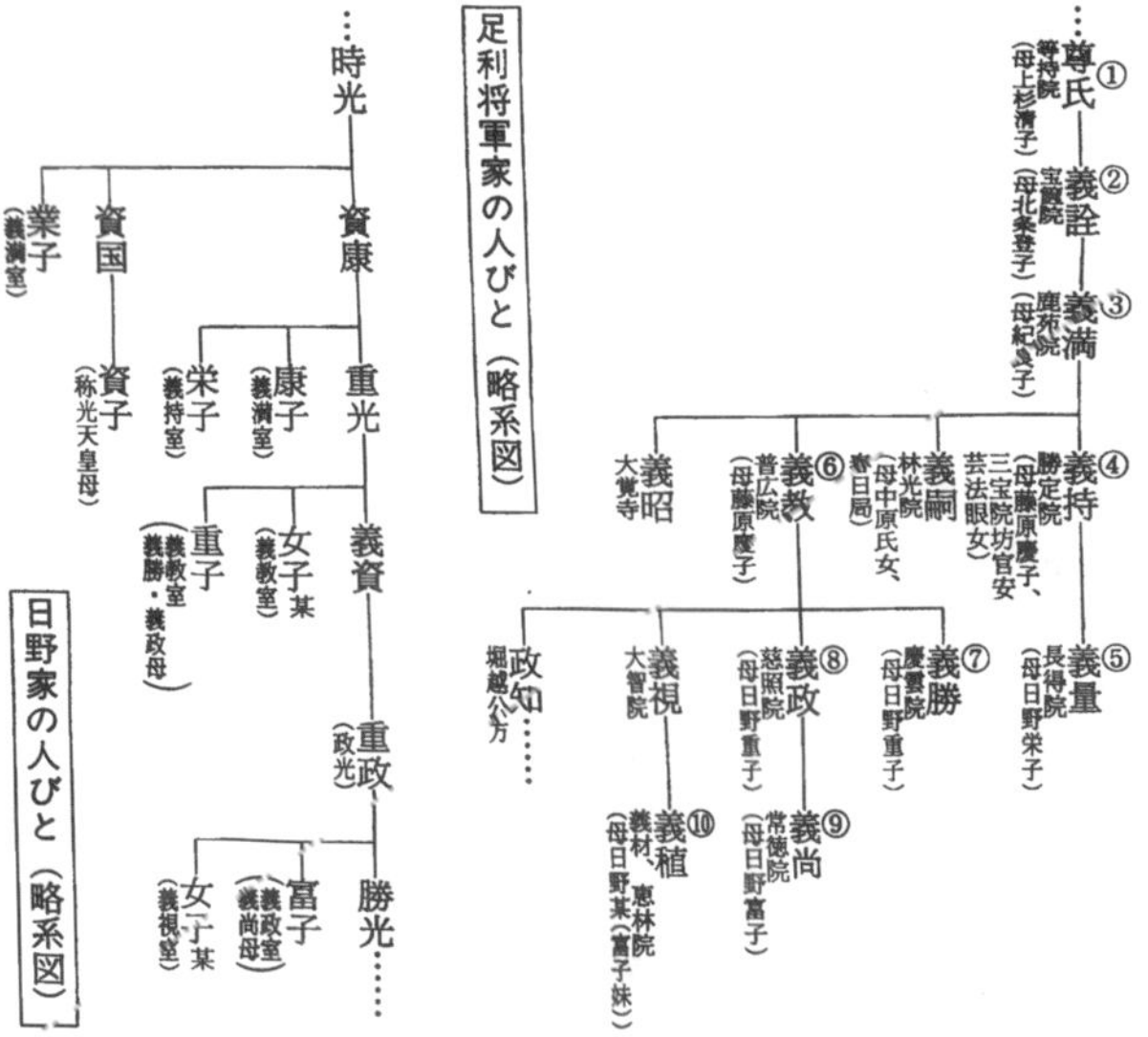


足利将軍家の人びと（略系図）

日野家の人びと（略系図）

寝殿までもが用意されていた。紫宸殿といえば、天皇の内裏中の正殿であり、即位式をはじめ朝賀・節会など大小公式の儀場である。

新設の山荘を、あたかも「皇居」であるかのように構想していた義満は、視界を広く明国にまで及ぼし、応永八年五月に僧祖阿と筑紫の商人肥富を使者として明国に送り、正式の通交を求めた。日明貿易の開幕である。明の建文帝への贈物は、金千両・馬十疋・扇百本・屏風三双・剣十口などであった。義満はその時、明国皇帝への国書に「日本准三后道義、書を大明皇帝陛下に上る」と書かせていた。祖阿らの帰国に際して同行した明使とは、応永九年九月

○九日、雨で舞楽延引。天皇、義嗣に蘇合（そごう）（雅楽の曲名）を伝授。そのほかは「うち〳〵一献（いっこん）（酒）まいりて、しめやかなる御遊びばかりなり」。

○十日、晴。義満天皇に画幅・珍器を献上。

○十一日、雨。連歌会。天皇・義満・義嗣・斯波義将・日野大納言ほか。発句（ほっく）は天皇。

山水の長閑（のどか）にすめる汀（みぎわ）かな　北山殿（義満）
風もおさまるよろつよの春　若君（義嗣）
ちらて猶盛（さかり）久しきはなを見て　内大臣（二条満基）
ときはにかゝる松のふしなみ
（以下略）

○十二日、晴。（「雨なを晴やらず」とも）。舞またも延引。北山院（日野康子）・崇賢門院（すうけんもんいん）（後光厳院后・後円融院母、広橋仲子）の御所に行幸。

○十三日、「あしき（悪）日とて、ことなることもなし。たゞうち〳〵の一こむ（献）はかりなり」。「内々被乗御船云々」。

○十四日、晴。舞楽御覧。

○十五日、朝雨、夕晴。夜、崇賢門院御所に行幸、猿楽御覧。「はへ〳〵しく、うちみだ（乱）れたる御あそびども」、「さるがくをもわざとせさせられて、ゐらん（叡覧）あれば、みち（道）のものども、こゝはとをのが（己）のう（能）のあるかぎりをつくしたる……」。

○十六日、朝晴、にわか雷雨。格別の事もなし。

○十七日、晴。晴れの蹴鞠（しゅうきく）（けまり）。
○十八日、晴。内々の蹴鞠。
○十九日、雨、内々の御楽（がく）。明日の御船楽の練習。
○二十日、三席御会。苑池に船を浮かべての楽。
○二十一日、連歌会。発句は義満。

千代までも花をみゆきのはしめ哉　北山殿

脇

松そふさくら春もかきらす　御製

第三

月出る山のかすみの先はれて　若公（義嗣）御方

（以下略）

○二十二日、晴。夜分に崇賢門院に行幸。重ねて猿楽御覧。犬王（いぬおう）（道阿弥（どうあみ））、芸能を尽くす。
○二十三日、晴。晴れの和歌会。題「花契㆓万年㆒」。

万代となへて花には契るともはる経む年そなをも限らし　沙門道—（義満）
万代と契りし花も今よりは君か御幸に限しられし　源義嗣
万代とさして契らし限りなく花に馴（なじ）みむ春の行末　関白藤原経嗣

（以下略）

○二十四日、晴。義嗣を左馬頭に任じ、正五位下に叙す。舟遊び。夜、天皇、早歌を聞く。
○二十五日、内々に蹴鞠御覧。夜、天皇、白拍子加々の歌を聞く。
○二十六日、曇、小雨。格別の事もなし。内々に一献あり。
○二十七日、雨。格別の事もなし。夜、天皇、白拍子の加々を召す。大飲、翌朝に及ぶ。賀茂者三人、尺八を吹く。
○二十八日、還御。この日、日野大納言重光（義満室康子の兄）従一位に、義嗣を従四位下に叙す。
○二十九日、雨。義満、義嗣と同車して内裏に参る。義嗣を左近衛中将に任ず。

およそ以上のとおりであった（『教言卿記』『北山殿行幸記』）。言を重ねるまでもなく、義満のめざす方向と、それを受けて立つ後小松天皇の対応ぶりとは、もはや明白といえよう。とりわけては、十一日の連歌会での天皇の発句と義満の脇句、さらには二十一日の連歌会での義満の発句と天皇の脇句、それぞれの間に共鳴し合う唱和の心は、二人のはざまに「ひかる源氏のわらはすがたも、かくやとおぼ」ほゆるほどの若君義嗣を置いてみれば、その本質については論をまたないように思われる。あと、ほんの一歩か二歩、ひと押しかふた押し……という地点にまで義満は迫ってきていたのである。[注11]

月あけて四月。その二十五日に義嗣は参議・従三位となり、同日、禁裏御所において元服の儀を経た。義嗣というのは当日の名乗りであるが、元服の儀もまた世間の耳目をそばだたしめるに十分なもので、親王元服の儀に準ずるものであった（『椿葉記』）。

**後小松天皇と義満の間柄**

すでに見たかぎりでも明白だとは思うが、後小松天皇と義満との間には、どうしても一筋縄ではわかりかねる、ある種の強力なつながりの深刻さが想像される。

義満が、愛息の義嗣を「皇位」につけるべく万策を尽くして「天皇」に肉迫していったとしても、またその義満がいかばかり強大な「実権」を掌中にしきっていたとしても、脈々たる伝統と格式とを誇る、摂関家をはじめとした「公家」社会の冷徹なる眼差しと、陰陽両面にわたる「工作」（戦略）は、そうは簡単に収束されるものではない。むちゃと言われるのをあえて覚悟して極端に言ってしまえば、いかなる「暴力装置」も駆使できなくなっていた「公家」にとっては、「武力」の行使をすっかり断念したところに初めて生成し、まるでいぶし銀のごとくに磨かれた精密な「政治」力こそが己の頼りであって、仮に夜分ひそかに居室の机に向かって、その日の日記の一行に「愚身（私）ひとへに諂諛（おもねり）を以て先（第一義）となす。於戯、悲しき哉、〱」（『経嗣公記』）と自省の文言を記してはみても、昼間の言動の一々には、臨機応変、全智全能を傾け尽くさなくてはならないのである。最晩年の義満に対してのみならず、それ以前からも「公家」社会が、ふだんは蔭でこそこそと、何やらかやらつぶやき合っていながら、義満という名の〝大物〟の不躾さとか僭上の振舞とかを公然とは批難しなかったのは、むろんのこと持明院統に結果的には圧倒的勝利をもたら五日に北山殿で会見し、四脚門（正門）まで出迎えた上、寝殿の高机に置かれた明の国書を焼香三拝して拝受し、身をかがめて読誦したという。その明の皇帝の書には「爾、日本国王源道義」と名ざされていた。直接にその支配を受けずとも、日本は明帝国の〝傘下〟に入り、義満が「日本国王」であると認められたわけであった。そうなると、義満の背後には波濤のかなたに万年の歴史と伝統を誇る中国大陸の「王朝」が立つこととなり、義満の前には「禁裏」（天皇）も「仙洞」（院）も影を薄めてしまうのだ。翌年応永十年に明国皇帝に送られた義満の国書は、「日本国王臣源、表す（申し上げます）」という書き出しで始まっていた。明国皇帝の「臣」であり、日本の「国王」であると自認したのである。

義満の狙いは大きかった。彼の男の子らは別掲の略系図にみられるとおりだが、嫡男義持の弟の一人に義嗣というのがいて、義持とは異母弟に当たっており、応永元年（一三九四）生まれである。この義嗣の母、春日局を義満は殊のほか寵愛し、彼女が産んだ義嗣を、いったんは梶井門跡に入室させていたのに取り返して、溺愛した。俗にいう「目に入れても痛くない」という類か。関白一条経嗣の評言（『北山殿行幸記』）を信ずれば、この義嗣は「ひかる源氏のわらはすがた（童姿）」とも見まごうほどの愛くるしさ。それを「皇位」につけることと、自らは「太上天皇」（上皇）になることとが標的であったらしい。

応永十二年七月、義満の御台所（正室）日野業子が亡くなった。行年五十五歳で、七歳年長の妻であった。そのあとに急速にクローズアップされてくるのが日野康子。業子の兄、資康の娘であり、業子の姪である。義満の万策尽くしての工作は成功した。応永十三年師走二

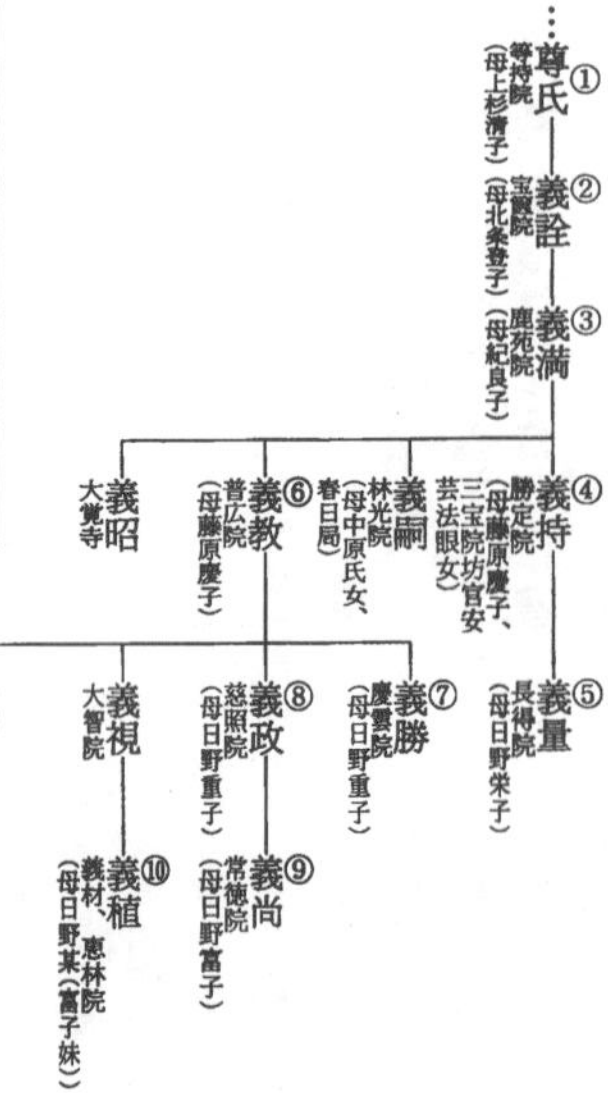


足利将軍家の人びと（略系図）

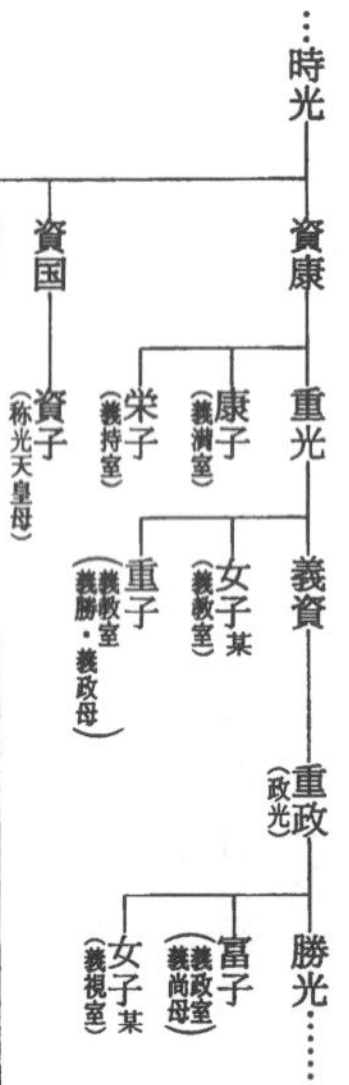


日野家の人びと（略系図）

宸殿までもが用意されていた。紫宸殿といえば、天皇の内裏中の正殿であり、即位式をはじめ朝賀・節会など大小公式の儀場である。

新設の山荘を、あたかも「皇居」であるかのように構想していた義満は、視界を広く明国にまで及ぼし、応永八年五月に僧祖阿と筑紫の商人肥富を使者として明国に送り、正式の通交を求めた。日明貿易の開幕である。明の建文帝への贈物は、金千両・馬十疋・扇百本・屛風三双・剣十口などであった。義満はその時、明国皇帝への国書に「日本准三后道義、書を大明皇帝陛下に上る」と書かせていた。祖阿らの帰国に際して同行した明使とは、応永九年九月十七日、後小松天皇の母、三条厳子（国母・従二位・准三后・通陽門院）が没した。その日に日野康子は天皇の母（国母という）に准ずる地位（准母）を得、三宮（三后）に准ぜられ、翌十四年三月には、「北山院」の院号を後小松天皇から賜った。「日本国王」義満畢生の賭事は、その重要なカーブをみごとに曲がりきったのである。[注10] 子の義嗣は、同十五年二月に昇殿を許され、三月四日、十五歳でまずは従五位下に叙されて公家社会への道を歩み出した。

同じ日、同い年の一少年が青蓮院門跡に入って得度している。義円、すなわち後年の足利義教その人であった。

## 後小松天皇の北山殿行幸

ところで、貞成三十七、八歳の応永十五、六年という年は、中世後期の政治・文化史の上で一つの重要な転換期をなした。のみならず、伏見宮家史の上でも大切な意味をもったのである。

応永十五年の春、三月には、かねてより造作が進められていた義満の北山山荘がついに竣工して、その月の八日は、義満・義嗣晴れの日となった。義満の、かねてよりの招請を受けた後小松天皇が、竣工をみた北山殿に行幸したのである。この日のために義満は二年前から寝殿を造作して備えていた。

当日、義満は二重の織物に桐竹の黒紋がところどころに入った法服をまとい、藤の丸の紋の上袴、金襴の平袈裟……という装束にて、四脚門（正門）で天皇の一行を出迎えた。傍らには義嗣。赤色の腋開けの上御衣、つつじの絵の下襲、山吹色の唐織の上袴、髪は揚巻

(子供の髪風の一種で、髪を左右に分け、頭上に巻き上げて双角状に二つの輪を作る)という姿にて、その「つらつき、かほの匂い、たとへむかたなく、うつくしげにぞ見へ給ふ。(中略)げに、たゞいまさき出る花と、もてはやされたまへる御事なれば、申も中々をろかなり……」というふうであった。

さて、天皇の輿が中門にまで到ると、義満をはじめ一同は皆蹲居(うずくまって敬意を表する)して、これを迎えた。先例を超えたことだといわれる。

灯ともし頃となり、初日の饗宴が始まった。驚いたことには、義嗣の席は関白一条経嗣の席の上、特別席であり、天皇は御盃をとって義嗣に声をかけた。義嗣は席を立って天皇の前に進み出、酒を受け、座に戻る。頭中将が土器を持って義嗣の傍らに寄ると、義嗣はひざまずいて酒をそれに移し、御盃を頭中将に返す。義嗣、土器の酒を口にし、土器を席に置いて南の階を下っていく。この時、関白を除いて並みいる公卿は皆その席を立ち、庭に蹲居。関白は端の間の東のほとりに立って、義嗣を「拝し給さま」であり、「みな人、めをおどろかし侍る」というぐあいで、「まして、御あるじ(義満)の御心のうち、をしはかるべし」であった。義満、いや道義、得意満面というところか。

ともあれ、よろずにこういった調子で、義満の演出になる行幸日程は二十日間にも及んだのであった。いささか煩雑にみえるかも知れないが、毎日の催し物を大まかに見ておこうか。

○九日、雨で舞楽延引。天皇、義嗣に蘇合（そごう）（雅楽の曲名）を伝授。そのほかは「うち〳〵一献（いっこん）（酒）まいりて、しめやかなる御遊びばかりなり」。
○十日、晴。義満天皇に画幅・珍器を献上。
○十一日、雨。連歌会。天皇・義満・義嗣・斯波義将・日野大納言ほか。発句（ほっく）は天皇。

山水の長閑（のどか）にすめる汀（みぎわ）かな
風もおさまるよろつよの春　北山殿（義満）
ちらて猶盛（さかり）久しきはなを見て　若君（義嗣）
ときはにかゝる松のふしなみ　内大臣（二条満基）
（以下略）

○十二日、晴。（「雨なを晴やらず」とも）。舞またも延引。北山院（日野康子）・崇賢門院（すうけんもんいん）（後光厳院后・後円融院母、広橋仲子）の御所に行幸。
○十三日、「あしき（悪）日とて、ことなる（殊）こともなし。たゞうち〳〵の一こむ（献）はかりなり」。
○十四日、晴。舞楽御覧。「内々被乗御船云々」。
○十五日、朝雨、夕晴。夜、崇賢門院御所に行幸、猿楽御覧。「はへ〴〵しく、うちみだ（乱）れたる御あそびども」、「さるがくをもわざとせさせられて、ゑいらん（叡覧）あれば、みち（道）のものども、こゝはとをの（己）がのう（能）のあるかぎりをつくしたる……」。
○十六日、朝晴、にわか雷雨。格別の事もなし。

○十七日、晴。晴れの蹴鞠（しゅうきく）（けまり）。
○十八日、晴。内々の蹴鞠。
○十九日、雨、内々の御楽（がく）。明日の御船楽の練習。
○二十日、三席御会。苑池に船を浮かべての楽。
○二十一日、連歌会。発句は義満。

千代までも花をみゆきのはしめ哉　　北山殿

脇

松そふさくら春もかきらす　　御製

第三

月出る山のかすみの先はれて　　若公御方（義嗣）

（以下略）

○二十二日、晴。夜分に崇賢門院に行幸。重ねて猿楽御覧。犬王（いぬおう）（道阿弥（どうあみ））、芸能を尽くす。
○二十三日、晴。晴れの和歌会。題「花契二万年一」。

万代となへて花には契るともはる経む年そなをも限らし　　沙門道―（義満）
万代と契りし花も今よりは君か御幸に限しられし　　源義嗣
万代とさして契らし限りなく花に馴（なじ）みむ春の行末　　関白藤原経嗣

（以下略）

○二十四日、晴。義嗣を左馬頭(さまのかみ)に任じ、正五位下に叙す。舟遊び。夜、天皇、早歌(そうが)を聞く。

○二十五日、内々に蹴鞠御覧。夜、天皇、白拍子加々(しらびょうしかが)の歌を聞く。

○二十六日、曇、小雨。格別の事もなし。内々に一献あり。

○二十七日、雨。格別の事もなし。夜、天皇、白拍子の加々を召す。大飲、翌朝に及ぶ。賀茂者三人、尺八を吹く。

○二十八日、還御。この日、日野(ひの)大納言重光(しげみつ)（義満室康子の兄）従一位に、義嗣を従四位下に叙す。

○二十九日、雨。義満、義嗣と同車して内裏に参る。義嗣を左近衛中将(さこんえのちゅうじょう)に任ず。

およそ以上のとおりであった（『教言卿記』『北山殿行幸記』）。言を重ねるまでもなく、義満のめざす方向と、それを受けて立つ後小松天皇の対応ぶりとは、もはや明白といえよう。とりわけては、十一日の連歌会での天皇の発句と義満の脇句(わきく)、さらには二十一日の連歌会での義満の発句と天皇の脇句、それぞれの間に共鳴し合う唱和の心は、二人のはざまに「ひかる源氏のわらはすがたも、かくやとおぼ」ほゆるほどの若君義嗣を置いてみれば、その本質については論をまたないように思われる。あと、ほんの一歩か二歩、ひと押しかふた押し……という地点にまで義満は迫ってきていたのである。（注11）

月あけて四月。その二十五日に義嗣は参議・従三位となり、同日、禁裏御所において元服の儀を経た。義嗣というのは当日の名乗りであるが、元服の儀もまた世間の耳目をそばだたしめるに十分なもので、親王元服の儀に準ずるものであった（『椿葉記』）。

### 後小松天皇と義満の間柄

すでに見たかぎりでも明白だとは思うが、後小松天皇と義満との間には、どうしても一筋縄ではわかりかねる、ある種の強力なつながりの深刻さが想像される。

義満が、愛息の義嗣を「皇位」につけるべく万策を尽くして「天皇」に肉迫していったとしても、またその義満がいかばかり強大な「実権」を掌中にしきっていたとしても、脈々たる伝統と格式とを誇る、摂関家をはじめとした「公家」社会の冷徹なる眼差しと、陰陽両面にわたる「工作」（戦略）は、そうは簡単に収束されるものではない。むちゃと言われるのをあえて覚悟して極端に言ってしまえば、いかなる「暴力装置」も駆使できなくなっていた「公家」にとっては、「武力」の行使をすっかり断念したところに初めて生成し、まるでいぶし銀のごとくに磨かれた精密な「政治」力こそが己の頼りであって、仮に夜分ひそかに居室の机に向かって、その日の日記の一行に「愚身（私）ひとへに諂諛（おもねり）を以て先（第一義）となす。於戯、悲しき哉、〱」（『経嗣公記』）と自省の文言を記してはみても、昼間の言動の一々には、臨機応変、全智全能を傾け尽くさなくてはならないのである。最晩年の義満に対してのみならず、それ以前からも「公家」社会が、ふだんは蔭でこそこそと、何やらかやらつぶやき合っていながら、義満という名の〝大物〟の不躾さとか僭上の振舞とかを公然とは批難しなかったのは、むろんのこと持明院統に結果的には圧倒的勝利をもたらした「両朝合一」の実現という義満の大功績があったからにちがいはないが、それにつけても後小松天皇という「天皇」は、どうしてここまで義満に対して甘かったのか、いや、弱かったのか……と考えていくと、義満の「実力」とか、「ひかる源氏」のごとき義嗣ということだけでは推量しきれぬ次元の「歴史」的路線が浮かび上がってこざるをえない。すなわち一女性の存在と、その働きによることである。

　話題は少々さかのぼるのであるが、後光厳院の傍らに近仕した女官の一人に、宣子という名の典侍がいた。六一頁の系図（日野家の人びと）に見える日野時光の先代は資名であるが、その四人娘（系図では略した）の一人がこの宣子であった。従二位に叙せられ、後光厳院の没後に出家して二品尼、のち従一位に叙せられて岡松一品と称した。この女性、かねてより後円融天皇（後光厳天皇皇子）の第一皇子幹仁――すなわち後小松天皇その人の乳母を勤めてなつかれ、後円融天皇の信任もきわめて篤かった。この宣子が、兄時光の娘で新典侍と呼ばれて禁裏に仕えていた女官の業子を足利義満の正室として将軍家に送り込み、それ以降における日野（裏松）一族と足利将軍家との華麗なる「閨閥」の歴史を開拓したのである。

　すでに見ておいたことではあるが、永徳二年（一三八二）四月に後円融天皇は後小松天皇に譲位していた。それについて貞成は、たしかにこう語っていた（『椿葉記』）。

　……さて禁裏は御在位十二年まし〳〵て、永徳二年四月御譲位ありしかども、今度は伏

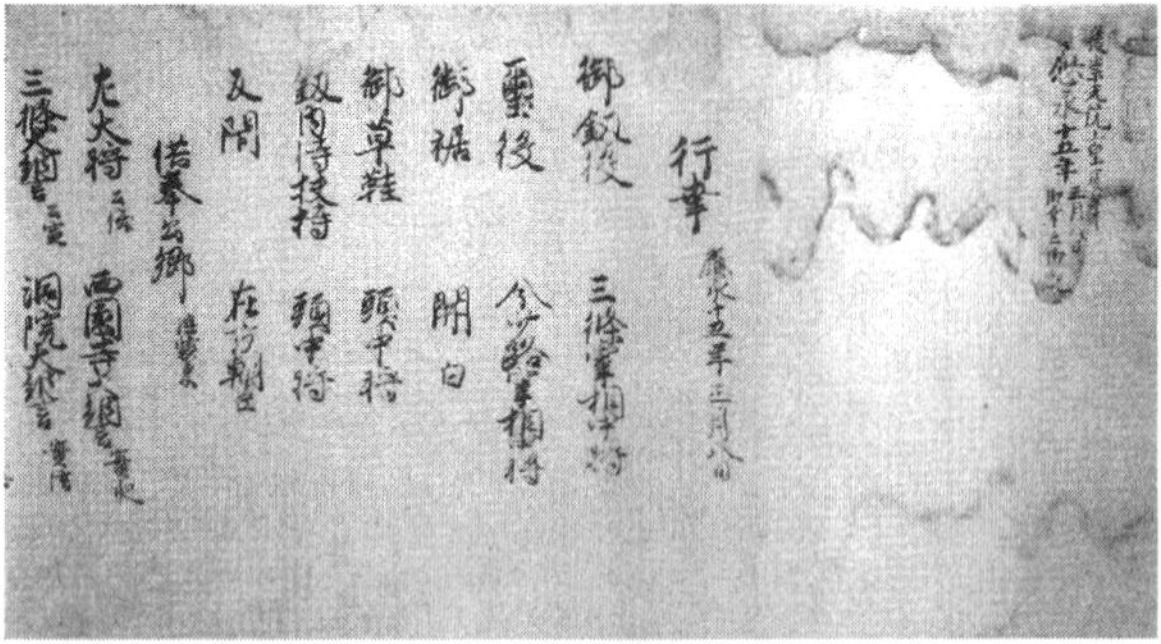

『看聞日記』別記行幸記（応永15年３月。右が巻頭，左は部分。宮内庁書陵部所蔵）左頁の五行目の「萩原殿　入道栄一親王」が，貞成の父栄仁親王である。

見殿（崇光院）より御微望を出さるゝにをよばねば、あらそふかたなく一（後小松）の御子御位に即（つき）ぬ。……

と。崇光院は、子息栄仁親王の再度の売り込みは断念していた……というわけであった。

　しかし、その裏面史には岡松一品の活動があって、崇光院の宿願＝栄仁親王の登極の可能性を押し潰（つぶ）す「工作」があったらしい。この年すでに二十五歳に到っていた義満は、後円融天皇の煩悶（はんもん）（崇光院に対する思惑）と意向を一身に体して使者の役割を果たしていた岡松一品の再三にわたる「工作」に対して、「誰がなんと申し立ててまいりましょうとも、わが身のこの世にありますかぎりは、何とぞお心安く思（おぼ）し召されませ……」と伝えていたという。「武家」すなわち幕府の統帥としては、後小松天皇の践祚・即位はたしかに了承した……というわけである。(注12) かくして、有為転変の身の栄仁親王の「道」は、文字どおり「あらそふかたなく」裏面工作によって完璧に閉ざされてしまっ

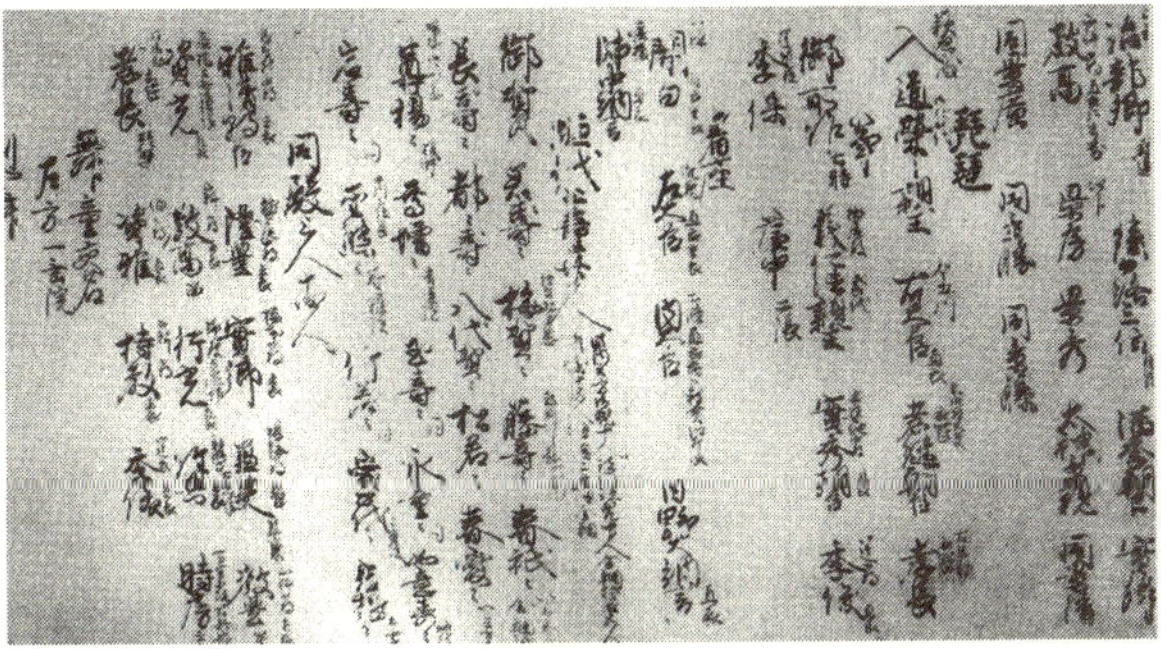

ていたのであった。

　このように見てくると、同じ持明院統の中でも兄の崇光院系の「道」が途絶えて、弟の後光厳院系の「道」が続いた事情がはっきりとしてくる。岡松一品という名の女傑の苦心と、それを正面から受けとめた義満という青年将軍の了承があってこそ、いわば最有力候補の栄仁親王は排されて、後小松天皇が「陽のあたる場所」に意気揚々として立ちえたのであった。そのあたりの詳細な裏面史については、当時十一、二歳の貞成は誰からも聞かされずじまいであったに相違ない……とは思うが、その『椿葉記』が子の後花園天皇に呈されたものであれば、成長してのちに知り尽くしてはいたにもかかわらず、いまさら言うも詮なきことであるのみならず、知らずもがなと思い込んで、あっさりと筆を抑えていたのかも知れないとも考え込んでしまうのだ。

　とまれ、後小松天皇の北山殿行幸中のある日、その栄仁親王もまた貴紳の群とともに衣笠山の山麓に姿を見せていた。ただし、当代一流の琵琶の名手、音曲の達者として——である。すでに円顱方袍—法体（僧体）の身ではあったが、義満の招きにより、後小松天皇の行幸に奉仕して、妙なる音曲を奏しつつ、行幸を寿いだのである。

**栄仁親王の活躍**　応永十五年（一四〇八）三月八日に始まった後小松天皇の北山殿行幸に際しては、ほとんど連日のようにさまざまな催しがなされたのであるが、すでに法体の身であったとはいえ、栄仁入道親王も一連の遊興に加わって、その類まれな音曲の才を顕示していた。今、「別記　行幸記」(注13)（応永十五年三月八日御幸之御記）をはじめ、山科教言の日乗『教言卿記』(注14)、それに関白一条経嗣の著たる『北山殿行幸記』(注15)などによって、そのことを見ておこう。

栄仁入道親王の名が見えるのは、三月十四日の舞楽御覧、同十九日の内々御楽の二度にわたる。まずは十四日——。

この日、親王は菊亭右大臣公行、前修理大夫孝継朝臣、その子息右馬助孝長らと同じく琵琶の演奏を担当していた。「別記　行幸記」では左のとおりである（七一頁図版参照）。

琵琶
萩原殿 御裘代 入道栄—親王　今出川 直衣 右大臣　前修理大夫 衣冠 孝継朝臣　右馬助 衣冠 孝長

箏

御所作右時　　義仁法親王舞尾殿 裘代　実秀朝臣裏築地中将直衣　季俊四辻少将直衣

季保四辻侍従　　篳中二張

ついでながら栄仁と義仁とが着ていた裘代とは、法皇・諸門跡または大納言・参議以上で法体となった人が参内の時に着用した僧衣の一種で、俗体の公卿の平常服である直衣（一〇五頁図版参照）に当たる。この直衣は、正しくは直衣の袍といい、公卿の正装に准ずる衣冠の袍と同形だが、位階に応じた色の規制がなく、各自の好みの色を用いることができた。もっとも、この平常着を着て参内できた人は、勅許を得た大臣家の公達と三位以上に限られる。

ちょっと脇道にそれたが、ここで、前後のことも含めて『教言卿記』当日条の一部分を眺めてみることにしよう。（〻印は右側の文字が抹消・訂正されていることを示す）。

十四日、晴、癸亥、

一、舞童御覧、

未刻参向、　　春庭楽

左　　右

万歳楽　　地久

青海波尊藤丸・慶満丸、　　古鳥蘇

賀殿
太平楽
陵王 亀石丸、
笙
御器二千石 御所作 賀殿急御残
大唐 花山院大納言
頭中将 宗量朝臣 蛮絵染装束
基親朝臣
糸巻 教豊 初参
火置 定秋
為秋
同益秋
同 同遠秋
篳篥

長保楽
狛桙
納蘇利 晴若丸・栄玉丸、
准后 御所作 香御袈帯、達智門
（教言追筆）「関丸」 山科中納言入道 生源寺 香鈍色装ケサ表袴、
左楽行事 教興朝臣 著染装束、鳳凰、「関丸」
橘 初参 永藤朝臣（高倉）
同 長資（綾小路）
藤秋
豊原家秋
同敦秋

岡崎 若公御方 太平楽御残 紅梅御直衣、
前兵衛督（山科教冬） 秋風、
右楽行事 経良朝臣 染装束、表袴練貫、
同 教有朝臣 独寝、
同 藤寿丸（嗣教） 旅寝、
氏秋
初参 同幸秋
同葛秋

賀殿・太平楽等残 今小路宰相中将初参、　長保楽残 兵部卿　初参 兼英

安倍季英鶯、又号海賊返歟、　同季長

笛

賀殿・太平楽残 器 治部卿ユカミ丸、　長保楽残 綾小路（信俊）三位　洞院 初参 満季朝臣

初参 実郷（橋本）　同平礼 教高　景房（山井）

蚫逃 景秀　吡 大神景親　同景清

同景広（山井）　初参 同景勝（山井）　同 同景藤（山井）

琵琶

菊第（亭）公行公 右大臣本人、　修理大夫 孝継朝臣滝、　初参 右馬助 孝長懸比巴、白竜

箏

初参 実秀朝臣 正親町中将　同 季俊 四辻少将　同 季保 四辻侍従

簾中

元興寺献（栄仁親王）有洲河殿琵琶〔栖、以下同〕　　玉章栂尾殿箏義仁親王、

青海波局加賀殿箏　　輪台増井局箏、

羯鼓　元葛（狛）

大鼓　英葛（狛）

鉦鼓　忠葛（狛）

三鼓　元葛兼、五

一、青海波垣代四十七人之内児廿人、此内、

自公方之児十人〔欄、以下同〕五人者金襴、青被著狩衣、五人者唐織物、登端袖金襴

（以下略）

笙（しょう）を受け持ったお歴々のトップの「御所作（ごしょさ）」とは後小松天皇を指し、次の准后は義満、若公は義嗣である。以下、篳篥（ひちりき）・笛・琵琶・箏（そう）の所作人が列記されて、最後に「簾中（れんちゅう）」の人びとである。天皇を含めて、楽器を扱ったものは五十六人に及んでいる。

ところで、栄仁入道親王が琵琶を演奏したのは「残楽（のこりがく）」でのことであった。すなわち、この日の舞楽は、春庭楽（しゅんでいらく）・万歳楽（まんざいらく）・地久（ちきゅう）・青海波（せいがいは）……と進められ、そのあと番舞（つがいまい）である古鳥蘇（ことりそ）

舞楽御覧の情景　『洛中洛外図』（米沢市〔上杉博物館〕所蔵，部分）幼い天皇の前で「正月節会（せちえ）」の舞楽が演じられている。舞人を囲む陣型で「垣代（かいしろ）」が列立し，演奏する。

が演じられたのだが、さらに賀殿（かてん）の舞があって、残楽に移ってゆく。雅楽演奏の際、楽曲反復の間に一定の方式で楽器の種類や数を減らして、箏（琴）をメインに活躍させる演奏法が残楽である。『北山殿行幸記（きたやまどのぎょうこうき）』によると、

これよりのこり楽あり、笙御所作、笛ちぶ（治部）卿、ひちりき今小路宰相中将、びはふしみ（栄仁）殿、箏とがのお（栂尾）殿（義仁）、実秀朝臣（正親町中将）、するゑとし（四辻侍従）、するやす、その外簾中北向きの局、ますゐの局、二ちやう（帳）なり。
次、長保楽（ちょうほうらく）をまふ。この残楽には、笛綾小路三位（信俊）、ひちりき兵部卿、びは右のおとゞ、箏賀殿におなじ。

次に、太平楽（たいへいらく）をまふ。残楽には、

笙（義嗣）わか君、笛治部卿、ひちりき兵部卿、びは伏見殿、箏御所作、その外、さきにおなじ。
ゆるらかにうちふく風に、えならぬこと（琴）・笛の音もあひて、そゞろさむきまで身にしむ心地したり。
次に、こま（狛）ぼこ（桙）を舞。ほこかへす程など、いとおもしろし。

「ゆるらかに……」の文言を眼に映していると、山蔭響かす楽の音が耳たぶを打ち、華やかな彩りの舞人の衣裳が風に翻るのが想い浮かんでくるではないか。メインの箏の担当は、栂（とがの）尾殿（おどの）義仁（よしひと）法親王であったが、彼と栄仁入道親王とについて、時の関白一条経嗣は左のように語っている（『北山殿行幸記』）。

……さてもふしみの入道親王、とがのおの法親王は、いまの世の箏、びはにはならび（双）なきほどの名をとり給へば、こと（殊）なるおほせ（仰）事にてまいらせ給へり。……

箏・琵琶の道では当代一流の達者だったために、格別の招きで参加していたわけである。けれども、この二人は「簾中」にて奏していた。ふつうだと垣代（かいしろ）といって、舞人たちを取り囲む形に楽人たちが庭に立ち並んで演奏するのであるが、栄仁も義仁も法体だったから、別に屋内に席を設けたのだった。同じ『北山殿行幸記』によると、……されども御座しきなどは、さしあらはれてもいかゞかと、かねてさたありて、簾中の御座のつぎのまを、わけへだてゝ候はせ給ふなり。大かた御(義満)あるじをはじめ奉りて、法躰にてかやうの御所作あることは、むかしもためしすくなくやとおぼへたる。……

とある。義満をはじめとして栄仁・義仁いずれも法体の身であるし、法体の者がこのように歌舞音曲の所作を見せる先例は多くはない。したがって、垣代の楽人たちとは別の扱いにして室内の簾中にて演奏させたという次第であった。

ついで三月十九日の内々御楽では、「有洲河殿」栄仁入道親王は笛を吹き、「栂尾殿」義仁入道親王は琵琶を弾じている。そして、楽が終わったあとは形のごとくに一献、二献、三献というふうに酒宴となり、栄仁もその席に祗候して、晴れの役目をし終えた。この日の内々御楽は、翌二十日の三船御会、つまり唐船・竜頭・鷁首の三船を池に浮かべての詩歌管絃の遊興の修礼（予行演習）であったが、三船御会当日の記録によるかぎりでは栄仁の姿は見えておらず、どうやら十九日をもって山荘を退出したものと推察される。

ところで、『看聞日記』の「別記」の一つとして今日に伝わるのは貞成親王の真筆木である（宮内庁書陵部所蔵、伏見宮家旧蔵図書の内、七〇～一頁写真参照）。当年三十七歳の貞成が、後小松天皇の行幸の間にはどこで何をしていたものか、まるで不明であるし、またこの「別記」をいつ認めたのかもわからない。しかし、当日の模様は父栄仁の口からも、菊亭公行や伏見殿近臣の綾小路信俊（あやのこうじのぶとし）の口からも耳にして、わが身の喜びともしていたに相違ない。その心があっての「別記」なのであろう。さればこそ後年に貞成は、おそらくは万感をこめて、左のように、わが子たる後花園天皇に記し伝えていたのである（『椿葉記』）。

……さても准后は、きた山にさんさう（山荘）をたてらる。このところは西園寺（実永）の居所にてあるを申うけられて、むかし常磐井の相国（西園寺公経）の造営せられしにもなをたちこえて、玉をみがき、こがねをちりばめてつくりたてられて、応永十五年三月行幸を申さる。十日（ママ）ばかり御逗留のあひだ、舞童御覧・三船・和歌・蹴鞠など、御あそびをつくされしに、ふしみ（栄仁）殿をも申されて、まひ御覧の御所作、ない（内）〳〵の御がくなどにも御まいりありし。これぞ御思ひ出とも申（もうし）ぬべき。……

### 伏見庄の返還と栄仁の帰住

さて、華奢を尽くした行幸がすんで約一ヵ月ののちに、義満は病に臥した。四月二十七日のことである。その日、彼は義嗣に太刀と馬を与えたのだったが、一時小康を得て周囲の人びとを安堵させたものの、癒ゆることはついになく、翌月の六日には不帰の客となってしまった。行年五十一歳である。

この日まで登りつめてきた道は険しかったけれど、掌中にしえたものはまことに多大であった。そして、最晩年に踏んだ歴史の檜舞台（ひのきぶたい）が華麗典雅をきわめただけに、なおさらのこと、その急逝ぶりが世人の印象に深く刻まれたともいえようか。

後小松天皇の朝廷は故准三宮入道前征夷大将軍太政大臣足利義満に「太上天皇」の尊号を追贈すべく決定し、その由が義持に伝達された。義満の室康子が、准母として北山院と呼ばれていたことから、このような決定が下されたものである。しかし、義持は、これを固く辞退した。老臣斯波義将が、人臣が太上天皇を贈位されるのは先例になきこととして辞退するよう強く義持に勧めたからである。

義満の死後、その骸は等持院（尊氏以来の足利氏歴代廟所）に移されて荼毘に付されたが、義持・義嗣の兄弟は服忌して同院に籠り、連日相次ぐ弔問客に応接を続けたあと、六月に入ると「御所」義持は北山殿を居所として移り住み、「新御所」義嗣は生母春日局の里邸（実家）に身を寄せることとなった。この兄弟、所詮は骨肉の争闘を避けられず、十年のちに義嗣は憤死して果てることになる（後述）。

一方、伏見宮一族は同年霜月にも一つ明るい話題に恵まれた。管領斯波義将の沙汰で「伏見御領」、すなわち伏見庄が還付されてきたのである。本来は、皇室領の内の長講堂領の一部であったが、かつて光厳院の置文に当荘は長講堂領ではあるが伏見殿（崇光院）の子孫が管掌すべしと記されていたにもかかわらず、崇光院の没後は後小松天皇の掌中に帰していた[注16]領地で、伏見宮家にとっては「名字（苗字）の地」でもあったから、喜びも一入であったと見える（『椿葉記』）。

この一件が大きいきっかけになってのことであろうか、次の年、応永十六年六月に栄仁入道親王は嵯峨の有栖川山荘を離れて、懐かしい「伏見」の地へと戻ってきた。むろん、元の

和歌会　『慕帰絵』（西本願寺所蔵，部分）右方の掛軸は柿本人麻呂の像。人麻呂御影供の歌会である。小首を傾けて苦吟する僧の表情も面白い。台所では歌会のあとの宴席の用意に余念がない。

御所は火災で焼失したのち再建もされず、影も形もないわけだから、当座のこととして宝厳院という尼寺の建物を仮御所とした。生母、庭田資子（故三位局・杉殿）ゆかりの所だというが、「狭少、ふしぎなるさうあんのかりそめながら、いまに御しよにてあるなり」とは、貞成後年の述懐である（『椿葉記』）。親王が住むには、いたって簡素なすまいであったらしい。それでも栄仁にとっては、伏見庄への帰住は年来の宿願であったにちがいなく、たとえかりそめのあばら家なりとも、世捨て人の身でもあれば、雨も洩らず、秋霜烈日をしのげさえすれば上々の住みかではあった。

そのころ——、相も変わらず貞成は、菊亭で「歌合」の会と、詠歌の集成とに余念のないさまであったらしい。八月十五夜には、冷泉中納言為尹を判者としての歌合。同月二十日の庚申待の集いにもやはり歌合。九月十三夜の会には「人々よませて歌合にかきつかひて、飛鳥井中納言入道雅縁に判せさせ」、さらに十月二十一日の庚申待にも、「常光院　堯尋　法印に判の詞点など申侍り」ての歌合――という次第であり、年明けて応永十七年三月末にも菊亭で歌合を主催して、参席の人びとともに打ち興じたと見える。

ちなみに、その席での貞成の歌一首を。

鶯もけふはものうき声す也なきもとゝめぬ春を恨て　（『砂玉和歌集』）

**義持時代へ**

義満の長子義持は、二十日にも及んだ「行幸」のあいだじゅう禁裏御所警衛の総指揮に当たっていて、晴れの席に立ち会うことはついになかった。義満の意向でそのような役廻りをさせられていたと見る向きもあれば、いや、父の態度に反発した義持が北山殿に顔を出そうとしなかったのだと推量する人もいる。父義満にすれば、この長子を無視したり軽視したりしていたわけではなく、家督のことでも将軍職のことでも義持を立てていた。しかしながら、父子の情愛ということになれば、義嗣が梶井門跡から引き取られてきてからは、八歳年下のこの異母弟に父の愛は注ぎ尽くされており、貞成親王の言によると「御子のかみ(上)をも、をしのけぬべく、世にはとかく申しあひし……」（『椿葉記』）、すなわち、この妾腹の義嗣が兄義持を押しのけるに相違ないと世間は冷徹に見てとっていたらしい。そういう噂話や取り沙汰は、時には義持の耳に入ることもあったろうし、父と子の間に冷ややかな隙間風を送り込んでいたのではないかと思われる。すでに四代将軍の座にあるとはいえ、その「地位」は不動のものとはいいきれず、まだ不安定なのであった。さらには「行幸」ではっきりと示された「若君」の政治的な位置づけは、並みいる貴紳を一驚せしめるものであり、その一方で禁裏警備という「武家」としての重要任務についていたとは言い条、義持にすればいささかならず鼻白む話である。麾下の将兵を督励しつつ北山山荘の〝外〟にありつづけた二十三歳の将軍は、この二十日間をずいぶんの焦立ちで過ごしていたのではあるまいか。そして、彼の心底には、一つには、あまりにも巨大な父を持ってしまった息子ならでは……の悩みがうごめいていたとも想像される。父が考えたりやったりしてきたことの一つ一つが、たしかに天下の大事に関わることであり、それにひきかえての自分の器量のほどやいかに？といったところへと世間の眼は向いてきやすいではないか。それとても若者には励みになるといえばいえようが、力量とか人間の幅とかがついてこなければ、まことに辛い話ではある。かてて加えての義嗣の急上昇ぶりなのだから。このあたりにも、置かれた立場や意識の方向性、また情愛のありようとかに差違はあっても、もう一つの「父子」像がたしかに実在していたのである。

その父が急逝した。まだ十年、十数年はありえた余生をいきなり取っ払っての旅立ちである。幕府中枢部では義持派と義嗣派の対立が生じたが、斯波義将・義重の父子の強い支えで、義持の「地位」は確立した。そして、「武家」の総帥として担うべき重みが、解放感とうらはらに突如一身に集中してくる。陰に陽に付き添って忠言と励ましとを惜しまぬ斯波義将も、あとわずかで還暦を迎える年配。いったい何を、どのように動かしていけばよいのか

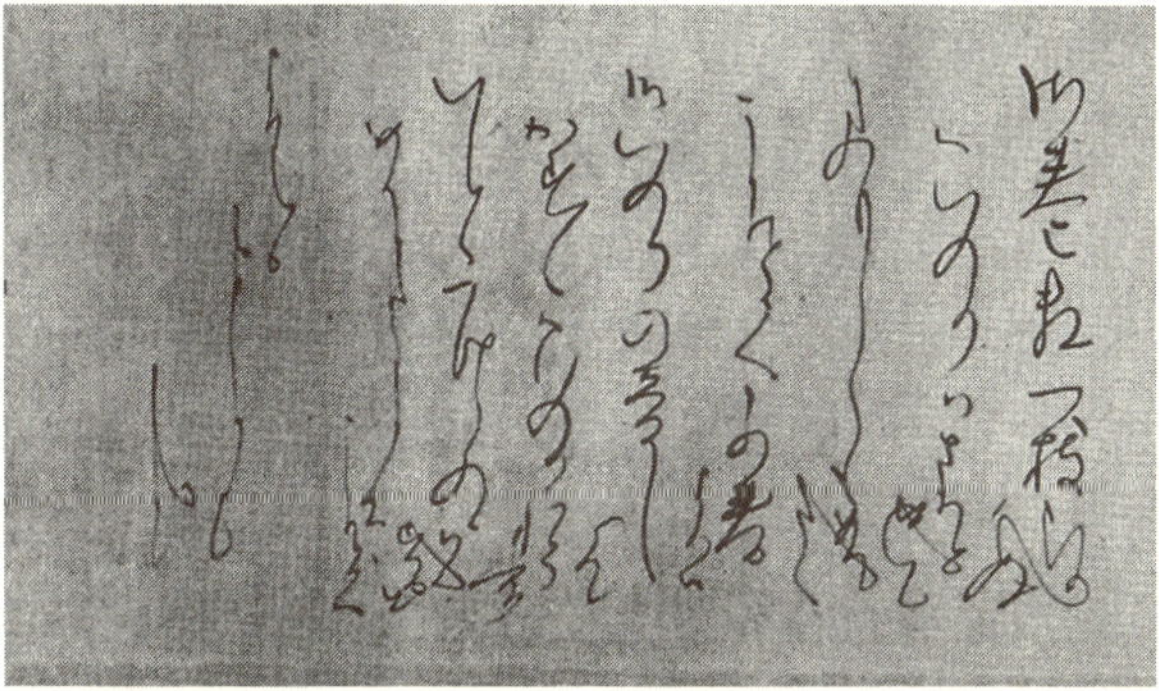

伏見宮栄仁親王消息　(応永20年正月17日,『東寺百合文書』シ函。京都府立総合資料館所蔵)栄仁親王が「仁王経」の読誦を東寺に依頼したのを受けて東寺が確かに仰せのとおりにしたと返事したのに対する礼状。

——。これが応永十五年夏の青年義持の心境ではなかったかと、私は考える。

名実ともに天下の将軍になりきった義持は、亡父の残した業績一つ一つを丹念に、執念深く引っくり返しては潰していく。表立って喝采を拍しているかに見える世界の裏側にこそ、ほんとうの自分の世界があるのではないか……と、そう若者はいつの時代にも信じ込んでは走りはじめてしまう。ひょっとしたら大仰山な回り道をしたあげくの果てに、元の出発点に年老いて帰り着くだけのことなのかも知れないのに、若い力にまかせて走ってみることにしか生き甲斐が見いだせないというのは、時代を超えたことであるらしい。義持も、走り出したのである。

その在職中に目立ったことのうち、さし当たり重要なものはといえば、一つには義満が積極的に再開していた明との国交を中断したことがあげられる。明の皇帝は義満の死去に際して使節を送り、弔詞を届けて、「恭献」という諡号（生前の行跡にちなんで死者に贈る呼び名）を贈ろうとしたが、義持はこれに答礼しなかったし、やがては交流を断った。明に対する義満の姿勢を卑屈であり、早々に改めるべきであると認識していた人びとは、義持の基本姿勢をたたえた。義満の生前の言動を快く思わなかった公家は少なからずあり、かの関白一条経嗣ですら、表面では義満に追従しながらも胸中では、心ならずも義満へのおもねりを優先させざるをえない自分を深く恥じていたくらいである（前述、六八頁参照）。また、義満室の康子（北山院）の没後には、北山山荘の解体に着手し、主な建築としては「金閣」を残すのみとなり、義満の菩提を弔う鹿苑寺という禅宗（臨済宗）の寺院に転じたのであった。

# 三　同時代の文化人たち

## 文化の花々

貞成の生きた時代は中世文化興隆の時代である。王朝文化のすぐれた諸要素は鎌倉時代へと受け継がれ、「武家」や「衆庶」の好みをも包み込み、吸収しながら新しい生命力を獲得しつつ南北朝内乱期に練り抜かれた。そして、貞成との同時代に到っては、色とりどりの花々を着実に咲かせたのである。歌の世界では和歌に対する連歌の躍進ぶりが目立ち、猿楽(さるがく)・田楽(でんがく)の興隆がみられ、茶・花・香もまた古典芸能の一環として日本人の生活に深く融け込んでいくことになった。

この時代の多彩な文化の特質は、自由闊達(かったつ)な点にもとめられる。それは古代的権威の傾斜―失墜、さらには「衆庶」の力の向上という政治的、社会的現象と表裏一体であり、よき古き伝統を生かしながらも、それにとらわれたり墨守したりして窒息するのでなく、大胆かつ新鮮な創意工夫を常に加えつづけて、協同して新しいものを次々と産み出していく力――、いわば民族の文化的活力とでもいった力の働きが支えとなっていたのである。貞成親王その人によって担われた文化、もしくは貞成親王をとりまいていた文化的環境や諸事象についは、夏・秋そして冬の各部で折々にふれることとし、本章では貞成親王の時代を生きていた文化人たちの横顔をひととおり眺めておきたい。貞成親王もまた、この時代の一所産なのであるし、その貞成をより深く、幅広い視野に立って理解しようとすると、同時代の文化のおおよその姿を念頭によみがえらせておくほうがよいように思うからである。

**『比登理言』**

貞成親王三十五歳の応永十三年（一四〇六）に、紀伊国名草郡田井庄で生まれたという高名の連歌師に心敬という人がいた。後年、これも名だたる連歌師の飯尾宗祇がこの道の〝先達七賢〟の随一にあげた人で、連歌の〝神様〟のように崇められた人であった。その心敬が応仁二年（一四六八）、東国滞在中に著述した書が『比登理言』である。連歌と、それを担った先人たちのことを主とした一種の回顧録で、「都にて聞伝へ侍ることを耳のまゝ（聞いたとおりに）注し」たものだが、「程なく今の世に万の道すたれ果て、名をえたる人ひとりも聞え侍らぬにて思ひ合するに、応永の比、永享年中に諸道の明匠出、うせ侍るにや」と気づき、「今より後の世には、その比は延喜・一条院の御代などのごとくしのび侍るべく哉」と述懐して、応永―永享の頃が「諸道」の花の時代であって、後世の人びとはきっと、文化の栄えた醍醐天皇（八八五―九三〇）の延喜年間や一条天皇（九八〇―一〇一一）の時代になぞらえて讃えるであろう――と言っているのである。

今、試みに心敬があげている人びとをも含めて、貞成の同時代人から幾人かを列挙してみると、次頁の表のようである（生没年は通説による。〇印を付したのは心敬が取り上げている人）。もちろん、これ以外にも取り上げるべき人は少なくないはずだが、一応のめどを得るために、生没年のはっきりしている人、没年の明白な人を中心にして、主たる活動分野別に配列してみたものである。

| | | | | |
|---|---|---|---|---|
| 伏見宮貞成 | 1372 | 1456 | | 和歌・連歌 |
| ○飛鳥井雅縁(1358) | | 1428 | | 〃 |
| 飛鳥井雅世 | 1390 | 1452 | | 〃 |
| ○冷泉　為尹(1361) | | 1417 | | 〃 |
| ○今川　了俊(1324) | | 1420 | | 〃 |
| ○朝山梵灯庵(1349) | | 1427？ | | 〃 |
| ○高山　宗砌(？) | | 1455 | | 〃 |
| ○蜷川　智蘊(？) | | 1448 | | 〃 |
| 心　敬 | 1406 | | (→1475) | 〃 |
| ○清巌　正徹 | 1381 | | (→1459) | 〃 |
| 東　常縁 | 1401 | | (→1494) | 〃 |
| 一条　兼良 | 1402 | | (→1481) | 〃 |
| ○一休　宗純 | 1394 | | (→1481) | 五山文学 |
| 季瓊　真蘂 | 1401 | | (→1469) | 〃 |
| 観阿弥清次(1333) | | 1384 | | 猿　楽 |
| ○世阿弥元清(1363？) | | 1443？ | | 〃 |
| 観世　元雅 | 1394 | 1432 | | 〃 |
| ○音阿弥元重 | 1398 | | (→1467) | 〃 |
| 犬王道阿弥(？) | | 1413 | | 〃 |
| ○周　文 | (？) | | (→？) | 絵　画 |
| 能　阿　弥 | 1397 | | (→1471) | 〃 |
| 善　阿　弥 | 1386 | | (→1482) | 作　庭 |

心敬は、取り上げた人の一々について多少の説明を付している。たとえば、連歌の名匠について、今川了俊（貞世）らをあげたあと、「この内にも末の世まで残り、世一の先達の名をえしは梵灯庵主（朝山梵燈庵）也」といい、また「猿楽にも世阿弥とて、世に無双不思儀の事にて……」とか、「音阿弥は近くは天下無双の者なり。殊我道（猿楽）の名誉をつくし侍るなど〻人々申あへり」とかいうふうに。

おもしろいのは一休さんのことにふれた箇所で、「禅門修行の明匠とて、数をしらずきこえ侍れども、今の世に行儀も心地も世の中の人にかはり侍と聞えぬるは一休和尚也。万のさま世の人にははるかかはり侍ると人々かたり侍り」と述べている。やっぱり相当の変人・奇人で通っていたようだ。ついでにその門流で和泉堺の海会寺に住した南江宗沅（一三八七―一四六三）のことに言及して「ひ出たる詩人」との世評を伝えたが「是も行義、心地、異相不思議の人」であった由である。一風変わった人に、心敬の心は向きやすかったらしい。そういう点では、知人であった「立蔵主とて、都ほとりに談義などせし、八旬（八十歳）に及たる老僧」のことにふれて、「まなこある僧（物を見る眼を持った僧）」との世評を伝え、彼が「長いきし侍るを恥、老後の終焉のつたなからん事を思ひとり」て、忍んで立ち出でて勢田（近江瀬田）の橋でひっそりと死んでいった話を記したあと、「我見所得にとぢられて（我を張って）身を惜むこと、此界（この世）のならひなるに、有難く……」と述べ、「いづれの学者よりもたつとく、うらやましくこそ侍れ」と、「我見所得」のために「身を惜む」当世の「学者」への一批判をなしているのである。この僧が、他の「文化人」とともに名を見せる〝理由〟を問われたら格別に答える術もあるまいが、その生き方（と死に方）の特異性に潜む人間の心の真実に、心敬は胸打たれているのであった。

かつて、この心敬の著述に言及した倫理学者故和辻哲郎氏（一八八九—一九六〇）は、室町時代の盛期とされている「応永—永享」の四十七年間を「ヨーロッパにおいて、古代の文芸の復興が同時に新しい文化の創造を伴つてゐたやうに、室町時代の文芸復興も日本独特の文化の創造を伴つた。そのことを逸早く指摘してゐる」著として高く評価するとともに、「文化創造」という観点に立って、右の四十七年間の時代を「確かに偉大な時代に相違ない」と喝破していた。(注17)

そして、

㈠能楽　世阿弥

㈡絵画　周文

㈢禅　一休宗純

というふうに、猿楽能・水墨山水画・禅思想の三つのジャンルと、心敬の評言から抽出したそれらの〝主担者〟に注目しつつ、「これら三つの点だけでも、応永永享時代は延喜一条院の御代に劣らないといはなくてはならぬ」（以上、傍点・仮名遣い＝原まま）と結論していた。敗戦後七年目の昭和二十七年（一九五二）の発言である。

## 「無双の上手」の横顔

ところで、「無双」であること、つまりは「一芸の上手」であって、右に出る者のない特別の技芸の持ち主であることが、その人を時代の英雄に仕立てていた。これが貞成親王の生まれ育った時代の本質であった。貞成親王にとっては、その「一芸」とは和歌や連歌であったらしい。

ところが、和歌や連歌の道のほかにも、さまざまの「一芸の上手」たちが輩出していた。心敬の語るところを読者とともに追ってみよう。

第一には、平曲。『平家物語』を琵琶の音曲に乗せて〝語り〟〝うたう〟のだが、これの「無双の上手」は千都検校（疋田千一、法名師道）で、「大かた、彼物語かたりはじめては、昔より第一のもの」であるという。清巌正徹（臨済禅僧で著名な歌人）の言では、「此千都検校をば、宇治の平等院の宝蔵にこめたきなどまで利口し給ひしもの也」であった。ここで利口というのは軽口・冗談のことで、「橋合戦」や「宇治川先陣」など『平家物語』のさわりにちなむ正徹のこの利口はなかなかのものである。

第二には、なんと「碁」である。この分野での「無双の上手」に、相模国の大山寺の僧で大円というのがいたらしいが、経歴は詳らかでない。折しも東国には三浦民部という碁打ち「上手」がいたとか。大円・民部のこの二人に及ぶ者は、彼らの死後も現れず、と心敬はいう。

その次には、公家や武家の宴席でたいそう好まれた早歌があげられ、坂阿弥という人の弟子、清阿弥・口阿弥の二人が「二輪二翅のごとく」もてはやされたのだったが、以後は余流が伝わるのみで、世に聞こえた名手は出ずじまいだと言っている。

尺八も「万人ふき侍る」ほどに当代流行の一芸であるが、最高の名人といわれる人に増阿弥が現れて一世を風靡した。あとにもふれる田楽能の名手として聞こえた人である。そのあとは頓阿弥が継いで、これも随一と讃えられたのだったが、この道でもやはり「かれが後は、名をえたるは、さのみ世に聞え侍らず……」という次第である。

以上のように心敬は、応永―永享期における諸芸能の興隆を回顧するとともに、その一々を担った名手たちが、ここ十数年～三十余年のうちにすべて世を去ったあとは「今の世に万の道すたれ果て」たのを嘆いているのであるが、最後に連歌の名手を列挙して『比登理言』一篇を閉じる前に猿楽のことにもふれ、まずは世阿弥について「猿楽にも世阿弥とて、世に無双不思儀(ママ)の事にて、色々さまぐ〵の能ども作りをき侍り」と賞讃し、世阿弥に続いては、「今の世の最一の上手」「近くは天下無双の者」としての音阿弥をあげて讃えている。

### 世阿弥のこと

ところで、例の後小松天皇行幸の際、二度にわたって崇賢門院仲子の御所（北山殿四脚門外）で「申楽」（猿楽）が演じられていた。一度目は三月十五日の夜で、「さるがくをもわざとせさせられて、ゑ(叡)いらん(覧)あれば」（『北山殿行幸記』）と記されているのを見ると、どうやら突然の催し物であったらしいのだが、なかなかの上出来で、それというのも「みちのものども、こゝはと、を(己)のがのう(能)のあるかぎりをつくした」からであった。ただし、演能者の名は残念ながら見えていない。

二度目は同月二十二日の夜であって、犬王道阿弥が勤め、「七番、芸能を尽くし」たという（『教言卿記』）。犬王道阿弥は近江猿楽を代表する名人として聞こえた人であり、大和猿楽の観阿弥などからすれば好敵手の一人であった。

それはともあれ、二度にわたる猿楽「叡覧」の際に、世阿弥が出演していたのか、いなかったのか――は学界の一関心事であり、永い世阿弥研究史の上での〝空白〟をなしている。古くには、世阿弥の華やかな活動と、義満との深い関係というものを前提にしてのことながら、行幸の時にも世阿弥は演じていたと断定、もしくは推断する説が強く、さらにはこの考え方に対して、当時の記録にその名がみえないのを根拠に彼の出演を疑うだけでなく、義満がすでに寵愛の対象を世阿弥から犬王道阿弥へと移していたのではないかとする説もあらわれていた。近年この点についてふれた北川忠彦氏（国文学・芸能史）は、上演の記事に出演者名が併記されるのがむしろ異例のことで、『北山殿行幸記』の記事でも出演者は他にもいたことは明白なのだから……として、世阿弥も出演していたと見るほうが自然ではないかと述べておられる。[注18] 出演したかどうかは一応さておくとしても、とくに病臥中とか服忌中であるとかのことを別とすれば、私も行幸時の北山山荘には世阿弥の姿はあったものと思う。

さて、当時すでに四十六歳に達していた世阿弥は、演能の機会にも多く恵まれつつ、父観阿弥亡きあと父をも超える達人としていち早く令名を馳せており、不惑の年には著名な『風姿花伝』（『花伝書』）の第五部までを書き上げていたし、行く末たのもしい一子の元雅もすでに少年に生い立って世阿弥の薫陶を受けていた。そのような世阿弥とその一座の幸せというものが、世阿弥自身の不世出の才能と不撓不屈の努力とによって実現されたことは言うまでもないとしても、やはり観阿弥晩年以来の、義満の贔屓と援助なくしては、きびしい芸能界の鍔ぜり合いの中で不動の地歩を固め尽くすことはできなかった。

その世阿弥の前に、突如として訪れてきた不運の影。それが、義満の急逝であった。将軍義持は、父の「時代」の根本的見直しから着手したことはすでにふれたとおりだが、猿楽能よりも田楽能を好み、父の愛好した猿楽能の世阿弥よりも田楽能の増阿弥を贔屓にした。尺八にも堪能であった増阿弥については、世阿弥自身もその芸風を高く評価しており、それだけの実力を備えた芸能者にはちがいなかったが、「王者」の世界での〝義満時代から義持時代へ〟の大転換は、世阿弥の浴びていた脚光を急速に増阿弥へと移し変えたのみならず、世阿弥の苛酷な後半生を用意したのであった。しかし、その間の経過や事情を見ることは今の私たちには無用である。再び貞成とその身辺へと視線を戻すことにしよう。

時に応永十八年、初夏。

# 夏

君になを千年をちきれふしみ山代々へし跡の庭の松かえ——砂玉和歌集——

# 四　宮家嗣立

## 元服

応永十八年（一四一一）四月四日、雨の中を京の菊亭家から伏見へと向かう一台の牛車があった。車中の人は、貞成・今出川右大臣公行・綾小路三位信俊・田向経良朝臣の四人。車の脇には、治部大輔三善興衡と中務少輔三善豊秋の二人が随伴していた。車は、未の刻（午後二時頃）、栄仁入道親王の御所（仮御所、宝厳院）に到った。

この日は、二つの大事な儀式が執り行われることになっていた。一つには今出川公行が栄仁から琵琶の秘曲を伝授されることであり、二つには、この年すでに不惑に達していた貞成の元服加冠の儀である。当時の人びとは何をするにも吉凶に鋭敏たらざるをえず、その神経の働きは四六時中、公私にわたっていたから、公行への秘曲伝授については陰陽寮の安倍守経が、また貞成元服の儀については安倍泰家が、それぞれ先例等を勘考し、卜占してめでたい日時を答申していたわけであった。

門前で車を降りると、貞成の義兄になる庭田重有、田向経良の子息長資らが参会している。貞成は休所に入って衣裳を整えた上、貞成居住のために室礼された部屋で正式に父栄仁と対面した。貞成はこの日から父の御所内のその室に住むことになっていたのである。

格別のはからいで式三献による饗膳が出され、そのあと常御所（栄仁の居室）に移って楽・朗詠などが楽しまれた。夜に入り、戌の刻（午後八時頃）には、今出川公行への秘曲伝授の儀に入る。曲はどうやら「流泉」「楊真藻（操）」と並んで雅楽琵琶の三大秘曲の一つとして名高い「啄木」であったらしい。儀式は経良朝臣を奉行として執り行われた。儀場は寝殿で――とはいっても御所そのものが質素なものだから、名ばかりの建物と推察されるが――、南面の二間、廂間の一間に御簾が垂らされ、大床に高灯台二本が立っている。西間には障子（ふすま）に副って代々の本尊である妙音天像の掛軸が懸かる。正しくは妙音楽天で、要するに弁才天の像であり、音楽をはじめとして弁才・福智・延寿・除災・得勝などを司る女神の画像である。その前に置かれた机上には仏具とお供え物、左右の脇には掌灯というぐあいで、前に大文縁（大きい紋のついた高麗縁）の畳二帖が南北方向に敷かれ、その上に氈（毛織の敷物）二枚を敷いて、「師範」（栄仁）の御座とする。貞成自身の文言によると、本式には茵（綿入れの敷物）を敷くべきところ入手できなかったので氈二枚を重ね敷きにしてすませたのだという。師範座の末の方に小文縁の畳二帖を東西方向に敷き、上に氈一枚をおいて、伝授される「受者」の座とする。

さて、所定の時刻となり、師範・受者の順で着座。まず「日時勘文」を一覧するところだが略儀（略式）によって省略。次いで衣冠姿の経良朝臣が「虎」という銘の琵琶を持参して御前に置き、つづいて布衣（麻布の狩衣）を着した重有が「巌」の銘のある器（琵琶の容器）を公行の前に置く。これで準備はすべて整ったことになる。

いよいよ「伝業」であるが、その一部始終は何しろ「奥秘」の伝授なので、いっさい他者

の耳目を遠ざけられ、男女ともに退出。ただ一人、対御方と呼ばれる上臈女房（高位の女官）のみが御用を勤めるためにその席に残って近侍する。栄仁親王の後添いにあたる女性で、のちの東御方、当年とって四十九歳である（「春」一「五人の母」参照）。治仁（新御所）・貞成の兄弟も席を立った。陽明局や綾小路信俊をはじめとする参席者一同が別室に「群集」して「一献」。その酒席に兄弟も加わったらしい。

そのあとは、灌頂の儀といって雅楽の秘曲を授かったことを証する奥書入りの書き物を公行に賜り、琵琶・器が片づけられて公行退下。次いでは御剣進献の儀があって、すべては滞りなく終わった。貞成の言い分によると、本来は御馬進献のはずなのだが、「毎事略儀」により御剣が進められた由で、事を省略するのは「道」のためにはあまりにも「聊爾」（粗末）であると嘆じていた。

以上は、貞成自筆の「今出川右大臣公行公琵琶秘曲自二大通院一御伝受事」（注1）によって事の次第を追ってみたものである。

ところで、毎事の「略儀」ぶりが大そう不満だったらしい貞成は、公行の秘曲伝授のあいだじゅう、そわそわせざるをえなかったに相違ない。四十にもなってのことだから、あまりぱっとしないようにも思えるのだけれど、とにもかくにも貞成にとっては、待望久しき我が「元服」の儀がこのあとに控えていたからだ。その儀は、むろんのこと執行されたのであるが、先の「御伝受事」につづく「貞成御元服事」の記事は、俄然詳細を極めることとなる。あまり「略儀」にすぎる要約をしてしまうと、冥界のご本人から小言を吐かれそうだし、

「秘儀」「内々密儀」として執行された元服の儀の実相も知っておきたいと思うので、一応のところを追っていくことにする。

さて、儀場は母屋（寝殿中央の室）である。南面三ヵ間に御簾を懸けわたし、西第一間に御簾を垂らし、次の間二間では巻き上げている。南西大床に高灯台二本を立て、奥の方の西北に屏風を立てめぐらす。第二間の北の傍らに文畳二帖を東西方向に敷いて御座とする。西第一間の端の方、障子に副って大文畳を南北方向に二帖。これは治仁と貞成の座である。その前方左脇に掌灯が挙げられ、円座一枚を敷いて「理髪座」とする。東第三間の端に小文畳を東西方向に二帖、これは「大臣座」である。同じ間の北の傍らに屏風を副え、二階造りの厨子一脚を立てて調度品を置いている。母屋の西面で、障子により隔てられた二間は休所である。南面の妻戸一間・格子一間に御簾を垂れ、南北方向に小文畳二帖が敷かれている。

所定の時刻に、貞成は休所に着席した。着せられた衣服は半尻で、公家の児童の服装であった（一〇五頁参照）。貞成の言では「毎事密儀の間、装束の沙汰に及ばず、左道の躰なり」とある。「何もかもが秘密の儀として取りはこばれたので、装束の手配が行き届かず、まことお粗末の次第……」ということででもあろうか。

いよいよ父栄仁の出御。次いで兄治仁が出御。つづいて経良朝臣が休所の貞成にそっとサインを送ったので起立した貞成は、綾小路信俊が上げてくれた御簾をくぐって妻戸より出、簀子造りの濡れ縁に歩を運んで東行し、第二間から入室して着座する。二帖の大文畳のうち奥の方のには治仁が東向きに坐っており、貞成は端近い方の畳に北向きに坐る。西の簀子縁

のあたりには綾小路信俊卿（衣冠）・田向経良朝臣（衣冠）・庭田重有（布衣）・田向長資（衣冠）・菅原長広（布衣）の五人が「扶持人」として控えている。

栄仁のお召しにより、右大臣公行が廂間から入って端の方に着座。右大臣の指示で長資が厨子の調度品を取って貞成の座の前に置く。柳筥（柳の細枝で編んだ角箱）に据えた烏帽子、打乱筥（手巾などを入れる箱）、泔坏（鬢掻き水を入れる坏）が順次配列されて、準備完了である。

栄仁の指示を承った右大臣が、「理髪人」を召す。簀子縁で進み出たのは信俊卿である。右大臣の合図で貞成は理髪の円座に東向きに着座した。かくて、理髪の儀は、左のようにおごそかに進行する。

打乱筥を包んだ櫛巾を開いて貞成の前に置く。長い本結紙（もとどりを束ねる紙）の片方一尺ばかりに折れ目を付けて置く。頭頂の髪を束ねていた本結紙をほどいて打乱筥に入れ、解櫛で乱髪を左右後ろへと梳き集める。左手で本（髪）をつかみ、右手で新しい長本結紙を取り、その折れ目をもとどりの根もとに当てて二束にまとい上げ、真結にして、本結紙の短い方を髪に取り付け、長い方を持ってまとう。末の短い方が本結に等しくなった時、その二束を諸鉤（もろわな。結び目の両方に輪一つを作る）の形に結び、その末を二つに分けて、小本結紙で結ぶ。またその端を折り返して紙で包み込み、紙捻で左方を二ヵ所、右方も二ヵ所結び、小刀を取って刃の方を上に向けて、左右の順に、髪を切り落とす。その際、切り口のある髪が本人には見えないように櫛巾で押し隠し、もとどりの所に残っている紙と紙捻と

を抜き取り、櫛巾に収める。次いで、鬢櫛で左右を三度ずつ梳き上げて、烏帽子を載せたあと、信俊は簀子縁に退き下がる。

これで終わるはずであったが、信俊のあとに治仁が自席を立って貞成に寄り、「加冠」の儀を行う。髪掻（笄）という道具で左右の髪を三度ずつ烏帽子の内に押し入れるのである。これも、本来は理髪人の信俊の役目なのだが、特別の理由があって治仁が執行した。すなわち貞成は、父栄仁の配慮によって治仁の「猶子」とされ、治仁のあとの家督継承者に位置づけられていたのである。

さて、そのあと信俊は再び貞成の前に着座し、鬢を整え、調度品を揃えて退下。貞成は起座して、もとの通路を休所へと退いていく。その休所で庭田重有に鬢を整え直してもらった貞成は直衣を身に着けた。原文（漢文体）ではただの七文字ではあるけれども、今の私には、それが四十歳の貞成にとっていかばかり嬉しいことだったかを、胸を熱うして想わずにはおれない。彼は、こう記していた。

次いで、男装束直衣を着す

と。「童」姿を脱して、「成人男子」の姿へと変身したのである。髪風・服飾の転換による、一つの生涯の明確なる区切り。その感激の深さというものは、こんにちの私たちの感覚ではとうていはかりがたいものであったろう。

半尻から直衣へ　元服当日に貞成が「左道の躰なり」と不満を抱いた半尻（右端）は別名「小狩衣」で，後ろの裾が短く切り上がった形態の公家男児用狩衣。元服式で児童風の髪型が成人風に改められ，直衣（左端）を着用して加冠されれば，成人男子の姿となる。それ以後は，公私にわたって各種烏帽子の着用を欠かせない。

装束を一新した彼は、再び「二人の父」にまみえ、各二拝して、また休所に戻る。そこへ栄仁も治仁も移ってき、御膳が出され、酒盞・一献の儀のあと一同起座して元服の儀式は完了した。元服の引出物は、先例では御馬であるが、略儀により後日、御剣を進めることとなっていた。

元服にもとづく名乗りが「貞成」である。本来ならば、これも先例の勘考や卜占の結果によるべきところではあるが、元服とは「内々密儀」に属することゆえ、今出川右大臣公行ら関係者が相談した末にこの名が決まったという。もっとも、後年の「親王宣下記」（二三〇～一頁参照）では、式部大輔菅原朝臣秀長卿がこの名を勘申したと伝えている。なにはともあれ、この夜、私たちにも馴染み深い貞成という名が正式に歴史の上に記録されたのであるが、まだ身分的には「貞成王」であって、「貞成親王」ではなかった。次の人生目標は、おのずとそこに絞られていかざるをえまい。

よろずに「略儀」「左道（粗略）」であることが貞成には大いに不満ではあったが、滞りなく元服を経た翌日は空も晴れ上がり、栄仁・治仁・貞成は右大臣公行らとともに池に船を浮かべて、楽・朗詠その他の雑芸を楽しみ、多少はめを外したらしく「一献数盃、乱会に及」んで「感興、極まり無き」様子であった。遊興・歴覧の楽しみは六日、七日と続いたが、八日には右大臣、そして今出川三位ら伏見殿の近臣たちもそれぞれ御所を引きあげていった。同月二十四日に貞成は父から秘曲「皇帝」を伝授され、また二十六（カ）日には「団乱旋」の曲を受けた。この日には地下（昇殿できない家格の官人）の楽人大神景清・豊原郷秋・同敦秋が貞成元服の祝賀に参入し、楽舞があって貞成をなおさらのこと喜ばせたのである。

### 歌に浮かぶ「伏見」

貞成がここに住みはじめてからは、栄仁の御所も活気を見せるようになったらしい。彼の言によれば「応永十八年四月に伏見殿へまいりて今はさふらふほどに、御歌の会しげ（繁）くて……」（『砂玉和歌集』）とあるように「月次」（月例）の歌会や連歌会が御所生活の中心をなしたと見える。

その前後に貞成が詠んだ和歌には、「伏見」（そして深草の里）のイメージがまたいちだんと鮮明である……と見るのは、やはり思い込みが過ぎてのことであろうか。この「夏」の部の扉裏にすえておいた一首も、四月の伏見帰住後まもない頃の作で、「山家」と題された歌であるが、同年八月十五夜の歌会では「月前鶉」と題して、

深草の里とふ月のあはれをも独うつらの音にや立らん

と詠み、また菊の節句の重陽（ちょうよう）の宴（九月九日）には「名所恋」として、

夢にたにあふ夜もしらていたつらに独ふしみの里の名もうし（憂し）

というふうである。また『砂玉和歌集』（注3）に収まる、この頃の歌をあれこれと追ってみると、次のようなのが眼にとまる。

見花

今よりやふしみの花になれてみん都の春も思ひわすれて

野月露深

深草の野への月かけ秋更（ふけ）て露の夜寒に鶉なく也

沢螢

川ちかき伏見の沢にとふ螢をちのかゝりの影かとそみる

地儀

ふしみ山麓のこかけ水にみえて松のうれこすうち（宇治）の川浪

このような、貞成の歌に浮かぶ「伏見」のイメージは、先にあげた「見花」の一首にもう

かがえるように「都」のそれと表裏一体をなすともいえる。伏見に住むようになってまもなくの一首に、

羇中衣

しほるとも露ははらはし旅衣馴（なれ）し都の月しやと（宿）れは

があり（『砂玉和歌集』応永十八年）、和歌の世界には暗い筆者とて「馴し都の月……」とあるのには、いたく心を惹かれるのだが、ほかにもたとえば、

花洛月

たくひなや花の都の秋の空さそな嵐の月はす（澄）むとも

寄月旅宿

馴てみし都の月にとはれすは旅寝の秋や猶う（憂）からまし

などが見えており（応永十九年九月重陽の会に）、その心は、

居所

山陰にや（宿）とをしめても心をは憂世（うきよ）にかへすみねの松かせ

春動物
いかにせむたのむ古巣にかへりても身を鶯の音社なかるれ

という歌（応永十九年十一月三十日、同二十年三月末）に、心底では確実に連結していたと思われてならないのである。「都」への想いということでは、かつて位藤邦生氏は（すでに引いた歌も含めて）、

しほるとも露ははらはしたひ衣なれし宮この月しやとれは　（応永十八年作）
なれてみし宮この月にとはれすはたひねの秋やなをうからまし　（応永十八年作）
いまよりやふしみの花になれてみん宮この春もおもひわすれて　（応永十九年作）

の三首を引いて、次のように説かれていた[注3]。

右の三首はいずれも自筆本『沙玉和歌集Ｉ』所収の歌で、注記したように応永十八、九年の作。すなわち貞成が京都の今出川家をひきあげて伏見に帰住、しかしながら先途の希望もなく部屋住みの身を嘆いていた頃の作品である。長年自分で帰りたいと望み父栄仁親王にもその希望を訴えつづけていたのであるから、今さらの都恋慕は理屈に合わない話であるが、当時の貞成の心中の事実はそういうものであった。

と。父栄仁入道親王の傍らに、日夜住めるのを喜びとしたはずの貞成なのに、やはり「都」での栄達ということが断ち切れぬ想いであったのか。そういえば、やはり歌作に焦点を合わせて貞成の心の影を逐っていかれた下房俊一氏も左のように論じられたものである。(注4)

親王号の沙汰をみぬことだけがかれの不満だったのではない。やはり恐らく宮家の零落によって、元服も著しく遅れ、それは四十の歳、すなわち応永十八年四月伏見帰還のときを待たねばならなかった。しかも、儀式は「堅固内々密儀」であり、「毎事略儀」（中略）をもって済まされたにすぎない。だから、父の御所への帰住も、必ずしもかれを喜ばせるに足りなかったのではなかろうか。(応永)廿一年の端午の歌会に詠んだ、

山居

都にてならはさりしに松風の心をしほる山かけの里　（沙玉和歌集）

は、さして珍しからぬ都落ちの趣向を歌にしたまでかも知れぬ。が、当時の伏見殿が、応永(八年)十八年の炎上以来再興をみず、もと比丘尼所の「狭少不思議なる草庵」を仮御所としていたことを思えば、やはりかれの実感を託した歌とするのが妥当であろう。

と。そしてさらには、伏見に来てからは貞成の「苦悩が深刻化」してゆくことを見てとられたのである。さきの位藤氏の所説と併せて、当時の彼の内奥部にうごめくものを端的に探り

当てた考えだと思う。「伏見」の風光を賞でつつそれに日々なじもうとする心と、「都」を偲び慕う想いとが貞成の一首一首に交錯して露われるのは、どうもそのためであるらしい。「都」に離れ住んで成人した子息が「伏見」の父の御所を想いつつ年を過ごした。そこには「新宮」「新御所」と呼ばれる治仁もいた。そして、ようやくのことで念願叶って己も「伏見」に移り住み、自分のために新たにしつらえられた居室で「今よりやふしみの花になれてみん……」と詠じてみたとて、たしかに四季の移ろいに風情と美は溢れ、交通の要路を控えた土地らしく車馬の往来はあれど、ここはやはり「鄙」でしかなかった。「都」の公家たちにとっては常住の地というよりは別荘の地として、折々に遊覧や安息のために出かけて行く先だった。父は伏見殿・萩原殿・有栖川山荘、そしてまた伏見殿というふうに郊外の「鄙」を転々としてきたのだからそれほどでもなかったろうが、今出川の菊亭で「都」の公家や幕府要人たちとの交流を重ねながら三十代を終えたらしい貞成にとっては、なじみきった「都」生活からの突然の離脱にほかならず、それを恋う心も日増しに募ったとみるのが妥当であろう。

### 「武将」への憤りと恐怖

さて、貞成が伏見に移った翌年、応永十九年（一四一二）の八月二十九日、後小松天皇は長子実仁（称光天皇）に譲位し、日野資教の一条東洞院邸を仙洞御所として、翌月に太上天皇の尊号をたてまつられて院政を開いた。実仁は日野資国の娘、光範門院資子を母に、応永八年（一四〇一）三月に誕生。この年十二歳である。正式の即位式は翌々年だが、ともあれ「皇統」は滞りなく持明院統の内の後光厳院流（いんりゅう）に継承されたのであった。

その九月、重陽の歌会に貞成は「籬菊知時（まがきのきくときをしる）」と題して次のような歌を詠んでいた。

おりを知るなへての花の中にしも菊はけふをや待て咲けん

「頭註」には「今年八月廿九日、称光院受禅」と見えている。また「松契追年」と題しては、

ふしみ山年ふる松も更に又ちよをは君に猶やちきらん

とあり、この二首の歌が型どおりの寿（ことほ）ぎの歌にすぎぬとしても、菊・君のイメージと共に実仁の受禅—即位に関わっていることは推察するに難くはないと思う。しかし、この二首の間には、

ふみなれぬ忍ふの山のかよひちにまよふ心のおくをみせはや　（忍不逢恋）

というのもあり、とりわけては「まよふ心のおく……」なる表現が二首のはざまで印象に強く残るのである。

ところで、それから二年半ばかりの貞成の動勢は、折々の歌会での詠歌を除けば不明というほかはない。しかし、応永二十一年十二月に行われた称光天皇即位式については、貞成は一つの記録を後世に伝えた。『称光院御即位記』(注5)がそれである。そこに記された経過を逐一ここで追うまでもないが、あとの方でも小さな主題にならざるをえない〝将軍の権力〟に対する貞成の感情――ということに関わって、読者とともに見ておくべき点が一、二ある。

天皇の即位式は同月十九日であったが、これに先立って五日夜には称光天皇は後小松院の仙洞御所に行幸した。即位式当日に備えての方違のためであった。この方違というのは、陰陽道で忌まれる天一神のいる方向を避けて、自分の行くべき方角がそれに当たると、前もっていったん吉方（めでたいとされる方角）の家に身を寄せて忌みを避けた方角から目的地に到ることである。今日の私たちは、いかにも意味のない迷信の一種と思いやすいが、当時の人びとにとってはゆるがせにできぬ重要事であった。天皇は一泊して、その翌朝早くに還幸したのだが、関白一条経嗣が不参のため、内大臣で将軍の足利義持が天皇の裾に候する役を勤めていた。貞成の言によると、こういう場合には蔵人頭が勤めるのが先例であって、「武将」が御裾に候するのは「先規希有」（滅多にない）のことであり、「不審々々」であった。この義持の行動に対する「不審」の念は、十九日当日の即位式での別件に連結してゆく。

同じく貞成の言によると、「今度の大礼、一事の違乱もなく遂行せられ、無為（無事）、天下の大慶珍重なり」であったが、内弁の役について気がかりなことが一つ生じていた。内弁というのは、即位や朝賀などの朝廷の重要行事に御所承明門内で諸事を掌った首席の公卿をいい、このたびは今出川左大臣公行に仰せつけられていた。公行は都合があって再三にわたり辞退したが、後小松院が奉行の勧修寺経興をつうじて「厳密」に仰せ出されたためにやむなく承知して、すでに用意をしていたところ、将軍義持が別途に九条右大臣満教を内弁にと推挙した結果、にわかに満教は右大将から右大臣に昇進して内弁と決まり、右大臣鷹司冬家は辞職、あわせて今出川公行は内弁の役を放たれてしまったのである。貞成はこの一件にふれて、公行にといったんは決まっていたものを、その時々の都合で改変されるのはきわめて無念であり、公儀（朝廷）の沙汰としては軽々しすぎはせぬか……と、憤懣をぶちまけている。

ところで、この一件には、付録がついていた。というのは、公行に代わり内弁を勤めることになった九条満教は、あいにくと玉佩を持ち合わせていなかったので、当日即位式場の太政官庁に出仕してから義持に相談したのである。玉佩とは、即位式などの大儀に際して天皇や臣下が礼服に添えて身に付けた服飾で、五色の玉を貫いたもの五筋を花形の金銅板につないで胸に垂れ、沓の先に当たると鳴るようになっていた。要するに、列席の公卿には不可欠の飾りなのだ。それがないとなると大変である。満教の狼狽ぶりが偲ばれようが、突然の相談を受けた義持は、にわか人事を強引に進めた張本でもあったからであろう、即座に一計を案じた。ちょうどその場に居合わせたらしい参議右中将の一条実秋の玉佩を召し上げてしまい、それを満教に付けさせたのである。外弁として門外で諸事を指揮する役目だった実秋は致し方もなく、礼服を着ていながら玉佩はないという、まことに恥ずかしい姿で外弁の列に候せざるをえなかった。一方、〝にわか内弁〟の作法にも「違失」が目立っていたようである。貞成はこの件についても、理屈に合わぬ興ざめなことだと批難し、前代未聞だとあきれかえっていた。その腹の底には、「武将」でありながら専横を極める若将軍義持への痛憤がとぐろを巻いていたにちがいない。

ところが、類似のことは、またしても翌応永二十二年十一月の大嘗会の際に起こっている。貞成の『称光院大嘗会記』(注6)によると、左のとおりである。

その月の九日の夜、やはり方違のため天皇は仙洞御所に行幸。それへのお供のため、義持は弟義嗣とともに禁裏へ早目に参入したらしい。あいにくではあったが、行幸に供奉する予定の公卿らが「遅参」してしまった。これが気にくわないとみえ、義持は蔵人頭で奉行を勤めていた海住山清房朝臣に言いつけて散状（供奉の公卿らの名を役配に従って列記した一覧表）を出させて一見したところ、義持・義嗣兄弟が早目に参上したにもかかわらず確認の「合点」が施されていないではないか。義持は怒って清房朝臣を「突鼻」した。「突鼻」とは主が臣を譴責・勘当することを指す「鼻を突く」が漢語化された語で、貞成の表現では「厳密の御沙汰なりと云々」とあるのだが、あたかも実際に手を出してぱっと清房を突きとばしたような激しい雰囲気である。

おまけに、十七日夜の太政官庁行幸には大変なことになった。

というのは御簾役のことで、詳細は不明ながら清房朝臣が再び義持に「突鼻」されたのである。「もう絶対に出勤するな。邸に引き籠っておれ」と、それはそれはずいぶんの見幕であったらしいのだ。その後、清房は蔵人頭辞職を余儀なくされた上に、所領までも召し上げられた。「武将」の鶴の一声で天皇側近の重要職をやめさせられ、瞬時にして生活の基盤までも剝奪されてしまったのである（清房は文安五年＝一四四八年六月没）。「厳密の沙汰、不便(ふびん)〱（あまりもの厳しさで、哀れ〱）」と、貞成は痛恨の思いをわずかな文字に練り込まざるをえなかった。

清房一件に次いでは、二十三日の主基節会(すきのせちえ)にも事が生じた。天皇の冠に挿す挿頭花(かざしのはな)を、どういう手順で挿すか……の一悶着である。

前日の悠紀節会(ゆきのせちえ)では、内弁を勤めたのは左大将の徳大寺公俊(とくだいじきんとし)であるが、彼は挿頭花を内大臣義持に献じ、それを義持が天皇の冠に挿した。ところが、当日の主基節会の内弁を勤めるのは、右大将の久我通宣(こがみちのぶ)であって、前日の手順がどうだったかをまるきり知らなかったのである。通宣が関白一条経嗣に相談したところ、返答は「先例では、内弁が関白に献じて関白が挿すこともあれば、内弁がじかに挿すこともある。よきに計らえ」であった。通宣は、それならばと、自分が直接挿そうと決めていたところ、義持が「御挿頭花のことの手順はどうなっているか」と、人を介して問い合わせてきたではないか。通宣は昨日の実況を知らない上に、関白の意見も承っていたのだから、「先例に任せて、内弁（私）が直接にお挿しします」と、あっさり回答したのが災いして、これがまたしても大変な騒ぎに発展した。

通宣の回答を申次人から聞いた義持は、「もってのほかの腹立ち」である。びっくりした申次人はその様子を通宣にそっと伝えた。通宣もむろん仰天。「昨日のことは知らなんだ」

というわけで関白の所に相談に走った。あれこれと相談の結果、「昨日のとおりにやってください」と義持に申し入れたが、すっかりヘソをまげてしまった義持は、ますます立腹して受け付けようとはしない。仕方なく、予定していたように通宣が直接その役を勤めたのであるが[注7]、これで落着するわけもなかった。義持は鬱憤を押えきれず、復讐に着手。通宣の右大将職を「剝取テ」西園寺大納言実永を任命させ、同時に通宣の大納言辞職へと追い込んだ（二十八日付）。文字どおりの失脚である。その上さらに追い討ちがかけられた。通宣の所領であった「源氏町」を没収して左女牛の若宮八幡宮（六条八幡宮）にぽいと寄進してしまったのだ[注8]（十二月十四日付）。通宣は、「これでは、たちまちにして生涯（一生）を失う」と義持に嘆願したが、所詮は許されず、失意のうちに京を離れて丹波国の穴有（穴生）という所に下向し去り、その後は洛西の久我庄に引き籠らざるをえなかった（応永二十五年宥免されて帰京、同二十七年出家、永享五年八月没）。

貞成は、こう記しとどめている。

およそ言語道断の次第なり。彼の（義持の）腹立の趣は是非にも及ばず、理不尽の沙汰、䋣（事）常篇に絶えたり。所詮は関白の、以前の儀（先例）を示されず扶持（支援）も無きに依りて、かくの如きの珍事出来せり。不運の至極、無力の次第か。任槐（大臣に任ぜられる）の先途に達せず、幕下（将軍のもと）を辞退するは、家の瑕瑾（恥）、後代に貽する（のこす）ものか。哀れむべし、悲しむべし。洞院中納言（満季）、正親町宰相中将(実秀)、時房朝臣(万里小路)は遅参に依りて突鼻され、室町殿（将軍邸）へ参仕を止められ、清房朝臣は重科に処せられて籠居せしむると云々。諸人、薄氷を履むの時節なるか。恐るべし、〱。

と。例の「遅参」一件に引っかかった三名の公卿は、「今後は室町殿へは顔を出すな」と拒絶され、清房は一瞬のうちに零落、そして通宣もまたあっと言う間の失脚……という、「武将」の酷薄一徹なる高姿勢に対しては、歴々の公卿たちとて、もはや手も足も出たものではない。むろん当代の義持に突如始まった新事態ではなかったはずだが、この恐るべき「権力」、しかも直轄の「親衛隊」をはじめとして諸大名の麾下の「軍団」を背景に置きつつ公家社会に迫り、かつ、血のつながりをも固めながら浸透し来った典雅なる装いの「権力」に対しては、果たしてどのように対応すればよいのであろうか。

一連の悲劇に、この世の地獄をまざまざと見せつけられた貞成にとっては、その一々がとうていひとごととは思えなかった。そして、この一、二年の〝看聞〟は、貞成の後半生の生き方に重大な影響をもたらさざるをえなかった。

かくて貞成四十四歳の年は、暗澹として暮れていった。

## 『看聞日記』の出発

〝恐るべき〟応永二十二年（一四一五）が暮れ、新春が訪れてきた。

いつの時代にもどのような人でも、新しい年の初めとなると、お互いに「改年御吉慶」を寿がずにはおれないし、また今年こそは、きっと何か良いことがあるに

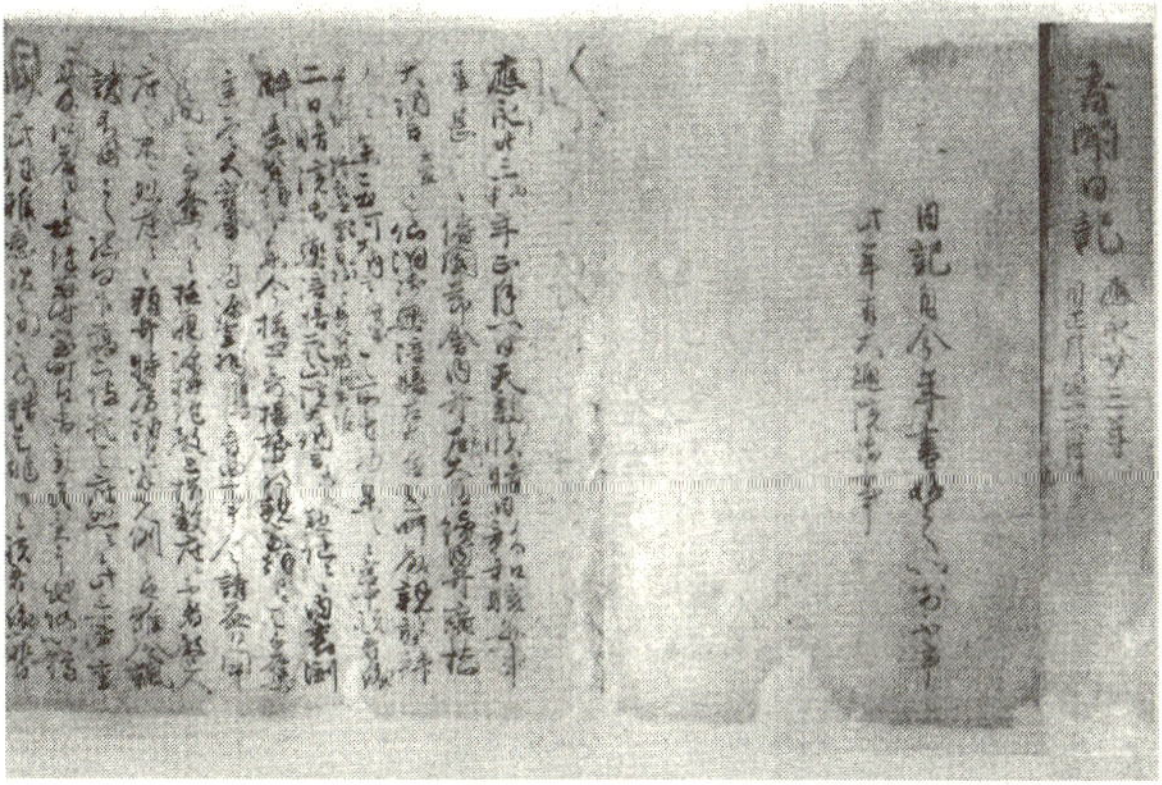

『看聞日記』巻二，外題と巻首（宮内庁書陵部所蔵）

ちがいないと思いたくなる。えてして裏目に出ることも少なくはないのだが。

ところで、貞成四十五歳の「元旦」は、まさに「天気快晴」であり、「日影和暖」であった。今から五百六十三年前の、その日の伏見が快晴だったという事実を、私たちは何によって確認しうるのか。もちろんのこと、貞成が「日記」を書き始めたからである。日を逐って、よほどのことでもないかぎり、毎日書き次ぎながら、折にふれての見聞・体験・事件等々を記述するのみならず、自分の所感とか、批評とかをも併せて記し込んでいく「日次記（ひなみき）」であり、『看聞日記』は、この日に始まる。

「序幕」でもふれておいたことではあるが、貞成は『看聞日記』の最初に、次のように記していた。

日記　自二今年一書二始之一以前不レ書

と。そのように、わざわざ記した貞成の心には父への想い出があったことも、私たちはすでに知っている。そして、「応永二十三年正月一日」の記事は、

天気快晴、日影和暖。毎事幸甚々々。

で書き始められたのである。「毎事」の語は、「自他（己も人も）」であってもよい。要するに、めでたく元旦を寿ぎ収めさえすれば。

しかしながら、ほんとうに、貞成はこの年に初めて日記を始めたのであり、これ以前は全然書いていなかったのであろうか。いや、そうではない――というのが位藤邦生氏の考えである。(注9)

そこで特に注目されたのは、つい先ほど私たちがたどってみた『称光院大嘗会記』が「日次記」の体裁であり、しかも私的感情の表現すらもが見えていることであった。その点に立って言えば、応永十八年四月の元服前後の記録もまた「日次記」の形式であったし、同二十一年の称光天皇即位式の記録も、やはりそうである。こう見てくると、位藤氏のみならずとも誰しもが、ひょっとしたら貞成は「応永二十三年正月一日」以前にも実は「日次記」もしくはそれらしきものを書き次いでいたにもかかわらず、以前の分については、特に重要視した「行事」の記録編成に必要な部分を抽出した他はすべて処分したのではあるまいか……

と勘ぐりたくもなるではないか。と見ると、「日記、今年よりこれを書き始む。以前は書かず」の文言も急に白々と映ってくる。この推測がもし当たっているとしたら、「今年よりこれを書き始む……」という設定を、あえて促した理由があってよい。その理由、もしくは契機とは、いったいなんであったのか。

貞成の人間像の理解に深く関わるかも知れぬこの問題を、先学の考えに学びながら逐うてゆくには、なお二、三の事実を見ておく必要がある。応永二十三年六月から二十四年一月にかけてのことだ。

**老いたる父**

すでに、父栄仁もすっかりと老い込んでいた。子の貞成が「無力の次第か」と歎き「諸人、薄氷を踏む」現実に恐れ戦いた応永二十二年には、六十五歳であった。その上の病であって、貞成懐旧の言では「御老病なへ〱とまします」風情である（『椿葉記』）。『看聞日記』で見ると、栄仁は同年冬霜月（十一月）の末より、脚気の患いがひどく、医師昌耆法眼の治療を受ける身であった。それも、ようよう快方に向かい、翌二十三年（一四一六）正月三十日には全快して、昌耆法眼持参の良薬を入れた薬湯に漬かっている。昌耆は、勧修寺経興が献上した馬一匹を栄仁から賜り、全快祝いの酒宴・歌舞の興が催された。

その後は、体調もずいぶんと良かったようで、梅花の頃の二月八日には和歌会、遊覧。十日には御所中の男女が栄仁の全快を祝う「大飲および乱舞」。十一日には栄仁が突然思い立っての和歌会で、盛った抹香が一寸燃える間に詠み上げた方が勝ちという懸け物遊びである。栄仁も、治仁・貞成と同じく五首を詠んだ。十七日になると綾小路信俊が新年になって初めてのご挨拶に来、そこへ勾当内侍（長階局）が春日祭に参列してきた帰りだといって一献（酒）を持参、さらに近臣経良の妻芝殿が何年ぶりかで訪れてきた。この芝殿にも勾当内侍にも貞成は年少の時に会ったきりだったという。とまれ珍客到来というわけで、伏見殿の御所は「終夜音楽・雑芸、その興を尽」くして、にぎやかな一夜が明けたらしい。十八日にも治仁の沙汰で勾当内侍とその娘らがもてなされ、お相伴の信俊ら「各迷乱（酩酊）」して音曲を楽しんだ。翌十九日は御楽始で、治仁が琵琶を弾き、貞成は太鼓を打つ。二十日には栄仁の発案で懸け物を争う茶会（飲茶勝負）……というぐあいであり、枚挙に遑ないほどに遊興・遊覧が続いていく。これというのも、一つには栄仁の本復祝いで伏見殿の雰囲気が急に明るくなったからであろうが、もう一つには、なんといっても貞成の日次記が御所生活の日常をありありと映し出したことによるのであって、この年以前にも、その実相に大差はなかったと思われる。

ともあれ、その後も栄仁は健やかな日々を送っていたようである。ただ四月下旬頃、突然かなりの難聴になったことがあったが、医師昌耆法眼の助言と「良薬」で治っている。いわば一種の呪術なのだろうが、亀を水で濡らし、仰向けにひっくり返して「小便ヲスベシ」で、その尿を昌耆法眼持参の良薬と調合して耳に入れると良くなるというのだ。早速に人をやって宇治川の亀を捕らえてこさせ、言われたとおりにしてみたら、すぐに全快したという。

ところが、六月に入ると、あいにくと「御持病の風気、にわかに更発」してしまった。「風気」とは風邪と中風の意味だが、持病とあるのを見れば後者であろうか。十三日には腰痛を生じ、その上に発熱が重なって容体が悪化したらしいが、それも二十日前後にはようやく快方に向かったものと見える。この間、栄仁がまだ病床でうんうんと唸っていたはずの十六日には、面倒な一件が生じて、栄仁を弱らせたらしい。

納涼に伏見庄へやって来た公家の一行といっしょに伏見御所奉行の三位（田向経良朝臣）や庭田重有朝臣・田向長資朝臣、それに伏見庄政所（荘官）の小川禅啓らが惣得庵という寺を宿にして、宇治川の船遊びと洒落込んだまではよかったが、指月庵の前方のあたりで釣竿を出してしまったのである。見咎めた大光明寺の僧らが、殺生禁断の地であることを通告し、即刻納竿するように望んだが、連中は「禁ずる処、耳の外にして聞き入れず」で、どこ吹く風かと知らぬ顔を決め込んだ。立腹した僧らは伏見殿に推参して「お上から申してほしい」と申し入れ、そのあとからは同寺長老の徳祥和尚もやって来て、責任者である奉行三位と、政所禅啓を処罰されねば、寺としては「公方」（将軍）に直訴すると、誓言までしての強談判である。床に臥す栄仁の渋い表情が浮かぶようだが、やむなく奉書をもって船中に伝達。これにはさすがの連中も腰を上げざるをえなくなり、京の客人らは興ざめして帰って行ったという。

何やらかやらで、精神的にもふけ込んできていたらしい栄仁は、老い先長からぬのをすでに感じとっていたのであろう。身辺の者に対しては〝一つの気がかり〟をつぶやきかけることが多かったと見える。所領の問題であった。

**名笛「柯亭」**

案じられたのは、家領の一部である室町院領の行く末のことであった。子孫が「皇位」に即くなどというようなことについては恐らくは栄仁入道親王とて断念していたであろうが、せめてものこと、自分の代に辛うじて保ちえた所領については、末永きにわたって宮家に繋ぎとめておきたかったに相違ない。栄仁は、あれこれと思い煩いつつ、実は昨年の春頃からしきりと後小松院に本意を洩らし、色よい返事を期待しつづけてはいたものの、それはついに得られぬまま今日に到っている。そこで、さらに思案を重ねた末に、やや大袈裟にいえば乾坤一擲の妙案を考えついた。亡き崇光院より相伝秘蔵の家宝を一つ後小松院に進呈して、所領の安堵（保証）を求めてみることとしたのである。その家宝が「柯亭」という銘の笛であった。貞成の言によると、「天下の宝物にて、清暑堂（平安京大内裏豊楽院九堂の一つ）の神宴そのほか公宴厳重の時ならでは、おぼろげに（よいかげんには）出されぬ名物」であって、「御相伝有て御ひざう（秘蔵）」の名笛である（『椿葉記』）。

大方は察せられるように、伏見殿の一族は「楽」の道を本命としていた。元来、公家社会では和歌の道、故実典礼の学などとともに音楽の道に堪能であることが尊ばれ、楽器の一つも扱えないというのは恥とされたくらいであったが、その世界でも栄仁は当代一流の音楽家で特に琵琶が得意であったことは、すでに見たとおりだし、治仁も貞成もなかなかの達者だったらしい。また、崇光院以来、この系統が「楽」愛好の伝流に浸されていた関係で、近臣の中にも名を馳せていた人が少なくない。たとえば綾小路家（一五七頁略系図参照）の敦有は和琴を得意とし、崇光院の郢曲の師であったし、その子信俊も和琴に長じ、貞成の郢曲の師であった。

そういう雰囲気の伏見殿の御所では、この名笛が人手に渡るなど考えられもせぬことであり、栄仁としてはよほどの覚悟だったといえよう。

「柯亭」進呈を決心する前に栄仁は、まわりの者たちに、「これをさし上げれば、事は巧く運ぶと思うか、否か」と尋ねてみた。意見はまちまちであったが、「これほどの重宝を献呈なさるのですから、きっと巧くまいりましょう」という声が多かったので、栄仁もようやくにして決心がついたという。貞成は、この名器が「他の物に成る」のが無念で無念でならず、男泣きに泣いた。

栄仁は、献上の使者として今出川左大臣公行を望んだが都合がつきかねたから、勾当内侍に取次を依頼してみたところ、二つ返事で引き受けてくれた。早速に栄仁は書面をしたためて「柯亭」に添えた。それには「くわしくは、内侍から申し上げます。四絃の道が断絶しますのは無念でありますが、秘曲は治仁王と貞成王とに伝授いたしておきます」由が記されていて、貞成をいたく喜ばせた。貞成は、こうも言っている。

予、不堪（堪能でない）の身たるに天聴に達するの条、一喜一懼。いよ〳〵稽古の志ありといえども天性不堪、無力の事なり。

と。自分のことが後小松院の耳に達するのを喜びともすれば、また恐れ多しとも思い、ひたすらに期待に応える力量の無さを恥じる……と記しているのである。むろんのこと、それなりの自負心に裏打ちされてのことであろう。

さて、「柯亭」ともこれが最後の別れである。名残りを惜しむ栄仁は源宰相（綾小路）信俊に吹奏を命じた。「柯亭」から流れ出る五常楽急・太平楽急などの曲は、一座に並みいる人たちの感涙を誘い、貞成は妙音楽天（弁才天・妙音天）のお計らいによって、いつかまた「柯亭」と再会できるようにと願わずにはおれず、ひたすら心中に祈念したのであった。六月二十四日のことである。

「柯亭」は、伏見御所の輿望をになって源宰相信俊に預けられ、翌二十五日には仙洞御所の勾当内侍の手に届けられた。内侍は上皇に見参して「柯亭」を奉り、名笛進上の事由を申し上げたところ、後小松院は、「この笛についてはかねてより聞き及んでいて、ゆかしゅう思うていたから、こうしていただくのは悦喜の極みである。どなたにも譲られはしなかった品を私にくださるとは、（栄仁の）御本意のほども偲ばれる……」と内侍に伝えた。

感触は上々なのである。内侍が重ねて、所領安堵のことや貞成のこと（たぶん音曲の道に関わってのことであろう）などをくわしく申し述べたところ、上皇はいろいろと鄭重に応答し、近いうちに返事をすると約した。その間のことは源宰相を通じて伏見御所にも書面で伝わり、まずは栄仁らを安心させたのである。

後小松院からの返事は、ついに同月三十日に到来した。綾小路信俊が持参したその書面には、「所領の安堵方について問題は無きこと、院宣に明記すべく室町院領目録を整えて提出さるべきこと……」と記されていた。もはや、疑うべくもあるまい。文中には貞成のことにもふれられており、貞成は「眉目の至りなり」と二重の喜びに浸ったらしい。翌日早速に、御所に出入りの勝阿（勝阿弥）という「才学」ある者が召し出されて目録の作成を仰せつけられた。明日、それを仙洞御所に届けさえすれば、念願の所領安堵の院宣が発給され、事が確定するのは火を見るよりも明らかなのである。

しかし、なんという皮肉なことであろうか。秋立つその日の昼頃、京の町は大火災に見舞われて、延びた火は東洞院の仙洞御所も灰にしてしまったのである。栄仁が勝阿に目録の書き出しを仰せつけている頃、火の手は上がり、仙洞御所に迫っていたのかも知れない。むろん、誰が企んだわけでもなく、随身の下毛野武遠という者の留守中に下部が火を失し、あっと言う間に延焼したらしく、下部はどこかへ逃げてしまったという。上皇は、いち早く避難していた。称光天皇の内裏へも火の粉は降り注いできた。義持・義嗣兄弟が急いで内裏に駆けつけて避難するよう勧めたが、日頃、武器を好んで強がりの若き天皇は刀を腰に帯び、手には「金鞭（鉄鞭）」を握って動こうとはしない。のみならず脱出の意志のなきことを告げるのみである。逆にその気迫に打たれたか義持は、ただちに諸大名に下知して人勢を集め、数百人が一気に御殿に走り上がって太刀・刀を抜き放ち、火焔のついた所を片っ端から斬り落として消火に努めた結果、炎上は免れたという。

その大騒ぎが洛中から伏見に伝わったのは、日も暮れてからであった。まさか！と耳を疑うは世の常のこと。やはり実説と判明して皆が青くなったはず。まさに「驚歎、極まり無し」である。栄仁は、何はともあれ源宰相・奉行三位を使者に立てて、後小松上皇を見舞った。あちこちと、上皇の避難先を求めて奔走したのであろう、三位は暁に帰って来た。その話では、上皇は醍醐の三宝院に身を寄せていた由で、伏見からの早々の見舞いにご満悦であったらしい。伏見御所の面々の案じたのは、院の安否と併せて、むろんのことあの「柯亭」の安否であったはずだ。だが、それも幸いなことに無事とわかって、一同が胸をなでおろしたとみえる。それにしても、「明日」の大事を眼前にしてのこの突発事件は、文字どおり「折ふし障碍、不運の至りなり」としか、言いようもなかったのである。

さて、そのあとしばらくは、仙洞御所再建のこと等で世上は落ちつかず、所領目録の呈上も差し控えねばならなかった。しかし、それもようやく七月いっぱいでめどはついたようで、八月十二日に提出されるに到った。九月二日には、伏見御所に仕える女官近衛局（のち廊御方）・奉行三位・庭田重有朝臣・田向長資朝臣ら近臣その他に、地元の侍たちも〝動員〟されて加わり、総勢二十四人が桂地蔵（京都六地蔵の一）に参詣して、ここしばらくまたもや床に臥しがちの御所様（栄仁）の本復と、所領安堵のことを立願、祈請した。その翌日、三日の夜に、待ちに待った院宣が伏見に届いたのである。後小松院が将軍義持に諮った上で整えられたこの院宣には、「室町院領、永代御管領あるべき由」が記されていて、ことに「永代」の二文字が栄仁らをいたく喜ばせた。さらには「播州国衙、並びに別納十ケ郷の御安堵」のことについても、追って沙汰する由であり、また伏見庄の安堵については伝奏の広橋兼宣(はしかねのぶ)を取次として義持に伝達したということである。
いかな名笛とは言え、一管の笛が大事をここまで取り運んできてくれたのであった。妙音楽天の加護と言わずして、なんと言うべきか。

**なごりの法楽**

まったくのところ、凄まじいばかりの執念――ではあるが、院宣を掌中にしたばかりの栄仁は、一夜明けた九月四日、広橋兼宣に左のような内容の書面を発して、室町院領以外の地、ことに伏見御領＝伏見庄についても「安堵の御判」（保証書）を早急に手配されるようにと後小松院の対応を催促している。(注10)

「遣広橋状案(端裏書)応永廿三九四」
依無差事久闊(闕)筆候、背本意候、自旧冬老病以外候間(上)、不食之気興盛候之間計会候、就其、室町院御領并播磨国衙已下勅載(安堵)事申入仙洞(後小松院)候之処、先且彼御遺領分被下院宣候之間畏入候、将又当所伏見事不混御堂御領、別而可有相続之旨、光厳院殿御置文之趣無子細候間、為得御意案文進之候、所詮存命中案(安)堵御判事、可然之様被申沙汰候者、殊以可為芳志候也、其間事併憑存之外無他候、委細以使者令申候也、謹言
九月四日　（御花押）
広橋大納言(兼宣)殿

文面に明らかなように、まずは旧冬以来の不調による不本意ながらの無沙汰を詫び、この

たびの院宣発給に対する謝辞を述べるとともに、伏見庄については本来の長講堂領とは格別の扱いにて伏見殿（崇光院）の歴代相続分と見なす……という光厳院（注11）置文のあることを重ねて強調して、その写しを進上するから然るべきよう取り計らわれたし、と言っている。「存命中」に……と敢えて言い、「その間の事、併せて憑み（頼み）存ずる外は他無く候」という栄仁の本意は、まこと痛切の一語に尽きるといってよいであろう。すでに返付されていた所領といえども、重ね重ねの「朝廷」「院」「幕府」の「安堵」なくしては不安定なのが常であり、その現実を百も承知している栄仁は、心配でならなかったのだ。使者の奉行三位が帰って伝えたところでは、広橋兼宣は「お心安う思われませ、お案じ召さるな」と返事したという。また、勾当内侍は播州国衙領の安堵につき、重ねて院に申し上げてくれたともいう。しかし、なんとか、己の胸の鼓動を、己の掌で確かめていられるうちに「安堵」を得たい。これが、父崇光院以来の不運なる境涯から「家」の基盤を固め直したいと望みつづけてきた人の執念であった。

その人は、さきの兼宣宛て消息でも語っていたように、すっかりと弱りきっていた。かねてよりの食欲不振の上に、八月なかばには激しい腰痛ゆえに起き臥しもままならず、さらには脚気も重なるというふうであり、憔悴しきってしまった。医師昌耆・同阿（同阿弥）らによる投薬や灸療治も効験を示さない。

この間、十月四日に栄仁は、多年詠み置いた和歌の撰集を思い立って、その仕事を貞成に仰せつけた。二人ながらに、何年も前のことであるあの伏見御所炎上の頃を想い出していたにちがいない。大光明寺などに預け置かれた伝来の文書類のほかは栄仁の詠草類も含めて焼失していたからだ。

同月二十日には、恒例の人麻呂影供和歌法楽である。出題は貞成。彼の作三首が『砂玉和歌集』に収められており、左にその一首を——。

　　山初雪
都にはしくれやすらん山里の今朝初雪を人にみせはや

栄仁待望の撰集は、十一月十二日に完成し、貞成はすぐに栄仁の見参にいれた。もうすっかり冬の気配も深まっていたらしい。そして「人にみせはや」と詠んだ一ヵ月のち、十八日の夜には、「凍雲寒嵐、終日冴」える冷え込みの中で初雪が舞った。近臣らの世話で、いつものように順事茶会（後述、六「遊興の席」）が営まれはしたが、貞成は落ちつかない気分であったろう。貞成に近侍する女官の一人、今参局（庭田幸子）が産のために近くの実家たる庭田家に下がっていったからだ。貞成は記していた。「無為（無事）、念願するのみ」と。

翌十九日は晴。「初雪風景、その興極まり無し」の銀世界だ。近衛局や三位らが「雪消」の沙汰をして、一献あり。十一月（旧暦）に粉餅・果実などを贈答するならわしである。産所からの知らせでは、出産が遅れ気味な上にあいにくと「邪気（風邪か）」を生じた様子。

安否が気遣われもすれば、男子か女子かと心も揺れがちであったろう。

無事出産との朗報が飛び込んだのは夜明けも近い頃だった。母子ともに健全。ただし、女の子である。貞成は、「女子、無念といえども、まずは無為珍重なり」と思った。初めての子だったのか。そのあとに貞成は、「是、予の息なり」と付け加えている。どうしてわざわざ「これは、私の子だ」などと記すのであろうか。「是予息也」の四文字を繰り返し繰り返ししてつぶやいてみると、「この子は私の子なのだ、〳〵」と喜びを噛みしめながら認知の証とする「父」の面影が浮かぶようでもあるし、いや、ひょっとしたら後年に日記を清書し直した際、なんらかの心情の働きが生じて新規に添えた文言か——とも思えてくる。

夜が明けて、十一月二十日。

病床の父栄仁は、まだ安堵されない所領のことを案じつづけていた。早朝、使者を発して広橋兼宣に将軍家への催促方を依頼する。

容体はきわめて悪いのだが、ここ数日間というものは昌耆法眼はいっこうに顔を出さぬ。早暁に下痢を二、三度。左腕の脈は昨夜よりすでに絶えている気配である。なんとか持ちこたえて、この日の午後一時頃に粥を啜り、あとはまた静かに臥せる。

貞成が父の枕辺に寄って見る。様子が変だ。後ろにまわって、そっと父の体を抱え込む。枕もとに候していた対御方（東御方）が嗚咽の声を洩らす。父を抱いたままの姿勢で、時刻の移りゆくのを感ずるのみ。尼の玄経も傍らにいてくれて「私めが代わってさし上げましょう」と言ったらしい。玄経尼に抱かれて栄仁がつぶやく。「起こしてくれ」と。みんなでその身を起こす。すでに顔色はなく、口を開いて何か言おうとするようなのに、言語も絶えた。蘇合（薬）を口中に入れてはみたが、もう服めない。駄目だ。貞成は命じて、その場にい合わせなかった兄治仁をはじめ、近衛局・庭田重有らに事態の急を告げさせる。玄経尼に代わって田向長資が栄仁を支えた。知らせを受けた人びとが馳せ参じてきた。栄仁の口に水を注ぐ。これも口外に溢れるのみ。すでに閉眼の模様である。そこへ、日頃昵懇の蔵光庵主（仲訓蔵主）・寿蔵主らの僧が駆けつけてき、栄仁を見て申した。「御事切（絶命）でございます」と。行年六十六歳であった。

ずっとのちに、この年十月二十日の歌会を想って貞成は、次のように述懐している（『砂玉和歌集』）。

……大通院（栄仁）御歌の会、この御法楽までがなごりにて侍也。同霜月廿日御事（死去）ありて、いとあはれにこそ。……

**骨肉の情**

深更には、対御方と陽明局（女官）が惣得庵で落髪入道し、まもなく尼姿になって御所へ帰って来た。貞成は、帰着した二人の姿を眼にするやいなや、哀傷の想いで胸がつまり、悲涙を禁じえなかった。すなわち次のとおりである。

深更に及びて、対御方・陽明局、惣得庵に於て落髪せらる。戒師蔵光庵主(仲訓蔵主)なり。小時

（しばらくして）帰参。其の姿、之を見るに、いよ〳〵哀傷、肝に銘じ、悲涙、眼に満てり。

このことを述べたあと、貞成は次のように記す。

予、去る応永十八年、此の御所へ参り候。爾来以降六年の間、日夜昵近、朝暮孝を致す。殊更に去年の御病悩より御臨終に至り看病に寸暇を競い、忠孝の懇志を励ますのみ。つら〳〵案ずるに、進退の安否、前後惘然（もうぜん）（呆然）、愁涙を拭うの外、他念無きものなり。……

と。伏見御所に寄住して以来の孝養ぶりについて、父死去の日の深更に記したものと見られやすいけれども、「去る応永十八年……」という書きぶりは、私にはいささかならず不自然なように思われる。直前の、二人の尼姿を見ての感懐である「……其の姿、之を見るに、いよ〳〵哀傷、肝に銘じ、悲涙、眼に満てり」との文言は、どう考えてみても、せいぜいのところ「進退の安否、前後惘然……」という己の不安動揺を示す文言に連結するのが自然であろう。故御所に祗候（しこう）し、寵を蒙った「対御方も陽明局も、ああ、とうとうかような姿になってしまわれた。自分はこれからどういたせばよろしいのやら、前後不覚。ただただ不安の涙を拭っているしかしようがないのだなあ……」というふうに感情が連なり、そして流れていく。したがって「応永十八年……」に始まって「……忠孝の懇志を励ますのみ」で終わる数行の文言は、のちに、多分は清書し直した際の新規補入によるものではないのか。だからこそ、本来は直結していた二つの部分の間にやや不自然な姿態の述懐を挟んだがために貞成は、「進退の安否……」の文言の直前に「つらつら案ずるに（倩案）」の二文字を置かねばならなくなった。仮にこの二文字を外して読み下してみると、「……看病に寸暇を競い、忠孝の懇志を励ますのみ」と胸を張りながら「進退の安否、前後惘然……」と不安の念を文字にしているわけであって、これでは人間の「心理」表現の基本には合いにくいと思う。このあたりに派生した文脈の乱れを整えておくには、〝呼吸〟を整え直した体裁の文言が不可欠となり、この場合に即して言えば「倩案」がそれであった。むろん、一つの想像ではあるが。

こういった類の、『看聞日記』本文に関わる懸念は、たしかに貞成が清書し直した分に関してはしばしばつきまとって離れず、『看聞日記』とその筆者の世界の仕組みは、やはり一筋縄では理解しがたいものではないのか、という想いをいや増しにされるのである。

しかしながら、頼みとしていた父栄仁が不帰の客となり果てたのは、貞成にとって、たしかに痛恨の一事ではあった。その心情のまことさを毫も疑うわけではない。彼は父を好いていたし、父もまた貞成の才芸を頼みとしていた気配は濃い。

ここで浮かんでくるのが、実は第一王子治仁のことである。栄仁危篤の場に、治仁は居合わせなかった。貞成緊急の配慮で彼が父の病室に呼び出された時、すでに父は薬を口に入れても受けつけぬほどで、瀕死の状態であった。貞成は、こう記している。

……蘇合、御口に入るゝも聞こし食し能わず。すでに難儀の間、新御所（治仁）・近衛局・重有朝臣等、御前に祗候せざるを忩ぎ（之を）召す。……

と。この中の「御前に祗候せざる……」（御前不祗候）の文言は、ごく素直に取れば、「その場にいなかった」という意味のことを、栄仁親王に関わるから鄭重な表現で言ったと受け取れるけれども、少しばかり気にかかる。「……重有朝臣等」のあとは、「忩ぎ（之を）召す」に直続してもよいのではないのか。たまたまその場に居合わせなかったからこそ、急遽呼び出したのであって、わざわざ「御前不祗候」の文言を添える要はない、とも思えるのであり、当日の記事としては、これまた実に丁寧すぎるくらい丁寧な表現ではあるまいか。その上に——である。貞成は左のように書き次いでいる。

……元より御前に祗候せるは、予（自分）・対御方・長資朝臣・比丘尼玄経等なり。

……

と。少し、くどすぎはしないだろうか。治仁が居合わせなかった事実、その前から看病に当たっていた顔ぶれにも治仁の顔は見られなかった事実が浮かび上がる一方で、「予」の像がクローズアップされてくるのだ。この兄治仁王に対する一種のくどさ加減こそが、この日の記事全文にわたってある種の疑念を一挙に増幅させ、しかも、この日の記事がほんとうには何年頃に書き込まれたのかという素朴な疑問をすらも遥かに超えて、いやが応でも父栄仁への、子息貞成の想いの深さ、兄治仁王に対する弟貞成王の普段日常の心情、それぞれの原核部をあからさまに露呈しているかのようである。父への想いと言うも、血を分けた兄弟の情と言うも、要するに「骨肉の情」の深さ、どこへも持っていきようのない性質の怨みとか辛さとかの幅広さ、しようのないたちの「人間」の憎めなさ――と言うほかはないのではなかったか。

このような視点に立って見ると、共通の「父」が世を去ってしまったあとの「兄と弟」に焦点は絞られざるをえない。

**兄と弟と**　栄仁入道親王死去の直後、遺言状(置文)が披露された。その要点は二つである。一つは、播磨国衙別納のうち、石見郷を菩提料所として大光明寺に寄附し、没後の事にはその年貢を充用すべきことであり、二つは、位牌には「大通院無品親王」と書くべきことであった。大光明寺に対しては、死去に先立つ十一月十三日に同寺長老に次のような安堵状が発せられていた(『看聞日記』同日条のまま)。

梵王山大光明禅寺者。光厳院御草創也。仍崇仰異于他者也。為我子孫若致当所管領者。寺領之田畠竹木等。背寺家之儀致押領違乱者。奉行人及地下輩可被処不忠之罪科者也。仍為後証状如件。

十一月十三日　　　　御判

大光明寺方丈

（御袖書）光厳院御置文案被相副候。如御置文者。檀方事為寺家殊可被崇仰候。然者寺官等同守此旨。於地下無故不可有不義者哉。

その上で、さらに石見郷が寄進されたわけである。置文は鹿苑院主（ろくおんいんじゅ）を経て義持の見参（げんざん）に入れられたが、義持は遺言のとおりに沙汰せられよと応答した。弔問客はあとを絶たず、焼香・読経（どきょう）が続く。そして、二十三日夜、大光明寺にて密葬。遺体は大光明寺の僧たちによって輿（こし）に乗せられた。輿の御簾が上げられ、貞成は父の顔に見入る。いささかも変色していない。これでは、まるで平生のように眠っているとしか見えないではないか。苦しみの相もなく、まさしく大往生の相なのだ。じっと見入っているうちに、またしても胸にこみ上げてくるものがある。御年は六十六歳。長い人生ではあったが、それも今では夢の如く、幻の如く。

「さぞかしご無念でございましょう。位を極められることなきままの御生涯でありましたから」。思わず涙がこぼれてしまう。

別れの時は来た。輿は常御所南面から出発。治仁と貞成、それに侍臣らが庭に立つ。輿が進み出す。みんな蹲居（そんきょ）して送る。治仁も貞成も先例に従って出門せず、随行しない。近臣（し）の一人、田向長資だけが兄弟とともに御所に残る。輿に付き添うのは田向経良・庭田重有・四条隆富・僧常勝・椎野殿（貞成異母弟、椎野寺主）・周乾（用健、貞成異母弟、のち大通院主）・阿栄蔵主（栄仁異母弟）・洪蔭蔵主（貞成異母弟）、それに大光明寺僧十余人であった。

遺体は大光明寺の地蔵堂に安置され、翌日同寺東門の外で荼毘に付された。松・杉が切り払われ、荒檜墻・黒木鳥居が建てられた。鳥居の前と左右とに桟敷が構えられていた。治仁・貞成・椎野殿・対御方・近衛局・経良・重有・長資・隆富・沙弥正永・勝阿弥らが参入する。入江殿（尼門跡三時智恩寺主）・真乗院殿・岡殿らは惣得庵より直接に桟敷に入御。焼香・読経ののちに天龍寺前住持で金剛院主の古篆周印和尚が荼毘の火を下ろす。諷経のうちに音を立てて燃えさかる焔、寒空に立ちのぼる黒煙……。誰が見たのかは知れぬが、あとで貞成が聞いたところでは荼毘の最中に桟敷のあたりから「人魂」が飛んだとか。

ともあれ、いっさいは「厳重」に終了した。しかし、相次ぐ仏事のための費用に事欠くありさまで、「御恩の輩」に割り当てられる。対御方・近衛局・綍小路信俊・重有・隆富・高倉永基・勝阿らが分担した。経良は初七日の仏事料を出していたので免除された。宮家の経済力の程度が推し量られよう。

翌月、十二月十六日には、貞成はもう一つ淋しい想いをした。菊亭家から手紙が来て、青侍の良政が死んだという。すでに入道して良円を法名としていた人である。西園寺家の侍で、菊亭にも兼参奉公の人だったが、実は貞成が同家に養われていた間の「旧遊の友」だったのだ。

十九日には、栄仁入道親王の遺品が取り出された。「これというほどのものもない……」

とは貞成の言だが、ともかく先例によって各人・各方面に配分された。二十一日には治仁・貞成・椎野殿・対御方・近衛局らが大光明寺に参って、位牌を仏殿総塔に奉納し、翌日には中陰（四十九日）の結願である。二十六日、栄仁のあとは第一王子治仁が家督を継承することにつき、庭田三位が鹿苑院へ使者に立った。院主を介して義持に申し入れるためである。義持への手土産は、縫物の秘蔵の逸品たる不動像一幅・瑠璃花瓶・香台の三品であった。二十九日には、貞成は生まれたばかりの娘と初めて対面。夜に入って庭田家から今参局が赤ん坊を連れて帰ってきたのだ。一緒に治仁に見参。治仁は扇・呉器（抹茶茶碗）などを贈ってくれて、まずはめでたし、めでたしで祝酒。

このようにして、応永二十三年は暮れた。この年の日次記の末に、貞成は次のような文言を記している。参考までに掲げておこう。

> 宮中雑事・御仏事等、委細記録せり。後見、尤も憚りあり。然りといえども後日自然不審の為に巨細これを記せり。万歳以後は、すべからく火中に投ずべし。
> 月次連歌懐紙、散在、然るべからざるのあいだ、わざと懐紙を翻してこれに書す。且は後日一覧の為なり。百韻、次第を守り、これを続げり。更に混乱あるべからず。

年明けて応永二十四年（一四一七）正月。その二日の歌始に貞成は「祝言」を詠んだ（『砂玉和歌集』）。

さかふへき我代の春そ此はるといはふ心にまかせつる哉

この「祝言」歌の心は、まことに皮肉な事件へと連なってゆく。むろん貞成がそれを予知していたわけもないが。

さて、例年と大差のない正月の行事が続いたあと、二十日は大通院殿（栄仁）の月忌。晩景に貞成は治仁・庭田重有・田向長資らとともに大光明寺に参って焼香。その帰途、指月庵の坊主（廓首座）が走り寄ってきて、「今年はまだ指月においでくださっておりません。御焼香をなさってくださいまし」と言う。「この次にしよう」と言っても聞き入れてくれない。いたし方なく一同は指月庵に入る。酒が出る。治仁も貞成も持斎中（酒色は遠ざける）なので遠慮するのに、坊主は「お障りのことはわかり申すが、まあまあ年の始めということで祝着ではございませぬか、まあまあ」とかなんとか、しきりに申し立てて小うるさいかぎり。「無力」（いたし方なく）盃を手にする。盃を重ねること数回。「寸善尺魔」（世の中には良いことが少なくて、悪いことが多い）のせいだった、と貞成が記しているのが面白い。

そうこうするうちに、貞成の心に暗い影がさし出す。二十二日は雨。つれづれなるままに、治仁は囲碁・双六を楽しむ。夜、蔭蔵主が貞成の所にやって来て、所領分割のことを話す。家督を継いで、伏見宮家二代になった治仁が庭田三位に指示したらしい。気になるのは貞成には内緒の話であったということだ。むろん委細は不明である。翌二十三日、またいやな話を陽明局がひそやかに貞成の耳にささやく。治仁が「博奕（ばくち）の会」を連々とやっているというのだ。「まずいな」と思うが、じっと我慢する。二月二日、大雪の日にも治仁はやはり「博奕の会」を催す。ずっと続けていたらしい。ますます不愉快である。このあたりの日次記で記されることばは「不可然歟」というわずかな文言なのに、治仁に対する批難の底意地が、さながら炙り出しのように浮かんできている。もともと〝相性〟は良くなかったとも見えるのだが、ともかく貞成から見れば、第一王子とはいえ宮家を嗣ぐ人としては芳しからぬ生活態度である。父亡きあと二ヵ月そこそこ。それなのに連日の博奕張行とは何事ぞ。不謹慎もはなはだしい——という彼の腹立ち具合が「不可然歟」の四文字に凝縮されているのである。では、何か一言でも苦言を呈したり諌めたりしたかというと、その形跡はない。黙って見ているだけなのだ。

六日には、楽人の豊原郷秋が訪れてきた。久しぶりの対面であったらしく、貞成は亡父百箇日がすむまでは楽の合奏は慎むこととして郷秋に笙を独奏させて一時の愉しみを得た。曲は万歳楽・三台急・五常楽急であった。

## 治仁王の急逝

一夜明けて二月七日。晴天のこの日、見るからに不思議な男が宝厳院の御所を訪れてきた。貞成も、これには驚いたらしい。「異様」としか言いようのない風体、しかも「医師」だと称する。どのように異様だったのかはわからないが、世間にありふれた山伏とか、陰陽師とかいった類の服装ではなく、ひと目見ただけでびくっとするような風体、容貌、眼光の男でもあったのだろう。聞くと、治仁王とは以前に会ったことのある人物らしい。なるほど、この異様の男が訪れてきたのを知った治仁王は、居室に請《しょう》じ入れて、脈を取らせた。男は治仁王に「良薬」を献じて去っていった。いったい、あれは何者であったのだろうか。しばらくの間は、その男の姿が、貞成の念頭を離れなかったにちがいない。

　四日たった。十一日。雨である。晩方には黒雲が伏見の里の空を覆い、雨は激しく降りしきり、雷鳴は肝を消す勢いであった。貞成の居室に人が来る。近臣の田向長資朝臣だ。何か……と思えば、あいにくの雨で退屈しきった治仁が貞成を呼んで参れと命じたらしい。それならばと、その居室に出向く。長資朝臣は所用があるらしくて、ほんのしばらく……と言って退出。室に入ると治仁は一人でいる。見ると、様子がどうもおかしいではないか。貞成は思わず声を掛けただろうが、答えはない。貞成の言うことも、まるきり耳には入っていないらしい。これは大変だ！と、貞成は近衛局を呼んだ。雨中の御所中にも響きわたる大声を立てたにちがいない。治仁の側妾で、身重だった今上臈《いまじょうろう》（上臈局）も馳せ参じてきた。貞成が、うしろから治仁の体を抱え込んで、例の蘇合（薬）を口に入れようとするが、ぐっと歯を嚙みしめたままなので入らない。右手も右足も硬直している。「中風」だという。しかし、これまでの日次記によるかぎりでは、治仁が病持ちだったことは意外事に属する。

　ともあれ、そこへ、京都に行っていた三位経良が帰参。さらには長資・寿蔵主らも駆け込んできたが、誰しもが突然の事態に仰天したらしい。蔵光庵主も参上して、これは「大中風」だと判断する。医師の心知《しんし》客《か》を呼びにやったのに、なかなか来てくれない。法安寺《ほうあんじ》の僧、良明房を召し出して加持祈禱をさせた。良明房の必死の呪文の音声が響き、貞成らが見守る中で治仁はついに一言も発しないまま、「只、悶絶の躰」で午前四時頃に息絶えた。伏見宮家を嗣いだばかりなのに、「大中風」のために頓死してしまったのである。是非もなきこととは言い条、まさに「上下、東西を失い暗然たり」である。

荼毘のことでは、まったく思いがけぬ障害が起こった。宮家では代々の例として大光明寺に執行させたかったのだが、大光明寺長老の判断では、ちょうど昨年来の関東の騒乱（上杉禅秀の乱）が鎮まったばかりで幕府としては「無為大慶の時分」であり、また鹿苑院主が天龍寺に移って「かたぐ〳〵以て珍重の折節」でもあったから、将軍義持に治仁王の死去を報じて荼毘の了承を取りつけるのが憚られたのである。そういうわけで、大光明寺としてはごく内々のこととして蔵光庵が執行するよう希望したのに、今度は蔵光庵のほうも考えるところがあるゆえ勘弁してほしいと言う。しかし、大光明寺が執行するのが本来の筋だとは思うがこのままでは宮家もお困りであろうから、のちのちのために証拠となる長老の書面を頂けたら、お引き受けしましょうと言ってくれた。今後の例とはしない由を記した文面であったと推察される。長老もこれを了承し、やっとこさで荼毘の段どりが決まった。十四日のことである。翌十五日の夜、折からの激しい雨の中で治仁王は灰となった。院号を葆光院という。

そして、十七日の収骨日は、またも「甚雨」で、仏事も省略される由。貞成は蔵光庵に参るのをやめた。そうこうするうちに、今上﨟が産気づき、大急ぎで産所の庭田家へ退出してゆく。これまで今上﨟が産んだ治仁の子は三人、それがすべて女の子である。今度は男の子か、女の子か――。貞成は無関心でおれなかったはずだ。午後六時頃に出産、またしても女子であった。

かくて、故治仁の遺跡を承けて宮家を嗣立するのは、貞成王と確定した。貞成はこの日の日次記に、左のように記している。

……この御腹(今上臈)に姫宮三人あり。男子御座無き間、御相続の人無し。よって予、御遺跡相続し申す。不慮の儀、且は神慮なり。大通院御存生の時、年来忠孝を励めり。併(しか)しながら冥伽の至りなり。毎時、蒙昧短慮の身、相続申すべきの条、斟酌(しんしゃく)極まり無し。然而(しかれども)、其の仁(じん)無きにより、無力の次第なり。……

と。自分としては「不慮」の事態が「神慮」によって現実となり、ことごとく「冥伽(みょうが)(冥加)」の至りではあるが、他に然るべき人がいないために止むを得ずこうなったにすぎないのであって、この間の事情は、暗愚なる我が身としてもよくよく汲み分けて、心して控えめにいかねばならぬ……とでもいうのであろう。さきにあげた正月二日の「祝言」の一首について、後年に貞成は次のようなコメントを添えた(『砂玉和歌集』)。

この年の二月に葆光院(治仁)の御事ありて、我代になり侍(はべる)。この祝言のこゝろにたがひ(違)侍らねば、ふしぎにこそ。

宮家嗣立が決まったその日、四十六歳の貞成の心中には、汲めども尽きぬ喜びの念が涌き立ったこと必定である。蔵光庵主の意見では、鹿苑院主の弟子となって衣鉢を受けておくのがおよろしかろうとのことである。そうすれば将軍義持もご機嫌よく、宮家継承の件についても了承が得られやすくなるというわけで、身辺の面々もこれに同心したのであった。

二月十八日は早くも故治仁の初七日であるが、仏事もごく簡素にすまされたらしい。蔵光庵坊主が茶ノ子一盆を進上、伏見庄政所の小川禅啓が点心（食事）の料にと銭百疋を呈した。

### 疑惑

ところで、御所に仕える三品（三位。経良）がこの日密々に貞成に語った話は、彼を飛び上がらせた。治仁頓死の一件について、世間ではいろいろと取り沙汰されており、「予、虚名あるの由」、つまりは事実に反するけしからぬ噂話が流布して、その焦点に貞成が立たされているというのだ。単刀直入に言ってしまえば、要するに、貞成が治仁を暗殺したという風説である。

まったくぐあいの悪いことに、治仁危急の場に最初に居合わせたのは貞成であり、しかも一人きりであった。降りしきる雨、轟く雷鳴の夜に、召されて治仁の居室に赴いた貞成が、片時失礼すると申し出た長資朝臣にうなずいて居室に入り、治仁と対座したその時、すでに治仁は「惘然の御式（有様）」でぼんやりしており、冥界に片足を踏み込んでいたのである。そして、数刻ののちに息絶えた。不利な情況であったというほかはあるまい。兄とのことは、たしかにこれで切れた。不謹慎な「博奕の会」の連続に憤慨したり、二代目当主としての至らなさに内心焦立つこともなくなりはした。しかし、兄の急変が二人きりの場面であったこと、それに数日前にあの「異様医師」が突然訪れて来て「良薬」を献じて去ったという、まぎれもない事実が、人びとの口の端から耳の端へと渡り歩くうちに、貞成はとても厄介な局面へと追い込まれざるをえなくなった。

急死した治仁には後嗣とすべき男子は一人もいなかった。治仁亡きあとの宮家を嗣立するものはと言えば貞成をおいて他になく、事実、元服時に治仁王の「猶子」の扱いにされていたことは前に見たとおりである。他の弟たち（すべて異腹）は、すでに俗界を離れて僧になっている。となれば、治仁急死前後の情況に照らして、貞成が何かを画策し、実行したのでは……と、世間の疑いの眼は貞成一身に集中しやすい。宮家嗣立の「時」を焦ったと見てとってのことである。二人の間には、特に貞成の治仁観には冷ややかなものがあることも、この御所に仕える人びとは、まさに奉仕する立場の者だからこその鋭敏なる感覚によって察知していたであろうから、たとえば、治仁の行い――所領分割のことにつき、貞成には伏せておけと指示したというふうな内緒話が、どうやら三位の口から貞成に洩れたらしいこととか、また「博奕張行」が眼に余るがいかがなものでございましょうやといった体の苦情が近衛局によって貞成の耳に入ったとかいうのも、おそらくは一筋縄でいく話ではなさそうで、伏見殿の兄弟をとりまく人びとの思惑、利害関係の渦巻きに根を発することであったろう。

噂の話を聞いた貞成は、「なか〱比興、説くべからざる事なり」、つまり、いわれのないことであり、問題にするほどのことではないわと憤慨したり、一笑に付したりしようとはしているものの、内容はあまりにも重大であり、名誉に関わっているのは火を見るよりも明らか。

二十一日には、さらに詳報が入った。四条隆富が参候し、前日訪れてきていた椎野殿も同席して一献。その席上で話題に出たらしい。

治仁の頓死については世間に口遊（くちずさみ。噂）があり、その一つは、お亡くなりになった二月十一日は降雨雷鳴で、「雷神」が治仁さまを取り奉ったのだ……というのである。これなどはまさに貞成好みの風聞巷説の類といえようが、他愛もなきもの。これに比すれば第二の噂は、まことに生々しい。つまり、二月七日に「異様医師」が参上して「良薬」を献じたが、それから三日の内（正しくは四日目）に頓死なさったのを見ると、あれはきっと「毒薬」であったにちがいない、というのである。これだけならまだしも、実はその事件は貞成と対御方（東御方）と庭田重有朝臣（貞成室幸子の兄）の三人が企んだことで、あの「異様医師」を語らって毒を服ませたのだという。この他にもいろんな取り沙汰があったらしい。

貞成の言によると、「愚身（私）、不慮に相続し申す事、近臣のうち受けざるの輩、申し出せる事なり」、「野心相存ずる近臣のうち、虚名申し出せる事なり。遺恨、何事かこれに如かんや」というのが本意であって、その御所に近侍する臣下のうちの誰かが貞成の脚下を掘ろうとして、かような根も葉もない噂をまき散らしている。何が口惜しい、恨めしいといったって、これほどまでに口惜しく恨めしいことが他にあろうか——というわけである。

すでに風聞の一端は将軍義持や後小松院の耳にも届いていたらしい。芳しくない噂のほうが、いつの世も脚が早い。故治仁の仏事が二七日・三七日、そして四七日・五七日というふうに連続していく中で大通院殿（栄仁）の百箇日正忌（百日忌）のそれが重なってきたので、貞成も心せわしい昨今なのだが、三月四日には仙洞御所の勾当内侍を通じて家督継承のことや「虚名」一件について後小松院への取りなし方を頼み込んでいる。その翌日に到来した勾当内侍の返書では、「雷神」云々の風聞は院の耳に達していたものの、「虚名」のほうは初耳であって、ずいぶんと驚いたらしく、内侍から一部始終を聞いた院は「ゆめゆめ思いも寄らぬことではある。くれぐれもお気をつけて沙汰せられよ」と伝えたという。貞成もこの返事で一安心であった。嬉しいことに十一日には菊亭の公行から使りがあり、北野社（北野天満宮）へ青侍男を代参させて、宮家継承のことや、いやな風聞のことなどが滞りなく収束するよう祈禱している由である。その芳恩に対しては礼の言いようもなかった。

かくて、疑惑の一件は日一日と人びとの耳から遠のいていったらしい。しかしながら、この事件はたしかに貞成の後半生に、小さいとはいえ黒いシミの跡を残すこととなった。治仁急死の情況は唐突といえばあまりにも唐突。火のない所に煙は立たず、とするのは世の常識。要するに、貞成の人となりとを全面的に信頼して一片の疑念すら抱きえない人でなくては、そのシミを全面的には否定しきれないのだ。

## 「近臣」の影

いずれにせよ、「決着」というものがつくはずはないのに、いったん拘泥し始めるととことんまで人を追い込むのがこの種の疑惑というものであるらしい。詮なきことながら、一応この一件について考えられる筋道を読者とともに逐ってみると、大略は左のとおりにもなろうか。

㈠ 治仁の急逝は、まったくもって偶然の大発作によるものであって、誰が画策したわけでもなかったにもかかわらず、その時の不利で無気味な情況とか、治仁への貞成の感情とか、また近臣内部の暗闘・思惑等々が結ばれ合ってしまって、かような「虚名」が流布するに到った。

㈡ 貞成本人はまったく関知しないところで治仁早期退陣―暗殺を狙う秘策が練られ、推進され、見事に成功。

㈢ 貞成自身も深く関与する形で治仁の一挙消去策が成功。

以上の三つは、私自身が〝ありえたこと〟と思う、その順序に従って並べてみたものにすぎない。

まず、(逆に)㈢について言えば、どうも私には、貞成が切迫した事情に立っていたとは考えられないのである。もし万一にもあったとしたら、貞成自身が治仁に代わって、治仁の〝自然〟なる逝去の時(これがずいぶんと先のことになっていたとして)を待てずして、一日も早く宮家を嗣立し、亡父栄仁の確保した遺領を守り立て、拡大し、不遇の一語に尽きた伏見宮の歴史に大咲きの花を開かせてみたい――などと大仰山に思いつめることくらいであろうか。けれども、もし彼がそのように思いつめた上で、しかも何か「事」を計画し、成就したとしたら、これには相当なる「悪」「強」「猛」の要素を不可欠とするであろう。天を仰いで開口するのみでは一物も得られないと、まず考えるはずだ。秘策を練り、腹臣群を組織編成して自家薬籠中に収め、操り、じりじりと標的に肉迫する。そして、機を窺って一気にやる。しかも、その始末は水際立っているのが望ましい。水際の立ちようが、事後の評価、権威の確立に直結するからである。正しい姿勢、寸分の隙もない服飾、冷静にして温和なる相貌、落ち着いた音声、あたりを威圧する眼光――とかなんとかいった諸条件が出揃うのが望ましいのだ。そういう点では、どうも貞成は、水際立ってはいない。下世話に言ううろが来ている。このあたりが私には憎めないのである。すでに述べてきたかぎりでも多少は察せられるように、この貞成という人物は亡父に比すると概して引っ込み思案型で、積極的に事態を開拓していくタイプの人ではなく、「心理」構造も至って重層的であり、自尊心の強いわりには常に直線的言動をあと廻しにしがちであって、何かというと、ぐるぐると渦巻き状に内へ内へと向かう性質であったらしい。それの良し悪しをここでとやかく言い立てようとするのではない。「貞成とは、いったい誰か?」という私と読者とに共通する本書の一課題を提起しておくのにすぎない。その問いは「私は、いったい誰か?」という、人間一人びとりの自己への根本的な問いかけにも相通うものなのだ。

　ところで、二月二十一日に詳報を耳にした時、貞成がまず第一に気にしたことはと言えば、「公方（将軍）」と「仙洞様（院）」の耳にすでに噂が達していたことであった。しかも、「毒薬聞こし食さるゝの事は、当所地下の沙汰なり。野心相存ずる近臣のうち、虚名申し出せる事なり」と記していた。このあたりの文意は、「（治仁が）毒薬を口にして死んだとかいう、まったく根も葉もないでたらめは、当所の地下の者の取り沙汰によることであって、野心を抱く近臣のうちに、虚名（偽りの理由）を申し出した者がいるからだ」というぐあいに翻訳さるべきであろう。「地下の者」と「野心を抱く近臣」とは一体か、もしくは一連である。

ここで、なんとしても不可思議の一語に尽きるのは、貞成本人が「虚名」を「申し出」したはずの、「野心」ある「近臣」の追及にはいっこうに不熱心な事実である。ましてや、「遺恨、何事かこれに如かんや」（これ以上に恨めしいことが他にあろうか、いや、ないのだ）とまで筆端から憤りの念を黒々と噴き出して悲憤慷慨しているくらいだから、まさに「反逆」としか言いようのない不埒極まる行為に及んだ「近臣」の影を徹底的に追いつめ、洗い出し、糾弾し、かつ処罰する——というのが本来の「主君」たる者の筋書きではあるまいか。むろん、それが誰なのかは、およその見当がついていたにもかかわらず、事を荒らげて表面化すると伏見宮一統の名誉をひどく傷つけるのみならず、宮家の存亡にも関わるやも知れぬと〝大所高所〟より判断して、あえていっさいをごくんと呑み込んだ——とも言えば言えよう。けれども、それでは「新主」として立たねばならぬ己の名がすたれるではないか。「新主」たる自分に降りかかる火の粉は、己の力で積極的に打ち払わねば収まらぬはず。その気概を示さなくては、宮家への上下の信望・評価も得られはせぬはずである。いや、そう考えるのは拙速というものであって、二十世紀後半に生きる私たちの思い込みが過ぎているのかも知れず、室町時代史を生きた一貴紳は、遥かに底深い地点から「政治」とか「人間」

とかを洞察していたのかも知れない。
何はともあれ、何をいかに判断したのであろうか、貞成は「近臣」のうち「野心」あるものの言動については寛大に対処？したまま、それは放置して、公方と仙洞の思惑をのみ気がかりとするのであった。そこには、彼が将軍義持の受けと、後小松上皇のそれとを十分に見計らっていなくては宮家継承者としての今後が何かとやりにくいものになりかねないという危惧の念が強く働いていたのであろうが、臣下の統率を第一に重視せず、放置したというのは、少なくともこの歳頃の貞成の優柔不断さを物語るのではなかろうか。そして、この段階での貞成には、当主暗殺などという一大事が果たせるはずもなかったと、私も考えざるをえない。(注12)
次に、(二)について考えてみると、(A)貞成の早期擁立を目的とした場合と、(B)それにはまったく関係がなく、別の理由で治仁の命が狙われたにもかかわらず、たまたま貞成に疑いが掛かってしまった場合、そして(C)何者かが仕掛けておいて、罪を貞成になすりつけようと企てた場合等々が想定される。
(A)だとすると、貞成に疑惑が集中しやすい条件や情況は極力避けねばならぬはずだが、「現場」には貞成が一人きりで立ち会う破目に陥ったのであって、これでは〝貞成早期擁立派〟(仮定)としては失格であった。
(B)はどうか。この場合だと、いささかなりとも治仁が他者の怨恨を買わざるをえぬ理由がほの見えてもよいと思うが、日次記の記事(といっても一年とちょっとの記事だが)で窺うかぎりではその徴候すらなく、またあったとしたら貞成は（己に疑いが持たれたことへの口惜しさのあまりに）わずかなりとも筆端に洩らしていたのではあるまいか。たとえばのことでただの空想にしかすぎないが、「かつて、先主かくしかぐの悪評ありし。予、事の実否は知らずといえども、今度のこと、もしやそれに因れるか。生涯の分別、行跡、軽んずべからず、侮るべからず。神慮恐るべし、〳〵」とかいったぐあいに――である。

治仁が何者かの「殺意」を呼び起こしていたか否かは論外としても、ここで再び念頭によみがえるのは、二月二十一日の日次記の内、「毒薬被聞食事者、当所地下沙汰也」の文言である。私は先述のようにこの文言を「（治仁が）毒薬を口にして死んだとかいう、まったく根も葉もないでたらめは、当所の地下の者の取り沙汰によることであって……」と解していた。ここで「沙汰」を「取り沙汰」と言い換えてみたのは、両方の語が共有する「噂」の意味が「取り沙汰」と表現することでいっそうはっきりすると信じ込んだからであった。「沙汰」について、単に「噂」とは受け取らず「行い」「仕業」と解し、「毒薬聞こし食さるゝの事は」という文言に連結してみると、一つには、「毒薬を口にして死んだとかいうような噂（を立てているの）は、地下の仕業である」ととれるし、また「毒薬を口にして死んだのは、地下の仕業によることである」とも受け取れよう。後者はまことにきわどい話で、「地下」の者が治仁を毒殺したことになる。もちろん、後者であれば貞成は犯人の糾明に狂奔せざるをえなかったはずだが、事件後そのような動きもないのだから、伏見庄の地侍層や名主・百姓等の間に「毒殺説」が流布していた事情を反映する文言と解したいのである。

(C)はどうだろうか。いやはやこれればかりは〝治仁支持派〟(仮定)がやってのけるはずはない。支えようとする主君を倒してまで貞成をおとしめる理由は成り立たないし、治仁には男子(後嗣)がいない。考えられるのは、ほかならぬ貞成自身が何者かの怨みを買っていたかも知れないことである。仮にそうだとしたら、なかなかユニークなやり口であるとも言えるが、「毒薬」を服用させてまで、その直前までぴんぴんしていた様子の治仁をわざわざ殺害したあげく、肝心かなめの貞成を生かしておく手はあるまい。また、そのような誰かが実際にいたとすると、治仁の存否には格別の気も大した利害もない人であるし、貞成の失脚もしくは重大な名誉の毀損を痛快事とする立場の人というわけである。しかし、これもまた煩わしい筋書きである。

そのようなわけで私は、結局は(一)の考え方が一番〝ありえた〟ことと思う。しかしながら、伏見庄民の間での噂話や評判に応じて「虚名」を申し出した何者かは存在したはずである。その人は、治仁急死の数日前に「異様医師」が訪問して治仁に「良薬」を献じたこと、治仁急死寸前の現場には貞成一人しかいなかったことなどの事情を熟知していた人物に相違ない。しかも――である。その人は、貞成のみならず、彼と抱き合わせの形で対御方と庭田重有とを巻き添えにしつつ窮地に陥れてしまったのであった。極論すれば、「あの三人がぐるになって仕組んだのでは……」ということになる。いや、貞成が耳にした噂の内容がそうであった。噂話に尾ひれのつくのもまた、世の常。めぐりめぐって流布するうちに、そういう話になってしまったと思い切ればそれですむが、それにしても貞成＝対御方＝庭田重有を一セットにする発想は気にかかるではないか。人の噂も七十五日とか。風説もやがて途絶えたらしいが、黒い疑惑の影は「近臣」の某の影とともに中空にぶら下がったままである。そして「近臣」と言うかぎりは貞成の熟知する人であり、また臣の一字はたしかに女気を排除しているとしか思えない。貞成の胸三寸では、ふだん宮家に出入りし、宮家の家政、当主の諮問に与り、遊興の席にも侍るとともに禁裏・仙洞・室町殿の要路との連絡にも関わる公家の男性――それもごく限られた人たちに「的」は絞られていたはずであった。貞成の意にそぐわぬ類の「近臣」も御所にはいたのであろう。「野心相存ずる近臣……」という文言は、一見平穏で和やかに見える御所の日常にも、貞成があえて文字にはしなかった陰湿なる小世界が潜んでいたことを『看聞日記』の読者に暗示する。

### 庭田と田向

治仁が呼んでいると、貞成の居室に伝えにきた人がいた。田向長資朝臣である。それに応じて貞成は治仁の居室に赴いたが、長資朝臣は片時のこととして退出していった。ありていのままに受け取れば、つれづれなるままに治仁の話し相手になっていて、すっかりくたびれてしまった長資を見て治仁が、このあたりで貞成を呼びにやらせたとも見えるし、実際に所用あって失礼させていただきたいと長資が申し出たのに対して治仁が代人を呼ばせたとも受け取れるし、さらに勘ぐれば長資と治仁との間に何かが生じていたとも想われてくる。とにもかくにも、貞成が治仁に相対した時、すでに治仁は急変の相であって、しかもその「御前」は「無人」であったという。読者も、この田向長資に対しては一筋の疑念を抱いたままで、ここまで読み進まれたことであろう。それまでは相手をし

庭田・田向家の人びと（略系図）

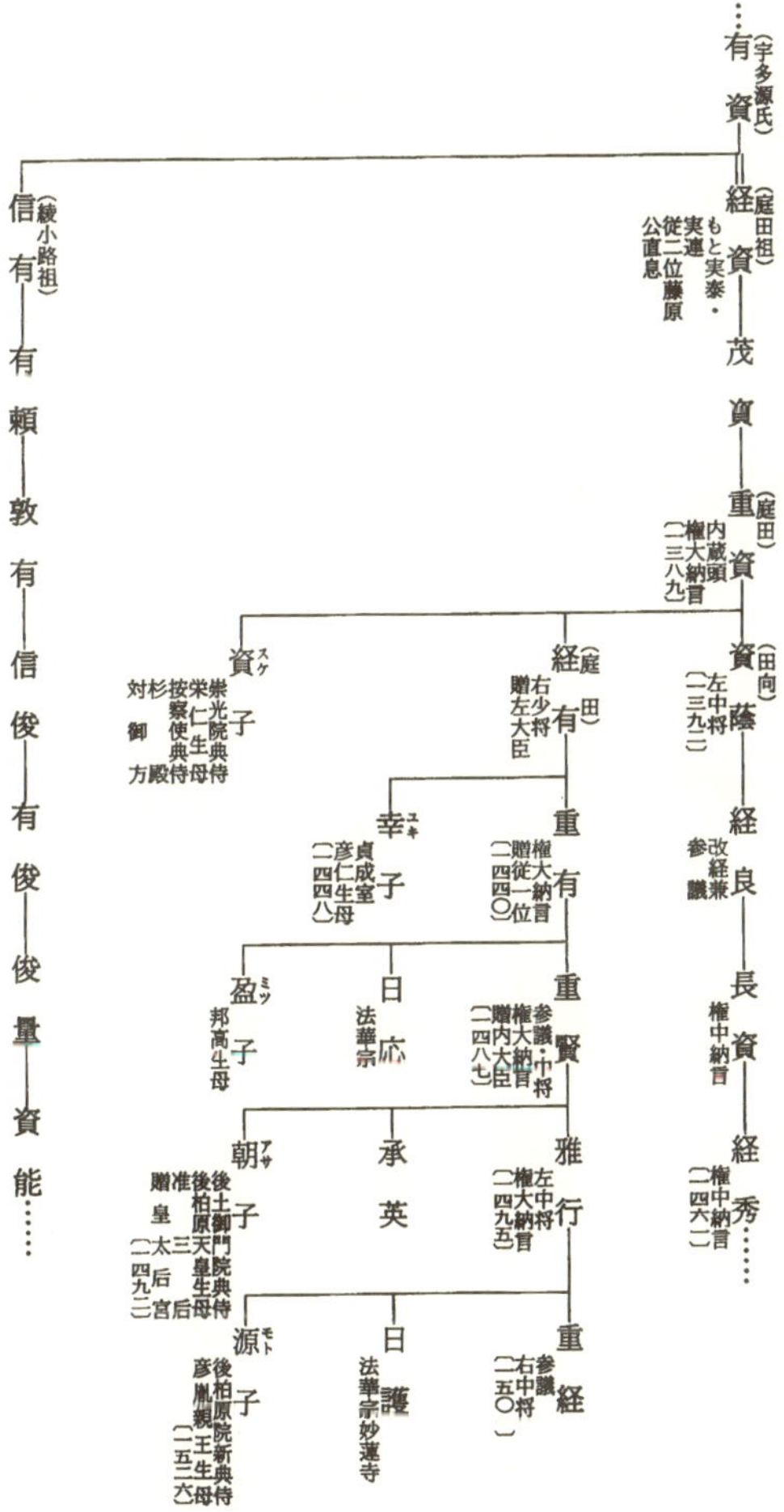


*（ ）内の数字は没年

ていたらしい人物が貞成を誘い、誘った相手を一人残して立ち去ったあとに、誘われた貞成の眼前で治仁が頓死寸前――という情況はただごとではないからだ。いや、ただごとではないかのように思いやすいのだ。貞成の言う「近臣」、もしくはその一人が、この長資ではなかったのか――と見るのは、まこと見やすい筋道と言わなくてはなるまい。もちろん私は、たとえ数百年前の人物のことではあっても、確たる証拠もなきままに、軽々に濡れ衣を着せるのは避けたい。それに、過去の真実を究明して現在と将来にわたる教訓を引きだし提示する学が歴史学であるとはいえ、相手となる人たちの私的部分の内奥にまで深入りするのには、いつも気がひけてしまう。最後には一人一人の血液型までも知り尽くさずにはおれなくもなろう。気の重いことではある。

それはそれとして、事態の前後関係を二度、三度眺めていると、この長資朝臣のことを放り出したままでは、先へと進めなくなってしまった。一種異様に映りやすい情況における長資朝臣の片時の退出と、入室直後に貞成がぶつかった治仁の容態とが、何か意味ありげに映りやすく、一応はこの人物とその周辺を見まわしておく必要性はあると思う。

ここで前頁の略系図「庭田・田向家の人びと」を眺めてみよう。この両家はともに宇多源氏の流れで、宇多天皇の皇子敦実親王の三男源雅信の後裔であるが、雅信から数えて十代目の有資のあとは、藤原公直の子息経資（もと実泰・実連）が外祖有資の猶子として継承した。経資は綾小路を称していたが、その子孫が庭田を称したので、庭田氏の祖とされている。一方、綾小路の称は経資の弟に当たる信有の子孫に受け継がれた。

経資の孫重資のあとは、庭田・田向の二流に分岐した。重資の娘で、庭田経有・田向資蔭の妹である庭田資子は、崇光院に近侍して栄仁親王を産んだ。さらに経有の娘幸子は栄仁親王の子貞成の室となり、のちに彦仁（後花園天皇）を産む。それ以降のことについてはここで言及するまでもないのだろうが、念のために逐ってゆくと、重有の娘盈子が貞成の子貞常親王（伏見宮四世）の室となって邦高親王（伏見宮五世）を産んでおり、また重有の子重賢の娘朝子は後土御門天皇の典侍となって後柏原天皇を産み、重賢の子雅行の娘源子は後柏原天皇の典侍として彦胤親王を産んでいる。

すでに明らかなように庭田氏の流れは、まず第一に皇室、そして伏見宮との関係の深い系脈であったことがわかる。およそのところ、崇光院の時代から貞成の代に至るまで、「伏見殿」に仕えた人びとはというと、近臣・被官・外様ひっくるめればかなりの数にのぼるはずだが、綾小路・庭田・田向・西大路（四条）・世尊寺・冷泉等々の諸家からなる「近臣」群中、庭田は重臣の一たるのみならず閨閥構成においても抜群の地位と実績を有したのである。産所が「庭田」であったのをみれば、治仁急死の直後に治仁の娘を産んだ「陪妾」の「今上臈」（上臈局）も、やはり庭田家の出身と推察される。要するに、伏見宮家をめぐる閨閥は庭田が独占していたのであろう。これに対して、一方の田向は、そのような形では喰い込んでいなかったらしいし、かと言って綾小路が「楽」の道で出色の地歩を確保したような家業上の特色とてなく、また世尊寺の「書」や冷泉の「歌」に比べられるほどの格別な才芸もなかった。[注13] そのあたりに、庭田に対する田向一族の感情に多少とも面白くない面が潜んでいたのではないかと思われるのである。

想起されるのは、貞成による治仁暗殺説が流布した際、対御方（のち東御方）という故栄仁の愛妾とともに庭田重有の名が上がっていた事実である。庭田経有の子息で、貞成室幸子の実兄であり、貞成側近中随一とも言うべき立場に立ちつづけた人である。だからこそ、貞成がまったく予想だにしない窮地に陥る事態の中で、貞成の〝腹心〟としてその名が取り沙汰されていたのであった。「毒殺説」は私は採らないから、それは論外としても、「虚名」を流した者が「近臣」の中にいると見た貞成の言は、私は信じてよいと思う。当日前後の細かな実情について精通した者にして初めてなしうる「虚名」ではないかと、そう貞成は直感したのだと考えるのだ。

たしかに、田向長資は疑われやすい地点に立ってしまっていた。日次記の記述の仕方を信用するかぎりでは、もうしばらく長資が治仁の御前に祗候しつづけていたら、長資一人きりのその場面で突如治仁は大発作を起こしたはずである。治仁が貞成を呼ぶように長資に指示し、長資が退出した時、治仁は普通の状態であった。そのあとの長資の行動が疑われやすい理由を生む。貞成が入室したら、治仁はすでにおかしくなっていた——というのだから、直前に長資が何かを……と、たいていは考えてしまうのである。その間のほんのわずかな時間内に、病臥中でもなくいたって普通だったとみられる治仁は瀕死の状態に陥った。まさに千載一遇としか言いようのない時に、長資は去り貞成が入室したのであって、あまりにも劇的なのだ。

もっとも、こんなぐあいに言うと、長資が毒でも服ませておいてから貞成を呼びにきたかのようになってしまうが、「暗殺者」の手法としてはあまりに単純で、毒薬などというのは毎日毎日、少しずつそっと服ませていって死に到らしめるか、それとも一挙に喀血させて急死させるか——というふうに使用されるはずで、なかなかこんなふうにはいかないと思う。所詮、長資は何もしてはいなかったのだ。異変を告げた貞成の召集に応じて、長資は庭田重有らと相次いで現場に馳せ参じた。そして、他の面々とともに「仰天」したと貞成は伝えている。長資の「仰天」ぶりをまっすぐに受けとめたら、「つい先ほどまではお元気でいらしたのに、これいかに……」と思ったのであろう。その思いは当然に、「自分は所用あって、あとのことは貞成王お一人にお頼み申して片時退出した。その直後にかような変事出来とはなんたることぞ……」という所感につながらざるをえまい。それも人情の一端。何かが裏にあったのではと、事の実否はともあれ、長資がそう直感したと仮定しても格別意地悪な推量ではあるまい。むしろ人情の自然なのだ。まさかと思ってみても、現場に一人きりでいた貞成への疑念を抑止しがたく、貞成に連結していた他の面々が思い浮かんだとしても不思議ではない。ただちに馳せ参じてきたのは、近衛局・今上﨟・奉行三位（田向経良。京より帰邸の直後）・庭田重有・田向長資・寿蔵主その他であって、何人もの人間がそれぞれに急な事態に直面してうろたえていた。その中の「近臣」の誰か、もしくは事後に話をくわしく耳にした「近臣」の誰かが、「虚名」を流したと貞成は理解したわけである。共に噂の中心に据えられた重有と、（現場にただちに顔を見せたか否かはわからないが）対御方とは、むろん貞成の意中の人ではない。

長資の驚きには、他に倍するものがあったろう。あの時の事のなりゆきについて、人は長資に尋ねる。むろん長資はその驚き、意外性を問われるままにまっすぐに語り伝える。「異様医師」の献薬の一件は御所の「近臣」中では周知の事実であったろうし、治仁が病気がちの人でなかったことも常識であったろう。それが突然の悶死である。あれやらこれやらが結びついて、あれは毒殺らしい、貞成さまお一人が居合わせたそうな、いや貞成さまお一人の陰謀ではあるまい、対御方はどうだ、庭田も臭うではないか、なるほど……といったふうに、「虚名」の核心部が次第に形成されてゆく。その噂の中に「庭田」（重有）が登場している点について私は、同族の田向の存在を強く意識せざるをえなくなっているにすぎないのである（これはあとでもくわしくふれなくてはならぬが、七年ばかりのちに、この庭田重有と田向長資とはごく些細なことから大喧嘩をしでかして、とうとう仲違いをしてしまう[注14]）。

しかし、以上の話とても、夏の盛りに見た白昼夢の断片にすぎないのかも知れない。その間、貞成の「虚名」の話題は後小松院の近臣の間でも「種々口遊（くちずさみ、気ままな取り沙汰）」があったらしいが、院はこれを禁止して「今後は前で口にするな」と仰せたので沙汰止みとなった。これを勾当内侍からの書面で知った貞成は、「かくの如き時宜（このような時にまこと適切なるご配慮にて）、真実お頼もしゅう、畏悦に存ずる者なり。さりながら、神慮の至りか」と記していた。とにもかくにも一件は落着したのである。

例によって、治仁の遺品が人びとに配られたが、「さしたる御具足（道具類）無く、軽物

(本来は絹布の意)といえども、面々に支配せしむ」という次第で、たとえば、指月庵坊主の廓首座は治仁没後に戒師を勤めたため茶垸と瓶(花瓶)と香台を、そしてまた田向長資朝臣は、おそらく長年にわたった治仁への奉仕ゆえにか、あえて所望の妙音天像一幅を貞成より賜ったのであった。

## 我がよのもち月

その際に注目を浴びたのは、遺品にまじっていた一通の案文(文書の下書きか写し)であった。披見した貞成は、またしても「哀涙」を催してしまった。亡き父栄仁の意を伝えるものであり、「(貞成を治仁の)御猶子として、別して(格別に)御扶持あるべき旨」が記されていたからだ。死没の直前に、治仁に言い残したことなのか、あるいは貞成元服の頃に申し含めたことなのかは不明だが、どちらにしても貞成にとっては胸打たれる父の言ではあった。書面は居合わせた面々にすぐに披露されたのである。その父の遺骨の一部は、治仁のそれとともに四月に乾蔵主(乾首座)の手で高野山に納められたという。乾蔵主は治仁・貞成の異母弟の一人で、正しくは周乾、法号を用健と称した。生母は三条実音の娘の廓御方(宝珠庵)であるが、大通院(大光明寺塔頭)の開基とされ、長く院主を勤めた僧であって、これも異母弟の椎野寺主(椎野殿。生母は日野資国の娘、初め近衛局、のち廓御方と改称)や蔭蔵主(洪蔭。生母不明。号松崖・松・松涯。大通院・椎野寺主・相国寺施食維那を歴任)らとともに貞成の良き相談相手であり、また無聊(退屈)の際の相手ともなった人であった。貞成は栄仁の遺品の御経(六祖注金剛経)や「大慧禅師禄(ママ)」二帖を乾蔵主に進めて、その労を謝した。

この頃には、宮家を継承した喜びはますます抑えがたくなったようで、日次記の端々にそれがうかがえる。

たとえば四月の後伏見院聖忌仏事に際会しては「そもそも予、不慮に御遺跡相続し、此の御仏事執り行う。さりながら祖皇の御素意、憑あり喜びあり。かつうは不思議(ママ)なり」と記し、また、折にふれて「吾が代、初度」（自分の代になってからはこれが初めて）と言い添えたりするのである。五月に入ると、二日には奉行の三位が義持への進物を鹿苑院主に届けるために京へ出かけていく。後光厳院が栄仁親王に与えた伏見院宸筆の御手本一巻、同じく伏見院宸筆本で萩原殿（直仁法親王）が栄仁に残していた歌合一巻、それに「金青玉」という銘の青瑠璃の玉の付いた巡方帯（節会・行幸、および慶賀の行事のときに着ける帯）である。ずいぶんと立派な贈物だが、かねてより懸案となっていた一件、つまり相続について将軍の快い了承を得んがためであった。三位が出かけていったあとの御所では、女官たちが薬玉作りに余念がない。続命縷という本来の名は私たちには縁遠いが、薬玉といえば式典とか運動会にはつきものであったし、子どもたちのかわいい折紙の一つにも薬玉というのがあって、その名は今になじまれている。昔は五月五日の端午の節句に、不浄を打ち払い邪気を追い払うため、尾ひれを下げて簾や柱に吊るしたのである。女官たち丹精の薬玉は、四日には等持寺（足利将軍家菩提寺）にいた義持に進呈されて、恒例のこととはいえ義持をいたく喜ばせたものであった。

その日、貞成は、次のような二首を詠んだ。「心中詠之」、つまりは己一人の胸の中の作としてである。

おもひきやあやめをことし我やとのあるしとなりてふかすへしとは
いまよりは千世の五月を契なんけふふきそむる軒のあやめよ

さらに、同月二十四日、「吾代初度」の連歌会では、左のような発句を出している。

いやつきに花の常夏名も久し

いささか「祝言思う所あり」ての発句であったが、三位がしきりと感心してくれたので、さすが貞成も得意満面と見える。

翌月の閏五月の四日には後小松院からの書面が届いた。四月に進上していた累代の「重宝珍物」の箏（銘梨花）が大そうお気に入った様子であるが、そのついでに文永三年（一二六六）十一月の後深草院の移徙（二条万里小路殿から五条殿へ）の記録を進上せよとのことである。仙洞御所にあった分は、先年の火災の際に紛失したという。五日に貞成は大急ぎで即成院に預けてあった古記録を引きとって調べたところ、後深草院宸筆の一本が見つかったではないか。自ら筆をとって急遽書写し、翌日それを院に届けさせた。届ける時、ほかにも「部類記」（部分けした古記録）があるので、およろしければ差し上げたく……と言い添えたところ、得たりや応とばかり院は早速におよこしなさいと言う。よってただちに進上という次第である。これらの諸記録が、六月に新築成った仙洞御所への後小松院の移徙に役立ったことは疑いない。

後小松院のお覚えめでたきことは、貞成のひそかに念願しつづけたところであった。皇位にある称光天皇は、この年十七歳の若さであるが、気ばかり強くて体はあまり丈夫なほうではなかったらしい。それはともかくとしても、この称光天皇のあとの皇位継承者のことが貞成の念頭にはあったのだ。そして、称光天皇にはまだ皇子はいなかった。皇位はずっと持明院統のうちの後光厳院流に継承され、祖父崇光院の系脈はそれから遠ざかったままなのだ。その間に栄仁が死に治仁も死んでしまった。そして、今こそ「吾代」が来ているのである。

しかし、旧伏見御所の焼け跡の庭に残っていた石組は、栄仁存生中のお約束と称する伏見退蔵庵によって、引き去られてゆく。そのような約束が亡父との間であったことなど、貞成は聞いてもいないが、止むをえぬ。滝頭の大石どもだけは取り去るべからずと大声立てて、辛うじて阻止するのみ。それと前後しつつ、懐かしい老女が一人、ひっそりと世を去っていった。祖父崇光院が愛してやまなかった女官の三条局である。崇光院が亡くなったあと尼になり、仁和寺に真修院という草庵を建てて隠居していたのだが、近年の脚気の患いがさらに募って、閏五月二日に死んだという。その所生の子女らは、弘助親王（相応院）・入江殿今御所（尼門跡智恩寺主）・瑞室（真乗寺比丘尼御所）・阿栄蔵主（南禅寺）・叡蔵主の都合五人である。崇光院の侍女たちの中では、この人だけが生き残りで、貞成にとっても

「御形見」であり、「哀傷、少なからず」であった。これにつづいて六月二十日には、僧の恵舜蔵主が御所に近接した一寺院（宝厳院塔頭）内で世を去った。これも昨年来の脚気で悩み抜いており、よくもまあ生き長らえたものと人は不思議に思うくらいであったとか。この人、対御方が栄仁親王との間にもうけた子の一人である。対御方所生の子は他にも二、三人はいて、いずれも僧籍にあったが、みんな死んでしまい、この恵舜だけが生き残っていたという。体の弱い兄弟たちであったらしい。貞成は、この九つしか歳のちがわぬ対御方の不運には烈しい同情を禁じえず、

……母儀（母御）対御方の悲歎は謂うに及ばず。此の御腹の御僧両三人皆以て逝去せられ、舜蔵主一人相残りたるも又かくの如し。母儀の不運なり。連枝次第に減少し、力を落し了んぬ。……

と記している。この対御方に対する貞成の心情の深さは、腹違いとは言い条、血を分けて生まれた連枝（兄弟）が一人一人世を去っていく淋しさと一体であり、そういうふうに貞成の想いが働くのは、おそらくは貞成に対する対御方の、年来の接しようにも起因していたのではあるまいか。後年、この貞成と伏見宮家のために、対御方は東御方と呼ばれつつ、老軀を働かせて寄与するのであった。

さて、この年の貞成は治仁の急死—宮家嗣立という大転機に見舞われ、「吾代」の到来に

胸を震わせつつも、「公」的には院と将軍家への目配りに心を用い、「私」的には身近な人の不幸を己の不幸として味わわねばならなかった。しかも、「当主」として所領の管理と領民の統治についても、その最前面に身を乗り出して対処しきらねばならなくなっていたのである。

とりわけて言えば、閏五月二十六日夜に伏見庄内の即成院に押し入って「衣装具足等、ことごとく取」って去ったという「強盗数十人」に関する沙汰の顛末は一筋縄でいくものではなく、貞成をずいぶんと手こずらせた。その張本人が伏見庄の有力地侍で伏見御香宮神主を兼ねる者の一族であったという、まったく予想だにしえなかった現実があり、しかも、その背景には有力大名で幕府管領家の一たる畠山氏が隠然と屹立しており、貞成は思い込みの一つ一つをみごとに外されたのであった。これについては「秋」の部（八）でも関説するが、白く輝く〝一本道〟をたどって、〝将軍〟に依存するだけでは埒のあかぬご時勢が到来していたことを、「当主」貞成は認識せざるをえなかったはずだし、たしかに幕府政治の実情に対する疑念もまた、しだいに形を成し始めていたのである。

それでも、貞成はこの応永二十四年という年を心ゆくまで寿ぎつくさずにはおれなかった。その気持ちは、数百年の歴史を超えて、今の私にも痛いほどわかる。

五月五日の端午の節句を迎えるに際して、貞成が「心中」に詠じていた歌をもう一度眺めてみよう。そこに浮かんでいた喜悦の念は、八月十五夜に「一身詠じ侍」ったという三首にも、したたかに溢れていたのである（『砂玉和歌集』）。

思ひきやことし我よをもち月のさかゆく秋にあらん物とは
四十(よそ)あまり馴(なれ)みし月の今宵こそ心はれたる秋にあひぬれ
万代(よろずよ)の秋を契(ちぎり)てことしより雲ゐの月を袖にやとさん

先の「軒のあやめ」の歌にいう「いまよりは」の言も加えてみれば、思ひきや・ことし・今宵こそ・ことしより……のことばを点綴(てんてい)しながら、これら数首は応永二十四年という年が彼の生涯にもたらした転機の重大さをしみじみと今日の私たちに伝えてくれている。そして、この年は、貞成の八十五年の人生を見事に二分してみせたのである。

しかし、喜ぶのはまだ早かった。治仁毒殺というとんでもない濡(ぬ)れ衣(ぎぬ)が「吾代」を寿ぐ四十六歳の貞成の身を離れ去ったあとに、もう一枚の厄介きわまる濡れ衣がかぶさってきたのである。

章を新たにして、貞成の後半生に分け入ろうか。

## 五　薙髪への道

### 新内侍の懐妊一件

これもまた降って湧いたような災難としか、言いようがなかった。応永二十五年（一四一八）七月のことである。その前月の二十七日は故今出川（菊亭）左大臣公直の室、東向の二十五周忌で、襁褓の頃より慈んでくれた養母を偲んで貞成は看経し、比丘尼たちに諷経をさせて供養としたのであったが、月変わって七月の二日、恒例のこととして豊原郷秋・綾小路信俊・田向長資らと楽・朗詠に興じていた貞成のもとに菊亭家より一通の書状が到来した。披見した貞成は、またしても飛び上がった。内容は、大略左のとおりである。

称光天皇の側近にお仕えする新内侍（故宮内卿朝仲朝臣の息女）がご懐妊になった。当の内侍は、軽服（軽い服忌）のことがあって、ことしの正月に伏見庄内の山田にある香雲庵という寺にしばらく籠られた。香雲庵主は勾当内侍（長階局）のお子に当たっていて、勾当内侍の気遣いで新内侍はそこへ預けられたわけであったが、彼女のご懐妊について称光天皇は「それは私の子ではない」と仰せられている。その頃に貞成親王の御所の男ども（の誰か）と出来たのでは……とお疑いのご様子である。何とぞお心得なされませ。

新内侍が、はっきりと真実を言い通さないということもあって、貞成の侍臣らも申し開きのしようがない。またしてもの「虚名、恐るべし、恐るべし」である。前月二十一日に故三(さん)条公豊(じょうきんとよ)の十三回忌のために京の三条家に出向いていた対御方（東御方、三条家出身）がこの十日に伏見に帰ってきた。その話では、貞成が予測していた以上に、ひどい噂が公私にわたって広まっているらしい。貞成は、ここでも「讒口(ざんこう)無力の次第か」（悪口は仕方のないことか）と放念したいようであった。ついで十一日に勾当内侍を訪問してきた庭田重有朝臣の室芝殿からも、奉行三位（経良）・長資朝臣・行豊朝臣の三人が〝容疑者〟として取り沙汰されていることと、新内侍を香雲庵に預ける橋渡し役をつとめてしまった勾当内侍が窮地に陥っていることとを聞かされても、貞成は「……是非も無き次第なり」（なんとも仕方がない）と、気を滅入らせるのみである。

しかし、十四日の晩に入った情報は、貞成をさらに困惑させ、脅えさせるに十分であった。広橋兼宣（武家伝奏）の伝えた話だが、足利義持が広橋に対して新内侍懐妊のことにつき「この春二月に新内侍が山田に籠居(ろうきょ)中、（貞成が彼女を）たびたび……御賞翫召され、猿楽酒宴御張行あり、乱会(らんえ)に及ぶの由」を耳にしているのみならず、「懐妊もちょうど二月に当たるのだから、貞成は言いのがれができないのでは……」と語ったというのだ。義持もこの一件には気をつかっていて、使者を貞成のところに派して尋ねようかとも思ったが、まずは内々に広橋に打診、広橋は貞成に親しい常宗に伝達を頼んだので、常宗が三位と重有朝臣の二人を緊急に呼び出して、事の重大なるを申し伝えたわけであった。まずいことには、称光天皇が騒ぎ立てるのを後小松院が聞き入れて、義持に訴えたらしい。三位も重有も根も葉もない「虚名」である由をくわしく上申したところ、それなら、書面にしたためて届けられよ、披露しましょうと常宗は言う。一部始終を二人から聞かされた貞成は「迷惑(困惑)仰天、比類なし」で看経にも及ばず、ひたすら「仰天の外、他はなし」であった。早速に、常宗に宛てて書面をしたためる。新内侍は、以前にも近頃にも、貞成の所に見えたことはないし、だいたい、生まれてよりこのかたお顔も見たことがない、……などと貞成は、おそらく、ばかばかしいこととは思いつつも一々書かねばならぬのである。山田の香雲庵主に尋ね合わせたところ、新内侍は二十日間同庵に籠っていたが、その間は門外には出ておらず、警護も怠りはなかったから、間違いはございませんと誓約の文言つきで回答してきたことも、貞成は書き添えたし、三位も重有も長資も、身の潔白を証するために誓約書を書いていた。幸い、広橋の仲介によって将軍義持の不審はようやくにして晴れたのであるが、広橋からは重ねて、牛王宝印の裏に起請文(神仏への誓約書)を記して出されるようにと連絡があり、貞成をはじめとする〝被疑者〟は北野神社の牛王宝印を翻して、十七日に左のような文面で起請を遂げたのである(『看聞日記』同日条)。

一、内侍局、日来と云うも当時(今)と云うも、惣じて此の蓬屋(貞成の御所を謙称)

に経廻（経回、めぐり歩くこと）せざる事。
一、猿楽・酒宴以下、かの局（内侍局）に対して張行せざる事。
一、惣じて、生を受けて以来（内侍局とは）音信せざりし上は向顔（対面）あたわざりし事。
此の条々、偽り申さば〻〻〻〻仍て起請件の如し。
応永廿五年七月十七日　　　　　　某判

「〻〻〻〻」のところは、起請文の定型で、たぶん「神罰を蒙るも甘んじて受ける……」由の文言であったはず。ともあれ貞成は、「末代といえども不肖の質、口惜しき哉。讒口を以て虚名を蒙るの条、吾が国の神明仏陀、いかでか哀愍無からんや……」と嘆息し、身辺の人びとに、いよいよ神仏への祈禱をなすようにと申しつけるのであった。それでも、院の疑念は容易には晴れない。称光天皇については何をか言わんや。将軍義持のほうは、念のためにこの一件に関わって、猿楽を伏見で演じたとされる「岩頭」を召して虚実を確かめていた。答えはいたって明快であって、伏見殿貞成にはお会いしたこともなく、その御前で上演したこともないという。これで義持はこの一件はまったくの虚名だと、最終的に判断したと見える。哀れなのは勾当内侍。称光天皇には突っ放され、結局は禁裏からも仙洞からも局を空けて退去するように申し渡されて途方に暮れていたらしいのだが、義持はその進退についても冷静であって、わけもなく退去することはなりませぬと、内々に本意を伝えて押しとどめていたと伝えられる。

この災難が解決へと至ったのは、九月に入ってのことであった。その間、七月二十八日の段階で貞成は、後小松院からの品々を受けとっている。去年の八朔の御憑の返礼だといい、貞成は、さてはお疑いも晴れたか……といたく感激したものであるが、そのあとは日を逐うにつれて事件の真相が明らかになったらしく、九月二日に貞成はようやくにして双肩の重荷を下ろすことができた。すべては、中御門中納言宗量の讒奏によることであったというのだ。宗量は、真偽のほどは不明ながら、天皇の生母にあたる二位殿との「密通」一件も重なって、院の勅勘を蒙り、籠居（謹慎）を命じられた上、重科に問われる身となった。

かくて、この事件は解決し、貞成らの汚名もすすがれたのであったが、いったい何ゆえの讒奏であり汚名であったのかについては、私たちは別の角度から見通しておく必要性があろう。というのは、この一件を一つの大きな境として、貞成はたぶん本人が自覚していたよりも遥かに深い地点で、まことに微妙な「政治」的位置に立たされ始めていたからである。新内侍という、見ず知らずの女性の懐妊一件はたしかに落着した。けれども、この事件の〝根〟は、皇位の今後をめぐる称光天皇―後小松上皇―足利義持―伏見宮貞成の四者それぞれの思惑をはらみつつ、意外な新局面を「政治」史の上に切り拓いていくのであった。そして、その焦点は、若き称光天皇の病弱なこと、並びに貞成待望の男子の誕生という事態――この二点に絞られていく。天皇の身体はすっかり病魔に冒されていたらしく、「禁裏御悩」―の由は公武社会ではすでに通念となっており、尾籠な話ではあるが便所に入った天皇が下半身のない女の「ばけ物（化物）」を見てうろたえたあと、いっそうその体調は悪化したとも噂されていた（『看聞日記』応永二十五年十月二日条）。むろんのこと幻覚症状にちがいないが、病は天皇の心神の世界にまで喰い込んでいたと見られ、我意に背く者は「近臣・官女・下賤輩（げせんのやから）」のいかんを問わずに鉄製の鞭で打擲（ちょうちゃく）し人びとを恐れさせたという、あの気丈夫さも衰えをみせていたようである。そして、天皇の病状が口々にささやかれるようになったこの年（応永二十五年）の冬には、貞成の側に侍る今参局（庭田経有の娘、幸子）が、すでに第二子を身籠っていた。

### 彦仁誕生の頃

さて、その年の瀬も押し迫った十二月二十六日には、治仁の忘れ形見の一人、姫宮（一の宮）が御所を去っていった。七歳で、鳴滝（なるたき）の十地院（じっちいん）に入り、尼僧への道を歩みだしたのである。亡兄への想いのほどはさておくとしても、貞成はこの姫宮を可愛がっていたらしい。御所近辺の雑木材で、この子も伴って椎の実拾いに興じたのも微笑（ほほえ）ましい光景ではあった。少女が輿に揺られ揺られて懐かしい伏見の里をあとにしたその日に、三歳になる貞成の姫宮（あ五々（ごご））が魚味（ぎょみ）を祝われた。併せての深剪（ふかそぎ）（深除）の儀である。幼な子が三、四歳になると、初めて魚肉を口にさせる祝いの儀礼であり、髪の端を切り揃えて整える式であって、長い人生を幾段階かに区切って想いを新たにする通過儀礼の一つであった。ともあれ、この一日に、いとこ同士の二人の女の子が見せてくれる人生のわかれ道、その色合いの差は、貞成の心にもしみじみと映えたことであろう。

「明春吉慶満足念願するのみ」と記して、この年の日記の巻を閉じた貞成は、年あけて応永二十六年（一四一九）正月十日に、ささやかな改革をした。「女中の名」、つまりは御所に仕える女官たちの呼び名を一新したのである。対御方（五十七歳）は「東御方」に、近衛局は「廊御方」に、今参局は「二条（二条局）」と決められた。このうち、近衛局の新称は過分ともいわれたが、多年奉公し、二代にわたった忠労をねぎらう意味でこのように定まったという。

また四月には、月次連歌会の「法様」（きまり）を定め、毎月二十五日を例会日として当番制をしいた。例会の頭人となった者は「発句」を出し、「一献」をその席に提供するのである。ただし、適切な人数が揃わないので、「連歌仕らざる人々、人数に加う」為躰で、一応定まった常連は、貞成のほか椎野・前源宰相、綾小路三位・重有朝臣・長資朝臣・隆富・正永・祐誉律師・善基、それに地下の明盛・行光・禅啓といった顔ぶれである。

このように、一つには御所内の女官たちの名称を一新したことと、二つには月次連歌会の法様を定立したこととは、いかにも些細なことのようではあるが、御所内の日常生活万般を統治する立場の貞成にすれば、彼自身を頂点とし中心とする御所の〝新体制〟の定立を象徴するものであったろう。

ところで、それ以降の二ヵ月余りというもの、貞成の身辺にまるきり〝事〟がなかったわけではないが、概して言えばまずは穏やかな日々だったと推察される。その間、四月二十八日の夜分には二条局（幸子）の着帯の儀が執り行われた。腹帯を着ける〝帯祝い〟で、陰陽師在弘の日時勘申により、帯加持（祈禱）は智恩院隆秀僧正が勤め、帯を着ける役目は芝殿が奉仕した。前に生まれていた子が姫だっただけに、こんどは男の子かと、貞成の期待も大きかったことであろう。端午の節句に恒例の薬玉は、鳴滝十地院に入室したあの姫宮にも初めて届けられたという。

やがて六月十七日、産所の庭田家へ退出していた二条局は、安らかに一男子を出産した。この日の伏見は雨で、貞成は夜遅くまで百韻連歌に興じたのであったが、そのあとも話題が弾んでいたものか、早暁に及んで安産の報を受けたらしい。同席の面々が祝言を申し、早々と奉行の三位経良が祝盃を運んできた。そして、二十一日には御湯治(ごとうじ)始め、二十三日には七(しち)夜(や)の祝いというふうに若宮の健やかなる成長を願う儀式が続くのだが、すべて産所でのこと。貞成が待望の若宮の愛らしい顔につくづくと見入ったのは、翌月も十九日のことであった。

相次ぐ参賀客に応接しつつ、男子誕生の喜びを抑えがたかった貞成は、その三日前、十六日の暁に夢を見たという。三条大納言(さんじょうだいなごん)（権大納言(ごんだいなごん)）公雅(きんまさ)卿から檳榔毛(びんろうげ)の牛車が贈り届けられてきて、それに添えられた書状を大通院（栄仁）が披見するところで夢から醒めてしまった。貞成お得意の夢解き（夢判じ）によると、「これ、官位先途達すべき吉夢」であって、先々に官位の望みが叶う吉兆だという。そういうそこはかとなき願望は、饒舌(じょうぜつ)な日にも沈黙の時間にも今日までの貞成の心の奥底を貫流してきたものであって、それはさらに若宮誕生という宮家にとってはまこと欣快の一語に尽きる新事態の発生でいっそう掻き立てられてゆく。八月七日には、嬉しさをいっぱいにこめて貞成はお守りの剱(つるぎ)を一振(ひとふり)、若宮にプレゼントした。崇光院以来の相伝秘蔵の品であった。

たしかに彦仁の誕生は、崇光院流の未来を推し量りかねていたであろう貞成を、大いに励ましたに相違ない。一方の後光厳院流については言を重ねるのもまことに愚かなこと。称光天皇に万一の事でもあったら、「皇位」の去就はきわめて重大な問題として急速にクローズアップされてこよう。貞成という人が他者の死を願う人であったとは思えないし、また思いたくもない。けれども、天皇は病弱である上に後嗣とすべき男子はまだこの年にも得られていないという冷厳なる現実を眼のあたりにし、それに対するに吾が身は幸いにして健丈、しかも嫡男が生まれたとなれば、仮に貞成ならずとも誰しもが沈滞とは逆に昂揚の気分に浸ることであろう。ひょっとしたら、永らく不遇なままできている崇光院流に、それこそ「神慮」の御計らいにて「不慮」にして曙光がさしそめるのではあるまいかと、そう貞成が想っていたと見ても、あながち考えすぎとのみは言いきれまい。

十月二十八日に貞成は、以前に「他所」に預け置かれていた「重宝」を召し返した。光厳院の御物で累代相伝秘蔵の品であった「扇矢立」と、「大通院の御大刀」とである。伏見宮家に本来あるべき品々を、まちがいなく召し返し、みずから「今より以後は他所に出すべからざるの間、堅く誓約」するという意識の表出もまた、この前後における当主貞成の心象風景の一端を示しているのであろう。同月三十日、貞成は書写した般若心経（はんにゃしんぎょう）三巻を伏見御香宮に奉納して、何か「立願（りゅうがん）」を遂げたという。帰路に立ち寄って眺めた退蔵庵の紅葉は、また一段とみごとであったとか。

この年の暮れに貞成は、その名は聞き及びこそすれ対面したことのないある人物との間に、つながりを持つことになった。

**義円のこと**

青蓮院門跡の義円その人であった。故義満の子息の一人で、現将軍義持の弟に当たる。ついでながら、義満がこよなく愛したあの義嗣は、義持との折合いが悪かった上に、いろいろなことが重なった末、応永二十五年一月に二十五歳で抹殺されていた。義持への「叛逆」が理由であったが幽閉されていた寺院（輪光院。相国寺内林光院）を脱出せんとして失敗、将軍の命を受けた加賀の大名富樫が守護代の山川兄弟を走らせて義嗣の首級をあげさせ、その直後、寺に火を放った。燃えさかる炎の中には六歳の嫡男と二歳の男子がおり、母親と乳母とが二人を抱きかかえて走り出たところを包囲軍の手中に落ち、幕府政所の伊勢氏の邸に取り込まれたという。母・乳母の泣き喚くそのありさまは、『平家物語』の〝六代御前〟の挿話を人びとの記憶によみがえらせていた（『平家物語』巻第十二「六代」参看）。その四、五日前に「旗雲」が天にそびえ立ったのを陰陽師の晴了が「兵革の瑞」と見、「（将軍の）御意に背くの輩、急に討伐せらるべし、もし然らざれば兵乱近きにあるべ」しと占い申したために、義持は急遽義嗣を消したのだという。いずれはつくべき決着がそれであった。

話はそれたが、その義円は師走十七日に、楽人の景勝を貞成のもとへ内々の使者として寄越した。青蓮院の前庭を整備中だが、もし伏見殿に良い樹木があったら賜りたい、というのだ。現職将軍の弟御からのお望みとあらば黙止もできぬ。さりとて、このあたりにはこれという名木もみつからない。仕方なく貞成は、翌々日に庭前の梅二本と白榛一本を掘らせ、書面を添えて奉行三位に届けさせたところ、義円はたいそう喜んで直々に三位に会見して鄭重に礼を言い、太刀一振を与えた。さらにその翌々日（二十一日）に義円は天台座主（延暦寺住持・天台宗の首長）の地位に昇った。大変な人物であったのだ。貞成は、辛うじてその意に適う樹木を贈りえたのに、安堵の想いをしたことであろう。

年あらたまって応永二十七年（一四二〇）の正月二十三日、京から戻ってきた三位は例によって「世事」を貞成に伝えたが、その中に耳に止まる話題があった。近々に嵯峨宝幢寺の落慶供養があり、義持の格別の計らいで執り行われること、現職の公卿らがほとんど出仕を求められていることであった。翌月、閏一月に入ると、義持が「今度の義、見物せざる人、世にはあらじ」と仰せられているくらいで、「すこぶる動乱の如き」騒動だとか。「しかるべきお方は見物なさっておかれませぬと公方の御意に背きましょうぞ……」などと広橋兼宣も言ってくるので、貞成も仕方なくおみこしを上げることとした。貞成が億劫がったのは、気楽には行けぬことによる。第一、けっこう費用がかさむのだ。公方のお声掛かりとあらば、歴々の公卿たちもそこそこ見栄や体裁を構わねば収まりはせず、衣裳のことから随伴の面々の費用に到るまで、何かにつけて出費はかさんでしまう。伏見での野遊びや、子の日の小松引の遊興とは、およそ次元が違っているのである。

幸いなことに、供養の行列を見物する桟敷は椎野寺主がととのえてくれていた。二月七日、一行とともに椎野寺に入った貞成は寺内を拝観したが、十七歳の年に来てから三十余年目の来訪なのに思い到ったという。その夜、寺僧らは密々に酒盛を楽しんだが、貞成はくたびれたのかぐっすりと寝込んでしまった。翌八日は、あちこちを見物したあと徹宵の連歌張行。あけて九日は、いよいよ供養の当日である。

　さすがに故義満時代の相国寺落慶供養の佳例にならったというだけに行粧（ぎょうそう）・法会儀式・警備の模様等々、万般にわたってみごとなもので貞成を満足させたが、あいにくと貞成のいる桟敷の右前方に牛車を止めて見物しはじめた者がいるではないか。「これではさっぱり見えない。いやはやあきれたお方」と貞成は思ったものの、車中の人が青蓮院義円だと知ると、「しかれども無力」と溜息をついてあきらめることにした。義円の行粧は美麗そのもので、十二人もの牛飼童たちは染めの練衣（ねりぎぬ）で裏打ちした絵縫物（刺繍）の直垂（ひたたれ）を着、左右には力者（りきしゃ）らが多数列立するという風情であって、義持の沙汰によるという。

　まだ対面の機会には恵まれていないが、この日貞成はさらに強く義円を意識することになったであろう。そして、翌月九日には青蓮院の使者として楽人の景勝と村秋とが伏見にやって来て、明日の御香宮猿楽（さるがく）（毎年恒例）をお忍びで御覧なさりたき由を伝えた。折しも、上演の猿楽大夫は摂津（せっつ）猿楽の恵波（えなみ）（榎並）大夫にかわっており、義円はこの大夫の熱烈なファンであったから、かねてよりの約束で、大夫はどこで上演する時も事前に義円に御案内をさし上げていたというわけである。ああ、またしても予定外の「計会（けいかい）」（やりくり算段）ではないか。かと言って、支障ありとも申せず、知らぬ顔で放っておくことも叶わず、「どうぞ、どうぞ」と返事を呈して、早速に「一献（いっこん）」料の工面を近臣に命じた。

御香宮神社　京都市伏見区御香宮門前の地に鎮座し，主神は神功皇后。秀吉時代に深草大亀谷の“古御香”に移っていたが，慶長10年（1605）に家康が旧地に社殿を造営して現在にいたる。表門はもと伏見城大手門で，重要文化財。桃山建築の一遺産である。

さて、十日の猿楽当日には、貞成は御香宮阿弥陀堂を桟敷にして見物した義円の一行に「一献」を届けさせたのだったが、たいそうなご機嫌で盃を重ね、見物を終えたあとは早々に猿楽者連を引きつれて帰っていった。夜は夜で、青蓮院において上演させるのだという。帰りぎわに義円がいたく執心したらしいのが奉行田向経良（三位）の子息阿賀丸であった。すこし前に醍醐の菩提院（律寺）に入り、喝食となっていた十三歳の少年で、この子は貞成も「容顔等神妙なり」と感嘆して、仏門に入るのはまことに惜しいなどと想いを洩らしていたものだが、御多分に洩れず美童寵愛癖の著しかった義円はしきりと同行を促したのである。少年は支障ありと称して辞退した。

翌日早旦、貞成は三位に太刀を持たせて青蓮院へ挨拶にやった。「頃合いを見てお眼に掛かりに参ろうと存じていたのに、早々の御帰りにてまことに無念……」と伝えたのである。夜分の猿楽に続いての終夜の大飲ですっかり二日酔いだった義円は、さすがに今日は御香宮にも来ないそうな。そう知った貞成は「一献、無用意の間、来臨無きの条、為悦なり」と記している。なかなかとはっきりしたもので、連日の来臨は迷惑以外の何ものでもないというわけである。人間の裏表を観ずるよりも、この際は宮家の台所の苦しさを見ておかねばならない。それはともあれ、まさかこの義円が、数年のちには兄義持の後継者の座を占めて、しかも伏見宮家の将来にとって重大かつ決定的な役割を果たしてくれようなどとは、さすが「夢想」上手の貞成とて「神慮」に先んじて察知するには到らなかったのである。

その日、近くの庭田家では遅桜が盛りであった。重有朝臣が一枝を手折って短冊を付し、貞成に呈する。

いかゝして君もろともになかめまし花より後の花のさかりを

貞成の返し。

とはゝやの心も色もおそさくらいはておもふを花はしらすや

御所を訪れてきていた椎野殿の詠。

　とはゝやと思ふ物から遅さくら花はうき身をいとひもやせん

## 「江南隠士」の心境

いささか些末事に属するが、この三月には庭田重有朝臣の室が女子を産んだ。当然、その家中の者は産穢(さんえ)という穢気(えき)に染まったことになる。しかし、重有朝臣は、出産当日を含めて三日ばかりはともあれ、あとは御所への出入りを許されていたようで、貞成が退屈して小弓の遊びでもやろうと言いだすと、椎野殿や田向長資朝臣らとともにそのお相手をしたし、旧伏見御所の庭石を転用した退蔵庵の前庭がやっと整ったというと、やはり貞成のお伴をして出かけている。京都の要路との所領をめぐる折衝も同様である。

触穢(しょくえ)といっても死穢(しにえ)ほどのことはなく、まして夫の場合ははるかに気楽な扱いであったから、貞成も全然気にかけなかったのである。それなのに、月があけてから三位の田向経良朝臣と子の長資朝臣とがいきなり「穢気」を憚るなどという理由で自邸に引き籠ってしまったので、貞成はたいそう憤慨した。憚るわけはあった。あとでも触れるが、称光天皇が「金鞭」を揮ってあたりの者を打ったりして奇矯の振舞が多かったために、将軍の配慮で禁裏御所に公卿らが当番制で「小番(こばん)」を勤めてきており、長資朝臣もその一人に指名されて出仕する身であった。だから「穢気」を禁裏には伝染させられず、引き籠って穢気消散の日を待ちたいとでも申し立てたのであろう。貞成は、庭田家のお産なんて先月（十九日）のことではないか、この御所の者はみんなそれに染まっているではないか、三位も長資も出入りしているのだから今さら「穢気を憚る」なんて言えたものではあるまいに、退蔵庵の庭見にも相伴せずじまいであった上に自邸へ引き籠りたいとわざわざ言ってくるのには、きっと「意趣」（魂胆）があるのだろう、そうではないか——と立腹したのであった。田向父子の真意は不明だが、このあたりにも庭田と田向の間柄の一端は浮かんでいるらしい。眼尻を吊り上げて怒っている貞成の表情が一瞬私の脳裏をかすめ去ったすぐあとに、相好を崩して、ほっほと笑う彼の笑顔がつづいて現れる。今度は、重有朝臣の侍妾の賀々が男の子を安産したのだ。一ヵ月足らずのうちに、である。貞成はこう記す。「重有朝臣、両月（三月・四月）相続いで子を連ぬ。重畳繁昌、且は数奇の至り、珍重なり」と。「あいつも好きなやつよのう……」といったところであろうか。

たしかに重ね重ねのおめでたで結構ではあったが、この夏の西日本は大変な旱魃（ひでり）で、近年まれにみるひどさであったらしい。地元の伏見庄民たちは秋の収穫のほども危ぶまれる水飢饉のさ中に、隣の深草郷民らとの間で深刻な用水相論を起こさざるをえなかった。このとき深草郷民は武装して待機しており、夜陰にまぎれて用水の水を伏見庄へ引き込もうと出かけた伏見庄民は、やむなく退去。貞成ら万策尽くしての手廻しで関白九条満教が動き、事情を知らなかった先方の領主三宝院（醍醐寺）も了承して深草郷民に指示したので、無事伏見庄の田にも水が流れてきたのだが、それが一段落ついた途端に聖護院領の木幡との間で草刈りの権利をめぐる堺相論――というぐあいである（後述、「秋」八）。旱魃の激しさが、このあたり一帯の農民の心をいつになく焦立たせていたものと思われる。

八月早々には、貞成も焦立つ。

将軍義持が、恒例の八朔の御憑の送呈先を局限したのである。つまり、御室仁和寺・妙法院をはじめ義持の親族の門跡と、関白・三公（三大臣）、それに近仕の公卿・殿上人らに限ったわけで、「竹園」（皇族の雅称）である伏見宮は除外されたグループに入った。恒例として毎年の折目に行われるこの種の表敬行為が中止されるのは、自意識も自尊心も人一倍強かったらしい貞成には、まことに忍びがたい屈辱であった。

その上、九月に入ると、貞成の耳をそばだたしめる事件が二、三生じている。義持がこの月の初旬より「風気」を病んで寝込み、著しく食欲も減退して、日を逐って病は募ったのである。ところが、主治医であった高間という医師が実は「狐仕」（狐を使って妖術をあやつる人）であったのが露顕し、管領の畠山に召し捕られる騒ぎに発展した。同類の者八、九人が芋づる式に逮捕されて翌月四国方面へ流されたのだが、高間は配所への下向の途次、どこかで殺されてしまったという（十月十日条）。義持はやがて本復して、治療の功により医師の士仏三位房（坂士仏法印）は将軍邸の常御所の飾り道具の屛風絵や唐物、義持着用の小袖・宿衣（宿直の時の服装）七領、それに若干の「重宝」までも賜った。貞成もこの事件には深い感慨を抱かされて、「高間ハ死罪に行われ、三位（士仏法印）ハ恩賞に預かる。毎事不定、（中略）今更に驚かされ了んぬ」と日次記に記した（十一月七日条）。

もう一つの事件は、仙洞御所に仕えた御所侍の処刑一件である。この男は後小松院のお覚えめでたく、それに甘えて図に乗ったか傍若無人の振舞が目立っていたようであるが、御所内の女官某と密通して妊娠させてしまったのが露顕した挙句の果てに女官もろともに追放されて、自宅に籠居を命ぜられていた。そののち、たびたびにわたって宥免を願い出たが勅許されなかったので、思い余って仙洞御所に推参、直奏して、たった今おゆるしがなければ自害して果てる覚悟――とかなんとか嗷々と申し立てて院の怒りを募らせ、細川配下の門前衆（門の警備役）に捕らわれてしまった。後小松院は、伝奏の広橋兼宣を通じて義持に、すぐに処刑すべく伝えたが、義持もこれにはさすがにあきれたようで、「殺してしまうというのは、いかがでございましょうや。むしろ流罪という程度のご処分で抑えられては……」と、逆に勧めてみた。しかし、院は頑としてこれを聞き容れず、「ひたすらに、討たるべし」と重ねての申し入れである。かくなる上はいたし方もないと観念した義持の指令によって、この御所侍は鴨川の六条河原で露と消えたのである（九月二十日条）。「公家（武家＝幕府に対する朝廷の意）の御沙汰、以てのほかの事（非道の措置）」とするのが世評であり、それは貞成自身の所感にも通じていたとみえる。ともあれ、以上の二つの事件はまたしても将軍義持と後小松院とに対する貞成の畏怖の念、当惑をいやましにしたに相違ないのであるが、しばらくたってから貞成は諸人が競って病床の義持に大好物の蜜柑を贈り届けているのを知り、今年は不作で入手しがたいそれを蔵光庵より受け、柑子を混ぜて三位に届けさせたところ、義持は大喜びであったし（十一月九日条）、仙洞御所に対しても同様にしていた。

ところで、医師高間が消されたという風聞が伏見に聞こえて貞成を驚かせた頃、彼は三日つづきの御香宮参詣を行っている。来月に予定していた石清水八幡宮の社参を前提としてのことであり、「立願」の趣意があったからだ。御香宮社参の初日（十月十三日）には、石清水に奉納する「三礼心経」一巻の書写と、立願文の草案の作成に着手したのだが、二日目には源宰相（綾小路信俊）より書面が来、その筋に「親王」宣下のことを要望されてはいかがかと勧めていた。一見した貞成は、思わず膝を打ったようだ。というのは、石清水八幡宮への「立願」のうちの一ヵ条が正しくそれだったからだ。「三ケ日の内に此の題目（立願の主題につき）意見を申す。神慮に備うるなり。成就すべき瑞相（めでたい兆し）観喜（ママ）極まり無し」と手放しの悦喜ぶりである。事前に源宰相に意中を聞かせていたわけでもないのに、今思いついて勧めてくれたというのは「神慮、憑あり、尤も珍重なり」で、貞成にはとても嬉しいことだったのである。前にもふれたことだが「元服」以後に父と兄を失い、宮家を嗣いだ彼にとっては、無位・無官で親王でもなく、ただ「王」と呼ばれるのみで老いさらばえてゆくのは何にもまして苦痛であった。それに来年には早五十歳になってしまうのだ。人生わずか五十年と、一応は観念されていた時代の話である。

十月の三十日には、故栄仁の母杉殿に長年仕えていた老女が病死したことを聞いた。また一人「旧好」の人が世を去ったのだ。ふと、貞成は、先日、異母弟の用健が自作の和歌を評してほしいと言っていたのを思い出す。なかなか良くできているではないか。貞成は筆をとって、まずは、

感二指月風景一、呈二金玉一。不レ堪二褒美一、綴二瓦礫一奉レ和。

と讃えて「江南隠士九拝」と署し、左の二首を返した。

山すみのふかき心は月をさすおしへの外をさとるとそしる
伏見山月さすいほをしたひきてすむはむかしの友や恋しき

このころ貞成は漢詩や和歌に「江南隠士」と記しはじめていたとみえる。のちの例では「江南漁翁」というのもあり、『看聞日記』巻七紙背には「寄下賦二落花一詩上、以二倭歌一和レ之」としてそのように署した「ふしみ山はなの御ゆきの跡はあれとむかしのはるは面かはりして」の一首も見えている（口絵図版参照）。この「江南」というのは、川の南方をさし、中国では揚子江以南の地方をさす語であるが、貞成は「伏見」の地一帯を意味するものとして好んで用いたらしい。ついでながら貞成は「田舎美物」の最たるものとされた鯉魚が人好きであったらしい。この時代には「めでたい」の鯛も珍重されたが、鯉の格づけは鯛よりも上で、魚族の最高位を占めたのである。目の前に宇治川―淀川の滔々たる流れ、巨椋池があって、鯉も鮒も、その他の川魚も実に豊かであったから、貞成は近臣・女官らと共にしばしば舟を出し、漁見物と一献を楽しんだ。もっとも、「漁翁」らしく自ら釣竿を川面に延べたり網を投じたりしたことは、どうやらなかったらしい。

いや、思わぬきっかけで、話題が脇道にそれた。釣魚の話となると、ついついあらぬ想念がはばたいてしまうのも、省みれば宿業の一というべきか、はたまた「神慮」のなせるわざか。

この年の師走二十四日は、貞成としてもまこと嬉しい日であった。若宮の髪置の儀を執り行ったのである。ふつうは三歳児に、十一月十五日に施す式であるから、年齢的には一年早く、月もずれているが、当夜のこの儀式で若宮は、短くしていた髪を伸ばすこととなり、菅糸で作った白髪をかぶせられ、頭頂に白粉を塗って祝われたはずである。ちょうどこの日は後小松院から八朔のお返しとして練貫三重・御沈（沈香）一包・引合（しわのない檀紙）十帖が届けられて、歳末で何かとお忙しいことであろうに私のことをお忘れでないのはほんとうにありがたいと、貞成を感激させてもいた。

**「四絃の道」**

しかし、応永二十八年（一四二一）も何かと多端であった。ふつうの生活感覚でも、だいたい四十代から五十代にかけては公私にわたる責任も加重されて、おのずと雑事が激増し、いったんは安定するかに見えた人生行路にも予想外の難関が相次ぎやすいようであり、貞成の四十代も、やはりそのようであったことは、すでに見てきたとおりである。

「五十歳」のこの年には、貞成はいくたりもの知人、旧好の人びとを失った。それも、一人びとりの個人的事情によるものではない。去年の大旱魃が、案じられたように大飢饉を誘い出していて、春二月に貞成が仄聞したところでは、諸国の飢民の群が京洛に続々と集中し、「乞食充満」のありさまであった。随一の一大消費都市へたどりつきさえすれば、「物乞い」で何がしかの米銭は得られ、「日様」（日傭）とはいえ些少の仕事にもありつけようというもの。だからこそ、飢えたる衆庶は、いつも飢饉の時には京洛に向けて痩軀を運んだのだった。それでも餓死者は無数であり、京洛の内外に倒れ伏し、出所も名も知れぬままに死んでいった。義持は、飢民に対する救済活動の展開を命じ、それを受けた諸大名は鴨川の五条河原に仮屋を建てて施行をした。しかし、食を得ながら衰え死ぬ者は数知れない。なんとしてもすでに手おくれの者ばかりであったか、いきなり米飯を恵まれて喉をつまらせたか、いずれかであろう。こういう時には、おも湯の中に飯や粟や稗や菜っ葉がうろうろと浮いているような薄いお粥を吸わせ、だんだんと体力が回復へと向かうにつれて濃いお粥、そして米飯を与えるのが妥当なのである。

　その大飢饉に疫病が並行した。疫病の流行は、いつも、川筋に住む底辺層に発し、それと接触する機会の多かった町衆を冒し、被官とか下人として町衆が出入りする公家や武家の邸内に侵入し、公武を通じて将軍邸や仙洞御所や禁裏に潜入し、果ては供御（食物）などを通じて天皇や上皇の身にも肉迫していく。

　この年、貞成の知り合いの幾人もが死んでいった。二月三日の綾小路少将資興の死は、十余年来の長患いの果ての「狂気」同然の死であったという。綾小路信俊の子の信定は早世しており、あとつぎに迎えていた養子の資興もこの始末。貞成は、信俊自身がすでに六十余歳であるのを想い、その家業たる「楽」の道が絶えるのでは……と心底から案じていた。同じ月の末には伏見庄の石井村に「黒雲」が立ち、御香宮の巫女の家のあたりが炎上した。この村には「病者」が多く、貞成は「もしや火車の来たれるか、又は火柱か。何様にも（まったく）不思儀（ママ）なり。不審々々」と首をかしげた。「火車」とは、生前に悪事を働いた亡者たちを乗せて地獄に運ぶ火の車である。三月十日の御香宮の猿楽も「天下飢饉」のゆえに日延べとなり、庄民が飢えをしのぐのに精いっぱい、ということで秋まで延期となっていたのに、御香宮の聖の慶俊が疫病のため「狂気」となり、「猿楽を延期するのは（神慮に背くことなので）よろしくない」などと口走りつつ絶命するという不慮の一件も生じて貞成を恐れさせた。庄民の主だった者が御香宮に会合し、社頭で評議した結果、四月十日・十一日の両日に行うこととなった。

四月二十二日には、貞成の母の西御方に仕えてのちに東御方に永年奉仕してきた別当尼公がいとまを与えられて、庄内の山村という在所に建立した小さな庵に去っていった。東御方も「計会」（貧乏）であり、彼女へのお手当の支給に事欠いたからである。その翌日には、嵯峨の椎野寺主（異母弟）がやって来て、しばらく居させてほしいという。わけを聞くと、疫病は嵯峨にもひろまり、椎野寺中にも病人が発生、よって避難してきたのだとか。これに先んじて、十七日には三条故内府入道の子息で妙法院執事の日権院が、ついで十九日にはその弟で高野に隠居していた報恩院が相次いで死去した。ともに東御方の兄弟に当たり、東御方はすっかり力を落としていた。二十六日には、菊亭（今出川）の政所の諸大夫興衡朝臣が死に、その娘（尼）も死んだ。家中に病人多発、さんざんのさまであって、菊亭の当主公行は「周章（大あわて）、是非を忘じ惘然の由」であった。北畠大納言俊泰・中山大納言入道も死んだ。「天下病事、恐怖極まり無し」と言うほかはなかったのである。

二十八日には、ほかでもない貞成自身の顔が浮腫んできた。訪れた冷泉正永は一見して驚き、「近々に流行の病では……」と洩らす。貞成は聞いてびっくり、近臣らも見て仰天。医僧の心知客（禅僧）に問うたところ、良薬を得、それが効いたのか五月も半ばには回復した。長い生涯のうち晩年までには、ほとんど病気らしい病気をしなかったらしい貞成にとっては、吾が一命を心底から案じさせた珍しい一例であった。

五月十八日には、伏見即成院で「百万遍念仏」が執り行われた。庄民の内に死者・病者が続発し、追善祈禱の「念仏衆」が二百余人も群集したといい、庄内村々でも「百万遍念仏」の集いが盛んであったという。しかし、死者は貞成の周辺に絶えない。十九日には菊亭の青侍の宗親が「世間の病気」で死去、二十二日には菊亭新亜相（大納言）の息女（五歳）が死去。

二十八日には正永が耳よりの巷説をもたらした。「洛中の病死、興盛。言語道断」であったが、後小松上皇が妙な夢を見たというのだ。相国寺の門前に千頭ばかりの牛が群集し、門内に入ろうとする。相国寺主がこれを追い出したところ、先頭の牛が声を発して「誠に（ここは）座禅の所なり。入るべからず」と叫んだため、牛たちは退散して京中に乱入。夢の中である人が言うには、「是コソ、疫神ニテ候」と。そこで夢から醒めたというのである。折

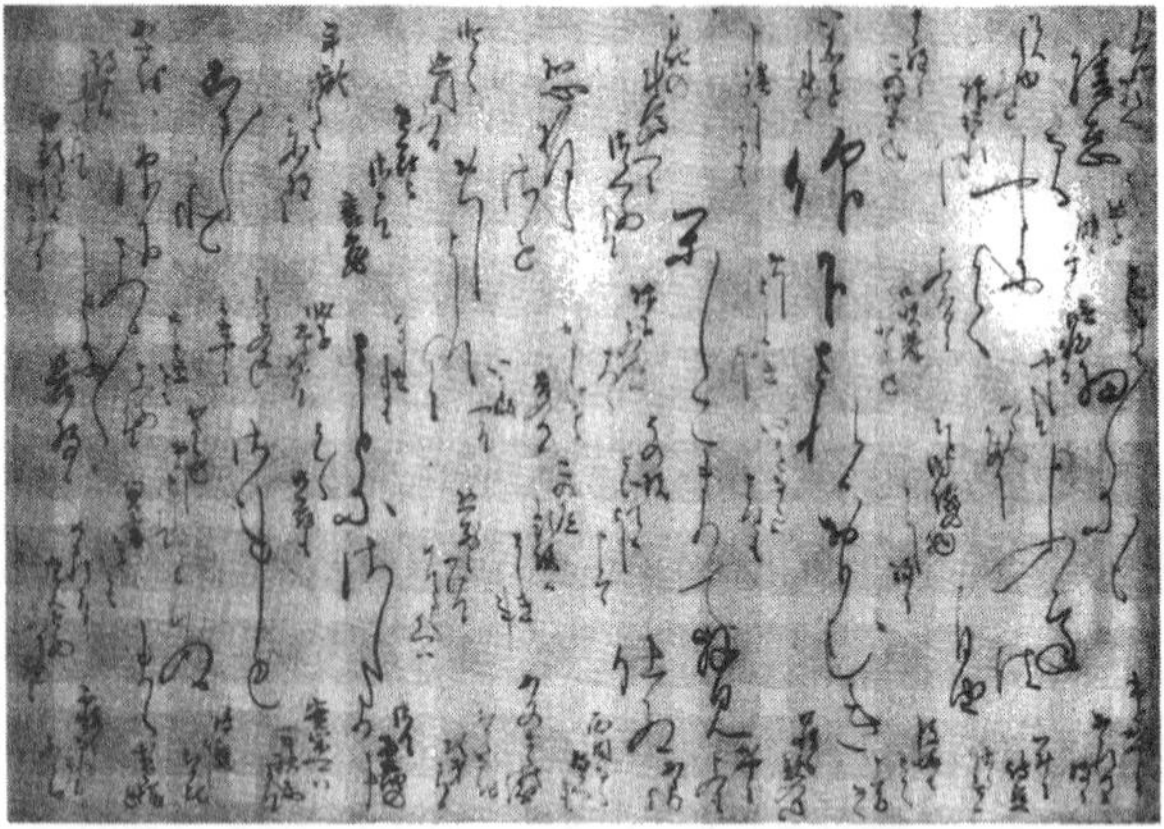

貞成王筆　書状案　（応永28年7月5日，『後崇光院御文類』。宮内庁書陵部所蔵）古文書学上，“女房奉書”と呼ばれる宮中女官の奉書の散らし書き形式による手紙の草案で，その好例の一つ。

しも奈良の春日社頭に血まみれの神鹿が斃れていたとか。貞成の察知するところではなかったが、春日の神鹿を噛み殺したのは山から里に出て来た野犬に相違なく、その野犬を追えと命じられたのは「賤民」であったろう[注15]。

六月十一日には、菊亭の室（故長頼朝臣の娘）が他界し、同家に仕える諸大夫の重徳も疫病に罹って唸っていた。同家の政所の血縁者十七人がすでに死去し、政所興衡の末子一人が生き残るのみである。菊亭公行もすでに病床に臥しており、その子の亜相実富も同様であって、貞成は父子の本復をひたすらに念じつづけたのである。しかし、十四日に今出川から伏見へと突っ走ってきた菊亭の下部の知らせで貞成は公行が昨夜逝去したのを知り、天を仰がねばならなかった。か

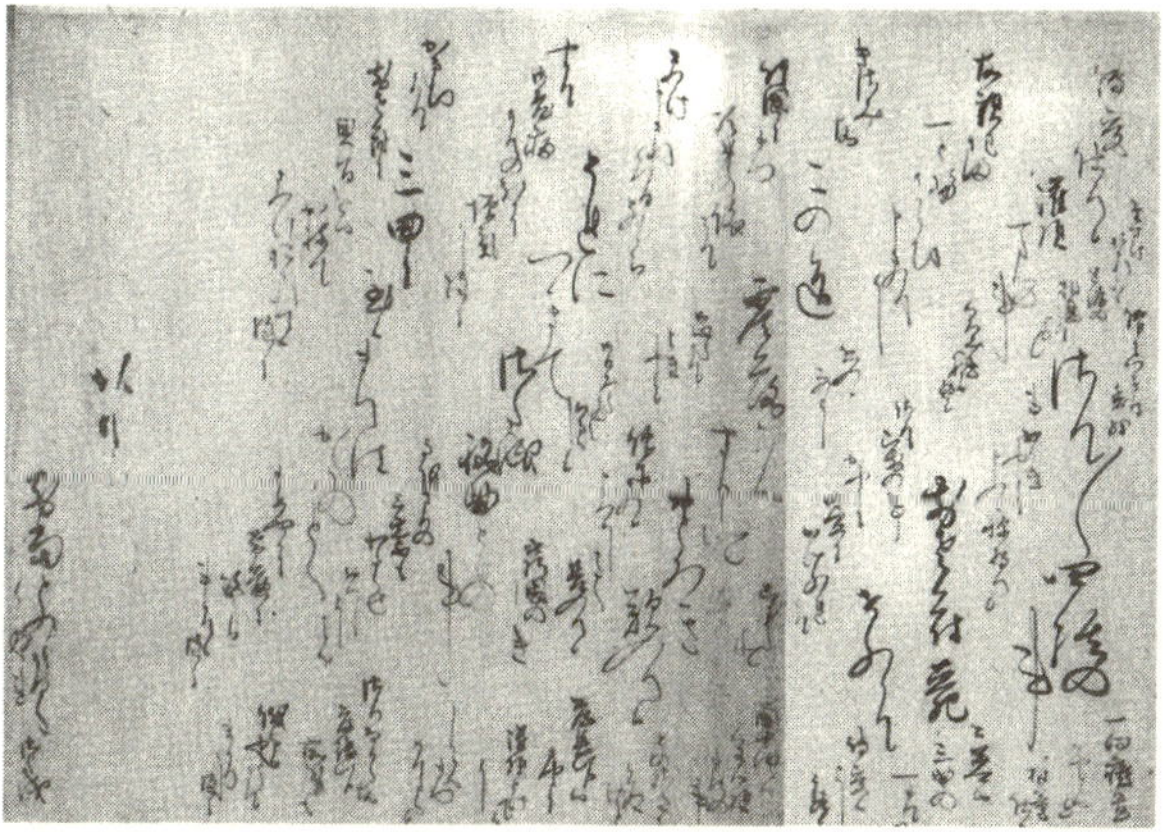

なりしっかりとした下部であったらしく、今出川家の新大納言に対しては後小松上皇が（家督の）安堵状を下され、千疋の援助金を下されたことも貞成に伝えた。たぶん貞成が「ご不幸は幾人に及ばれしものや」と尋ねたのであろう。下部は「ご家中の家僕、上下、二十八人死去せり」と答えて「前代未聞の事なり」と貞成を慨嘆せしめ、「予、家門（菊亭）に多年同宿し、毎事憑（たの）み存ずるの処、忽ちに力を落とし了んぬ。悲歎、なか〱謂（い）うに及ばざる事なり」と日記に記し残させたのである。元服して伏見に移るまでの貞成の面倒を見てくれた菊亭家の崩壊が眼前にあった。その一家・一族の運命の中には、若き貞成の苦渋と喜びの日々がいっぱいに詰まっていたはずだ。そこは、貞成のふるさとなのであり、吾

が身を慈しみ、育て上げてくれた人びとの不慮の消滅であって、貞成の悲しみが私の胸にも響いてくるかのようである。

一番案じられたのは「四絃の道」、すなわち「琵琶の道」の断絶ということであった。貞成は『文机談』という「四絃相承付属事書たる抄物」を披見して「人にもゆるされて、人の師をもつとむる程の仁は、返々ありがたき物也」云々の文言を見、故左府公行が子息にも他人にも（この道の）灌頂（秘伝の伝授）を授け置かぬままに世を去ったのは、師としての器量が足りなかったからではなかったかと残念がり、「嗚呼、天下四絃の深秘、この時に断絶するは歎くに余りあり。妙音天の冥慮、測り難きものか」と慨嘆している。

菊亭亜相実富は病中にもかかわらず、後小松院に和歌を詠進して「大将」の官職を所望したというので、人びとの嘲弄を招いていた。貞成もこれにはあきれてしまって、己が身の上もわからぬ時に、しかも家門の行く末すらもが案じられる今この時に、大将になりたいなどと言いだすのは狂気（の沙汰）かと評したほどであったが、幸いにも実富は本復し、諸大夫重徳も同様というわけで、まずはめでたしである。

ところで、「四絃灌頂」のことを貞成同様に案じてきていた人がもう一人いた。後小松院である。院は、七月四日に貞成にその間の事情を尋ねてきた。故公行から「四絃灌頂」を伝受していたか否か等々についての具体的な質問である。一九四～五頁に掲げたのは、この時に貞成がしたためた後小松院への返書（案文）であって、雁行の形での女房奉書の体裁による優雅な書面である。体裁どおりに文面を掲げるのは、長文でもあり煩雑なので、貞成が筆を運んだ順に釈文を示そう。(「夏」注(10)所掲「後崇光院御文類」の釈文のほか日本歴史学会編『演習古文書選 古代・中世編』吉川弘文館刊の釈文も参照した)。

「(端裏書)仙洞へ御返書案四絃灌頂以下山前庄事 応永廿八 七 五」

仰下され候おもむき、かしこまりて拝見仕候ぬ。まことにさしたる御事も候ハぬまゝ、細〻にも申入候ハねば、自由緩怠なるやうに候て、恐おぼ(覚)えさせおハしまして候に、こま〻と仰下され候。ことに〱畏存候。さて〱四絃の事、前左府(今出川公行)薨ぜられ候て、この道零落候ハんずるとおどろき歎入て候。それにつきて、さだ(貞)成秘曲どもの事、三曲に至候まではかたのごとく伝受仕て候。灌頂一だんの事、故親王(栄仁親王)さま一とせうかゞひ申されて候しきざみ故竹園(治仁王)にまづ次第の儀ニてさづけ申され候つる。そのゝちやがて御老病もてのほかに増気候し程にかなひ候ハで、前左府に奥旨をバかねてさづけおかれて候程に、よろづかれへでんじゆ(伝授)候へと仰おかれて候し。さ候程に、この四五年いかにもと連〻申談候しかども、自他の計会ゆへにさゝへられ候て、とかく延引候つる。左府もさまで衰老の年齢ニても候ハぬ程に、あすを期(ご)するやうにて由(油)断仕候ところに、ふとかやうになられて候程に、つゐに伝受仕らず候。後悔もとかく申バかりなく口惜く歎入て候。かやうに申入候もあまりに面目なく存候へども、ありのまゝの儀ちからなき次第にて候。さて両大納言の事、実富(今出川)卿ハ万秋楽まで伝受候し。らか比(ごろ)前左槐(今出川公行)と不快になり候て、そのゝち一向廃置候やらんと推量仕候。公富(今出川)卿ハ三曲の一までハ伝受候よしうけ給候。薗中納言(基秀)ハくわん(灌)頂までの事そのさたも候ハぬげに候。孝長朝臣(たかながあそん)ハさやうに灌頂とげ(遂)て候よし申て候へ、まづめでたく候。さりながら、故孝継(たかつぐ)朝臣所労も俄なるやうにて、まかり候し程に、なに事も無沙汰なるやうにこそつたへうけ給候し。ちと内儀の物申候し程に、心もとなく候。さ候へども、その説とげ(遂)て候よし申候ハヾ、この道断絶候まじき事、惣別につけてめでたく候へバ、よく〳〵御尋もわたらせおハしまし候て、奥書などをもめされ候て、御らんぜられ候へかしと存候。仰につきて委細事なき(無)やうに申入候。憚存て候。さて、山前(やまざき)の事かやうに時宜にかけられれ(衍)候て、こま〴〵と仰下され候。申つくしがたく畏入て候。窮困のしき(式)なをざりの上察もわたらせおハしまし候らん。まめやかに常篇に絶たる事ニて候程に、その恐を顧(かえりみ)候ハず申入候つるに、御吹挙わたらせおハしまし候べきよし仰下され候へバ、まづ〳〵かたじけなく畏入て候。いかさま(如何様)やがてくわしき事ども状をしたゝめ候て、まいらせ入候べく候。よきやうに御こと葉をもそ(添)へられ候て、たすけおかれ候ハヾ、生涯の朝恩にて候べく候。くろ(黒)み過(すぎ)候ぬる。返ゝ(かえすがえす)恐入候。このよし御心え候て、よきやうに御ひろう候べく候。あなかしく。

(切封)

別当どのゝ御局へ

御返事　さだ成

「四絃」とは琵琶のこと。ただし、いわゆる平曲のそれは平家琵琶といい、これは雅楽の一部門としての琵琶であるが、その秘伝授受に関しては「琵琶血脈」という相承系図があり、それによると「大唐琵琶博士廉承武」から「遣唐使掃部頭藤原貞敏」に伝えられたあとは清和天皇—式部卿貞保親王—楽所預図書頭源修—皇太后宮大夫源博雅……というように継承され、時代を経て光厳院—崇光院へと至った。崇光院のあとは別掲のとおりである。(注16)

前の消息の内容と日次記の記事とによると、貞成が型どおりに公行から伝授されていたの

琵琶血脈（抄）

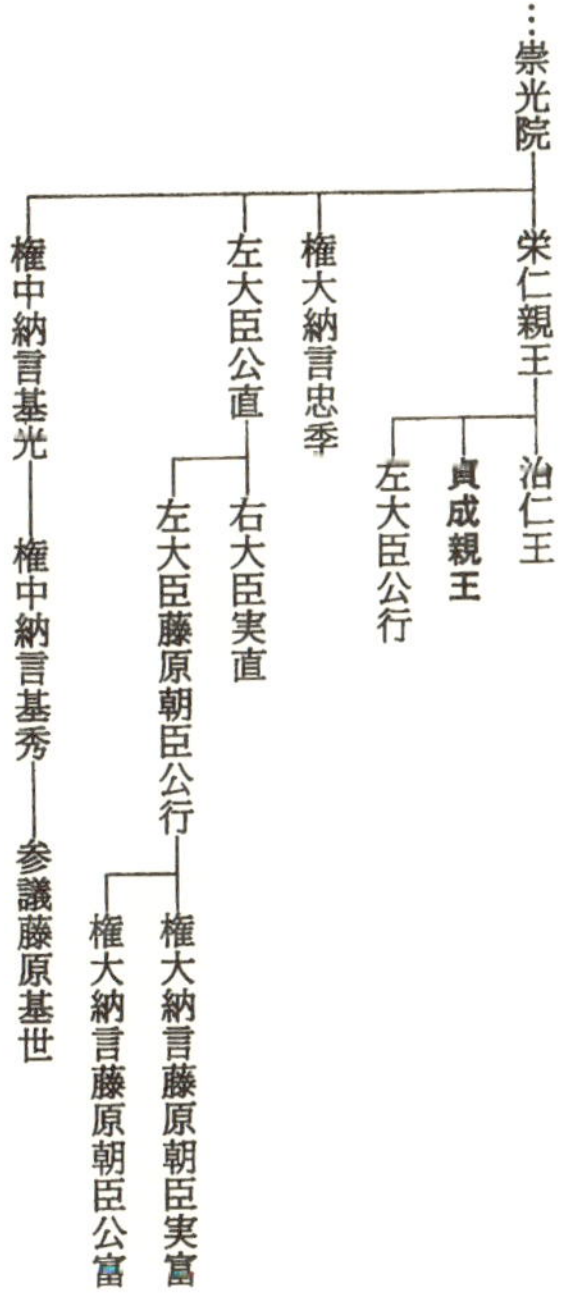

は三曲（雅楽琵琶の三大秘曲たる「流泉」「楊真操」「啄木」をさす）までで、それ以上のことは、ここ四、五年来なんとか伝え受けておきたいとは念じつつも、自他の「計会」ゆえに思いどおりにはいかず、それに公行自身がそれほどの高齢者でもなかったために油断があり、このたびの公行の急逝で切歯扼腕しなくてはならなかった。また、今出川実富（公行の子、菊亭本亜相）は「万秋楽」までは授かったものの、近年は父公行と折り合いが悪くてそれ止まりであったし、同公富（新亜相）は三曲のうち、ようやく「楊真操」のみを授けられたに止まっていたのである。貞成からの返事で事情を知った後小松院はその直後に、四絃秘伝が貞成にしっかりと伝授されきっていなかったのを、とても残念がっていたし、諸人もまた琵琶の「奥秘、天下すでに断絶、無念の由」を「嗟嘆」することしきりであったらしい。その上、さらに八月九日には、かねて病臥中の公富も、まだ二十二歳（一説では二十六歳）の若さで閉眼してしまった。実富のほうは健在とは言い条、兼季—実尹—公直—実直—公行……と続いて来た菊亭家は、今や〝家門断絶〟の危機に直面せざるをえなかったのである。

そのような琵琶の伝流や今出川氏一門のことを別とすれば、後小松院のもう一つの申し出は貞成をいたく感激させるものであった。近江国神崎郡内の所領、山前庄の安堵は貞成のかねてよりの願いであったが、それについても院は細々と貞成に伝えてきていたようで、義持宛ての書面をお出しになれば仲介しましょうとまで言ってくれたのである。

### 宮家興隆の祈願

八月十七日、貞成は石清水八幡宮に代参を立てた。かねがね用意していた「一字三礼心経」一巻と願文に、いくばくかの献納銭を添えてのことである。この時、貞成が奉納祈願した願文とは左のような内容であった[注17]（傍点・ふりがな等＝横井）。

維応永廿八年歳次辛丑八月十七日丁未吉日を撰て、かけまくもかしこき八幡三所王子眷属に恐美恐見も申さく。それ当社は王室の宗廟として、威四海におよぼし、恵一天におほふ。しかれば群類済度の方便むなしからず、殊には百王擁護の本誓たのもしきかなや。こゝに貞成そのかみ(昔)進退の安否いまださだまらざりし時、宝前にまうで(詣)て一心に信を致して身の愁を祈たてまつりき。しかるにはから(測)ざる外に一流相続の身となれり。これしるしながら、祖神の御恵にあづかる事をしりぬ。いよ〳〵我神の加護を仰外さらに他念なし。しかれば偈仰随喜の心ざしふかしといへども、身の力なきによりて、いまだ報賽の礼を致さず、社参なおもてとゞこ(滞)ほれり。心中等閑にあらざるおもむき、神明照覧ある物をや。こゝに徴(微カ)望なおあきたらず。そのひとつは無官無位にして世にあらむ事、名をはづかしむる第一の恨とす。又ひとつは窮困のうれへ、法に過て世路をわたるに治術なし。わづかに管領の地ありといへども、闕乏をおき(補)ぬふにたらず。殊眼目とたのむ懸命の地は別相伝なり。いま知行相違なしといへども、永領のおもひなお怖畏の心あり。倩身の不肖と思ふに、天心はかりがたくして、ふかき淵に望がごとく、うすき氷を履に似たり。たゞ運を天にまかせて、祖神の冥助を仰なくてはたのむ所なし。願は生涯無為、安穏にしていましる(今知)所（領知する所）子孫ながく相伝せん事を擁護し給へ。

抑先親かたじけなくも岩(石)清水の正流を受たりといへども、宿運つたなきによりて皇統忽に断絶せり。この神明のさだむる所の前葉(業カ)のしからしむるゆへか、凡慮さらにわきまへがたし。しかりといへども、子孫猶相続て一流の絶ざらむ事をこいねがふ。庶流なを区々に跡を残せり、況嫡流においてふや(ママ)。ことに八幡大井(菩薩)は正直の頭にやどりまします。われつたなき身にも正直ならむと思心ふかし。又他の人よりは我人とちがひまします。いかでか正嫡をすて給はんや。我齢すでに知命に及べり。いまいとけなき緑子あり、はるかなる行末を思ふにも、我運命長久にして、子をはごく(育)み、人を扶持せんと思に、寿福のふたつことにねがふ所なり。かつうは又父祖の怨念をやすめたてまつりて、孝子の心ざしをとげんと思ふ。願は相伝の旧領本に復して、宮中二たび繁昌せしめ、殊には官位の先途を達して、朝廷にまじはる名を子孫につたへん。小児息災安穏にして、一流万代に相続せしめ給へ。いま祈請する所過分の望をも祈らず。たゞ理運の至所を願ばかりなり。ことさら窮迫のうれへ偽所にあらず。私なき心中よろしく明鑑(明鏡)にまかす。たとひ非義を祈申とも、大慈の本誓いかでか御あはれみなからんや。況道理のさす所、正直の神慮なんぞ加護なからむや。ことにいま旧領の望あり、闕乏の愍にたへず、大訴を企つ。ねがはくは神慮として、公歩の成敗子細なく本に復せしめ給へ。懇所のおもむきすみやかに成就せしめ給はゞ参社して御神楽を奉べし。おほよそ祈念の旨哀愍納受しまし〳〵て、一々に所願成就せば毎年に参社して礼奠を致べし。いま一字三礼の心経一巻かき供養して納たてまつる。般若書写の結縁をもて現当二世(現世と来世）の願望を遂んと也。かつうは国家豊繞（饒）にして天下泰平ならむ。大菩薩この状を平安に聞食て速に感応を垂給へとうやまひて申。

文意はすでに明白と思うが、一に「無位」「無官」の身を脱して「官位の先途」を達したい由を、また二には「相伝の旧領」の本復によって「窮困のうれへ（憂）」を克服したい由を繰り返し繰り返し祈請するとともに、自らが「皇統」の「嫡流」「正嫡」であり、しかもすでに「知命」（五十歳のこと）に達していることを強調しつつ、「いとけなき緑子（幼児）たる彦仁の行末永き「息災安穏」と「一流万代に相続せしめ」られんことを念じているのである。嫡流が不遇の境界に置かれ放しなのは、いかにも「道理」に合わぬことであり、「正直の神慮」によれば明々白々であるはず——と、そう訴えてやまない貞成の自信の強さは、「一流」すなわち崇光院流の未来を輝かしく象徴する「緑子」が眼前に在ることによって、しっかりと裏づけられていたのである。そして貞成の言う「神慮」は、なおも一波瀾、二波瀾を彼とその身辺にもたらしながらも、次第次第に貞成懸命の祈請立願に感応していく。彼の後半生の面白さの一つは、実はその点にあると言ってよいであろう。

愛する彦仁は、暮れの二十日に魚味の儀をもって、御所に集う人びとから祝福された。それに先立つ九月五日には、貞成は第三子（二条局幸子所生）を得ていたが、女子であり二番目の娘とあって、貞成は安産を寿ぎながらも「飽満、無用」などと記していた。彦仁一身に「父」の眼は向いていたに相違ない。祝いの当日に彦仁は、練貫薄淡の衵、紅梅練貫の御服

石清水八幡宮　貞成も再三立願した社で，応神天皇・神功皇后・比売神を祭神とする。朝廷の崇敬の上に，中世には源氏の氏神として武家の信仰も集めた。京都府八幡市。

という姿で庭田重有朝臣に抱かれて登場し、つつがなく儀式を終えたのであったが、その「進退」（挙措動作）はまことに「珍重」であり、同席の人びともこれを称美したので、貞成も有頂天であった。身体のどこかに腫れものができていて、かねてより療治中であったから、いささか顔をしかめながら相好を崩していたのではあるまいか。

　年明けて応永二十九年（一四二二）正月十八日に、貞成は四歳になった彦仁を伴って石清水参詣の宿願を遂げた。宿願などというと大袈裟に聞こえようが、実は菊亭家にいた間に二、三度参詣して以後、伏見に常住するようになってからは、これが初めてであった。その一要因が「計会」にあったことは言うまでもない。貞成ほどともなると、石清水八幡宮までの旅程は短いとは言い条、そこそこの準備を整えなくては収まらず、体面上かなりの人数の行粧（行列とそのさま）も要したのである。

その日、巳の刻（午前十時頃）に御所を発した貞成らは、西舟津より乗船して川を下った。椎野寺主・東御方・廊御方・上﨟・二条殿・あや（田向経良源宰相娘）・今参・源宰相・重有朝臣・長資朝臣・冷泉正永・慶寿丸・阿古丸・玄経・聖乗喝食・梵祐喝食・寿蔵主・覚雲（椎野侍者）・両女官、それに地下輩では行光・禅啓以下十余人らが随行し、「惣じて驥尾の輩、上下百余人」という大人数であった。参詣を終えて御所に帰着した貞成は、石清水八幡の冥応を固く信じて疑わず、「神慮、定めし納受ある者か。所願成就、勿論也」と日次記に刻み込んだのである。

**大通院建立の頃**

多年宿願の石清水八幡宮参詣を終えた五日のちに、貞成にはもう一つの宿願が叶えられた。故栄仁親王の菩提所「大通院」が大光明寺地蔵堂西面の敷地に実現することとなった。本来ならば栄仁の死没とともに院号を同じくする菩提所が建立されるはずであったが、宮家の「計会」ぶりがそれを許さず、今日まで延び延びになっていたのである。治仁の「葆光院」も懸案のままであった。

前年の暮れ近くに義持が鹿苑院主を通じて大光明寺長老に対し、急ぎ建立すべき由を伝えたので事は順調に運び、この月二十三日に縄打ちが施され、さらに三十日には立柱と上棟の儀が行われた。貞成は、これで亡き父の素意が成就する上に、異母弟の用健（周乾）が同院の開基となり、初代住持におさまることとなったのをとても嬉しく思ったものである。大通院は、五月下旬に竣工し、六月十三日には用健が入寺した。用健の入寺はもっと早かったはずなのに、ある僧がクレームをつけたので遅れてしまった。その僧（貞成の推測では寿蔵主）が申し立てたのには、光厳院と光明院との間にかつて「御誓約」がなされており、伏見殿の「親類の人」は大光明寺には入寺しないことになっていたのだという。その「御誓約」なるものは「支証」もなく、信用できない――というのが貞成の言い分であり、彼の奔走によって用健はつつがなく入寺しえたのであった。

七月十二日には、大通院のある大光明寺へ義持が訪れてきた。その前日に貞成は、御所中の近臣たちから、義持に対して礼の進物をなされてはいかがかと勧められた。貞成も同様に思ったが、しかるべき進物品がない。あれこれと考えた末に思いついたのが「宮滝御幸記」という天神御記の巻物である。これまた「累代秘蔵の物」で、類例のないものであった。その包み紙には故崇光院の筆で「（これを）一見する人、すべからく口を嗽ぎ手を洗うべし、神記に依るなり」と記されていたくらいだから貞成にとっては手離しがたい品であったのだが、ここは一番「無力の次第」と観念して、「御幸記」中の和歌等少々を写しとったのみで義持に贈った。ほんとうは全巻を筆写したかったのだが、急なことでもある上に「大巻」であったから果たせず、「無念」であると貞成は記している。義持は殊のほか喜び、「秘蔵すべし」と伝えてきた。それに乗ってのことであろうか、[注18]貞成は十日のちに家領の播磨国垂水郷の保全方について幕府管領畠山満家に書面を送っている。

「（端裏書）管領に遣状案　応永廿九　七　廿二 垂水事」

以事之次染筆候、為悦候、抑就自訴事、令申子細候、任理運可然之様被申沙汰候者、本望候、一通進覧之候也、謹言

（裏）七月廿二日　　判

畠山右衛門督（満家）入道殿

このようなところには、機を見るに敏な貞成の心性の一面が窺われよう。

そして八月五日。御所の庭の梨の木がたわわに実を稔らせていたので、後小松院に進呈しようと思った貞成は御所中の男女に命じて実を拾わせた。その騒ぎたるや「猥雑比興（わいざつひきょう）」なくらいで、まことに「其の興（きょう）有り」（おもしろかった）であった。そうこうするうちに、所用で京へ行っていた前宰相（経良朝臣。応永二十九年三月辞参議）が相当な酔い機嫌で御所に帰参。広橋家で饗応にあずかり「大飲」したとか。その席上で彼は耳よりな話を聞き込んできたのだ。

広橋兼宣が語ったところでは、ここしばらくのうちに義持が後小松院の御所に参上した際、「若宮」のことがずいぶんと話題に上ったという。彦仁のことなのだ。彦仁の年齢も含めて義持はいろいろと上皇に尋ねたらしい。院と将軍の〝視線〟が吾が子彦仁のほうに向いている！　折から称光天皇の病のことが「世人」の噂になっており、そこへもってきて首脳

部の関心が伏見宮の彦仁に向けられているとなれば、貞成の胸も騒ぎ立たざるをえない。「如何様の子細や、不審」と言うしかないが、しかし「先ず以て珍重（まずはけっこう〳〵）」なのである。同月二十八日には八朔のお返しの品々が院より届く。使者は孫有丸と言う、後小松院の思召篤い牛飼であった。喜んだ貞成は孫有丸に酒を振舞い、その労をねぎらって帰したが、あとで「しまった」と思ったらしい。酒は振舞ったのだが、引出物を何一つやらなかったのを孫有丸がひどく怒っていたというのだ。やればよかったなどとは貞成は記していないけれど、わざわざ孫有丸の腹立ちの噂を書きとめているところをみると、彦仁をめぐる一件とそれとが頭の中で繋がって、貞成の悩みの種の一つになったものと推察されるのである。

　九月に入ると、十五日には石清水八幡宮恒例の放生会があり、十六日後小松上皇は御幸した。当日貞成は伴をつれて輿に乗り、鳥羽でその行列を見物した。近臣の世尊寺行豊朝臣も殿上人の一人として参列していたのだが、個人的には大変気の毒なことになっていたらしい。この御幸に参列するための費用に事欠いた行豊朝臣は、それまで住んでいた邸を一時的にもせよ人手に売り渡して、所要経費を捻出したというのだ。まさか、と思われるかも知れないが、幾度も言うようにこれが当代の公家の実相なのである。そして十一月十五日に彼は、田向家の青侍広時を頼ってその宅にころがり込んできた。「妻子悉く相伴」してのことだというからには二人や三人の話ではあるまい。いかに「料理包丁」に長じ、宴席での「歌舞」にも長けて貞成を感心させていた広時（応永三十年八月十七日条。同日死去）とて、これにはいささかならず仰大閉口したにちがいない。貞成は行豊を「不便（哀れ）」に思ったが、なんともしようがなかった。

行豊への「不便」の想いは、吾が身へのそれでもあった。その間に、大風で御所の門がぶっ壊れてしまい、修理のために伏見庄民に臨時の段銭（税）を申しつけたが、一、二年来の凶作と飢饉にくたびれ果てていた庄民たちはこれを受け容れない。貞成はむろんその申し分を聞こうとはせず、突っ張った。庄民の代表格の殿原（地侍）たちは、来年には納めるから当面は土蔵（土倉。宝泉ら）に賦課されたいと申し出、貞成もこれを諒として、奉行に命じた。門一つの修理費捻出についても、これだけ回りくどい経過を辿らざるをえないのだ。

その上に、故栄仁親王の七回忌が迫ってきている。むろんのことその費用もない。やむなく播磨国衙領への「天役」賦課のことを思いつき、勧修寺中納言を通じて幕府に申し入れることとした。「天役」とは、朝廷主催の大儀や造営事業に際して臨時に賦課される税である。崇光院嫡流の皇子たる栄仁親王の仏事は、「天役」に値すると貞成は考え、主張したのであろう。閏十月二十一日に義持は播磨の守護にそれを命じ、播磨の守護は「炎旱」に悩んでいた領国の民から、あえて「五千疋」もの大金を徴発することを承知した。しかし、その金はむろん容易には届かなかった。焦立ちながら貞成は十一月十九日に大光明寺に苦心の三千三百疋を支給し、それで「拈香懺法」の儀を執行させるところまで漕ぎつけた。そして、正忌日の二十日、ようやくにして「天役五千疋の内半分」が到来したが、もちろんこれでは不足である。それでもなんとか七回忌を完了した。

ここしばらく、貞成は珍しく病んでいた。股に痛みが生じ、左右の膝に苦痛が感じられた。医師の竹田昌耆法眼は「脚気中風」だという。亡兄治仁も「大中風」(注19)で亡くなったし、治仁・貞成兄弟の生母西御方の父三条実治も「中風」で亡くなっていた(『園太暦』文和二年五月十九日条)。珍しい病ではなかったが、「中風」と聞かされては貞成もどきりとしたであろう。身辺の人、知己のうちにもこれで生命を失った人は少なくなかったのだ。どうやら脚気のみであったらしく、一時は起居も思うままでなかったのに、やがて全快した。

この年の師走十日は、応永五年、貞成二十七歳の年に亡くなった生母西御方の二十五回忌であった。仏事は御所に近接する宝厳院において用健・松崖・寿蔵主・具侍者・善基・梵祐喝食、それに比丘尼たちによって、しめやかに営まれた。懐かしい母が世を去ってから早二十五年の歳月を経て、貞成も五十二歳の新年を目前にしていた。新しい年には、いったい何が起こりくるのであろうか。

**皇室と将軍家の変動**　応永三十年(一四二三)正月二十四日。異母弟の松崖(洪蔭・蔭蔵主)が嵯峨天龍寺に移っていった。挨拶に来た松崖に、貞成は左の一首を送る。

おもひいつや春よりなれし去年の夢伏見はつらき旅ねなりとも

二月朔日。参賀に来ていた冷泉正永が御所を退出しようとしたが雨。歌の友だ。貞成は引

きとめて、

帰(かえる)さのさはりの雨はけふ(今日)もなをとむる心や空にしるらん
　さりとてはいく夜もとまれくれ竹のふしみはつらきたひねなりとも

の二首を贈った(「くれ竹」の語には「竹園」、すなわち皇族の意が含まれている)。正永がこれに返す。

けふもなをとゝまらはやの心をは空もやしりてふれる春雨
　いく夜とはかきらし物をくれ竹の伏見のたひね万代(よろずよ)までも

同月四日、貞成は法安寺に。東御方・廊御方・上臈・二条殿・芝殿・前宰相(経良朝臣)・重有朝臣・長資朝臣・行豊朝臣・慶寿丸・真光喝食(しんこうかつしき)・局女や女官目々(めめ)らが随伴した。点心が出され、そのあと風呂に入り、次いでは酒宴となって、「庭梅盛」と題しての歌会である。この席での各人の詠歌は、それなりに注目に値すると思う。「愚詠(ぐえい)」は貞成の作であり、「慶寿丸」とは庭田重有の子、重賢(十五歳)の幼名である。

代々(よよ)をへし御幸(みゆき)の跡の庭ふ(旧)りて梅もさかりのいく春かみむ　　愚詠

代々をへし君か御幸もけふことにさかりとそみる庭の松かえ　経良
いく年の春とか君か契(ちぎ)るらん梅もさかりの庭の夕はへ　重有
万代の君か御幸のしるしとやさかりをみする庭の梅かえ　長資
一(ひと)しほは君か御幸に色そへてさかりことなる庭の梅かえ　行豊
いく春も君か御幸を契(ちぎり)つゝさかり久しき庭のこの花　慶寿丸

「庭梅盛」という歌題によるとは言い条、どうしてこうも同工異曲の歌ばかり並ぶのであろうか。いかにもさかしらなことを言い立てるようだけれど、これとて「形式」がそうだったからだとか、あるいはまことに「陳腐」だとかの一語で片づけられないのではないか。たしかに、後述する連歌会の場合（六「遊興の席」）と同様に、貞成と、彼をとりまく「近臣」たちとの間に熱っぽく流れめぐっていた[注20]一種の連帯の念ともいうべきものが、何か一点に向けて集中しつつ燃え立っていたのであろう。すべての歌に「さかり」の語のみえるのは歌題によるが、各人一様に「さかり」を詠み込む時、そこに謳われる「梅のさかり」こそは宮家の「さかり」にほかならず、宮家の「さかり」を実現してゆくことに、各人の「家」のそれを託さざるをえない「近臣」たちの想いがこもっていたと見えるのである。

宮家の「さかり」は、すでにその予兆を一同にもたらしていた。称光天皇の病は一進一退。なにか、まったく思いがけないことが生じるのではないか——という気分は、貞成のみならず一同のものでもあったろう。これをただの思い込みの深さゆえのこととして一笑に付すのは至極簡単であり、そう見てしまえば、あってもなくてもよい歌どもがずらずらと首を並べただけの話である。けれども、二度、三度と、これまで述べてきた経過の中でこの歌群を眺めていると、「さかり」を詠み込む人びとの執念が異様なまでの迫力で迫ってくるではないか。

　ところで、「梅のさかり」に次ぐ桜花爛漫の頃おいに、一頭の羊が死んだ。殺されたのである。称光天皇の愛育していた羊であったが、皇弟の小川宮がそれを欲しがったので、天皇は彼に贈った。この小川宮は、父後小松院が病みがちの称光天皇の後継者設定に苦慮した末に、天皇の意向を無視してまで「皇太子」の座にすえていた人物であるが、彼は兄から贈られた羊を即座に打ち殺してしまった。兄最愛のペットをねだり取った上で、自分の手で撲殺したのだ。狂気の沙汰と言うか、あらかじめ計算ずくでのことかは皆目わからないが、当然に兄弟の仲は「不快」となった。おぼろげにも映ってくるのは、皇室内部の陰鬱な確執、渦巻く愛憎である。

　その少し前から病床に臥していた後小松院は、この不測の一件にますます頭を痛めたにちがいない。称光天皇という人が、病弱である上に根は勝気な人であっただけに、己に話らしい話もなく弟を「皇太子」にすえられたのは、いかにも痛恨事であったろう。それでも彼は羊を贈った。それを殺されたとあっては、元来狭い小世界しか視野に入りがたかった皇室人としては、大所高所からのゆとりある対応とか判断とかは無理であって、当然いきり立たざるをえない。そして、その焦立ち、憤りの念は父に対しても噴出せざるをえないのだ。

一頭の羊の死は、まさにこの段階での皇室内部の矛盾を象徴する。己の立太子を兄天皇が欣快事とはしていないのを、小川宮もよく察知していたであろう。とまれ、この噂を耳にした貞成は、「説くべからざる事なり」と記している。「わけのわからぬことだ」というのだが、しかし称光天皇と皇太子小川宮との著しい不和の話題は、貞成にとっては通り一遍の巷説風聞の域を遥かに超えたものであったと思う。

それとは無関係ながら、三月十八日に義持は征夷大将軍を辞し、その席を子の義量に譲った。義量は裏松（日野）資康の娘栄子を母として、応永十四年（一四〇七）に生まれた人で、当年十七歳である。二十日の除目（任官の儀）で将軍宣下を受けた彼と、義持のもとへは、諸人群参して祝意を表し、馬・太刀などを献じた。貞成も祝いを……とは思ったが、探し出した太刀はあいにくと「銀劔」で、これは当世は流行らないとあきらめる。かと言って、ほかに適切な太刀も見つからない。心残りなままに、当日の進物を断念した。そして、二十二日、ようやくのことで経良朝臣を使者に立てて、義持に金覆輪（ふち飾りを金めっきしたもの）の太刀を、義量には白太刀（銀作の太刀）を進上して祝うのであった。

その翌月二十五日に、義持は等持院で出家を遂げた。吾が身の健丈なうちに子に職を譲り、出家して猶「天下」に号令しようというのは、父義満の時代への回帰意識のあらわれであろうか。

陰微なる皇室内部の動き、それに加えての「将軍」の交替という政治中枢部の変動のさまは、貞成の精神にいっそうの緊張をもたらすこととなったが、六月には貞成も思わず眼を細めるような、小さな可愛い〝変事〟が御所内に生じている。というのは、かねてより、出入りの大工源内次郎に矢立を求めていたのが出来上がり、八日にそれを持参した源内次郎は気のきいた贈物を呈上した。しかも、若宮（彦仁）にである。「小船」であり、若宮はとても喜んで、毎日それで遊んだらしい。それを眺めながら笑みを浮かべる貞成。その心中を察したのであろうが、折から来訪中の椎野寺主が「小舟」にふさわしく「小酒」の宴を主催してくれた。この酒宴は、「小舟順事」なる酒会へと発展して、貞成の興趣をいやましに募らせたのであった。なにやらつぶやきながら小船で遊ぶ若宮。その容姿の愛くるしさに伏見宮家の命運を読み尽くそうとする貞成。父子の面持ちに見入って飽きない近臣・女官たち。

しかしながら、嵯峨に帰っていった椎野寺主は、やがて病む。そして九月十三日、雨の中を伏見へと突っ走って来た椎野寺僧が方丈（寺主）の死去を伝えた。「およそ内事を存ずるとは雖も、時に当たりては迷惑（困惑）、仰天極まり無し。兄弟の芳契浅からずして自他相憑むの処、たちまち力を落とし了んぬ」と、貞成は記した。哀れをとどめたのは廊御方（もと近衛局）である。寺主の生母であった彼女は泣きに泣いた。その人の涙の熱さを、貞成は心のままに共にしたのであった。

椎野寺主の〝面影〟もまた幽かであるが、伏見御所でのたびたびにわたる連歌会では「幸寿丸」の名で登場し、心を許し合う人びとと唱和していた。五十歳をすぎると、身近な人がさらに一人ずつ遠い旅に出ていく。

## 恵明房夢想のこと

　さて、この年の冬十一月下旬には、行豊朝臣の一家が伏見を離れて京中へと帰っていった。その間には、寄寓先の亭主である広時朝臣（前述）が持病の「風気」のため急死し（八月十七日）、あとを嗣いだらしい子息広輔がやはり田向家の青侍として伏見庄の地下預所に補任されるという一件（十一月二日）も生じていたのだけれど、それはともあれ、一時は窮貧のため手離していた居宅が戻ったものか、行豊らは去っていったわけであった。去年の冬から伏見御所の近辺に住むようになって、しょっちゅう貞成に見参し、その無聊を慰めたり、なにかと心遣いをしてくれたりで、貞成をいたく喜ばせていたものだから、貞成には淋しいことであった。御所中に人影多く、賑やかなのは宮家の栄えの証であり、逆に人気の薄らぐのは宮家の衰えの兆しでもあるのだ。貞成という人は、意外なほどに淋しがり屋であった。

　行豊朝臣らが去っていってから半月ばかりのち、師走十四日には、二条殿幸子がまたもや女子を出産。例によって「無為、先ずは珍重也」とはいうものの、「但し、近日世に若宮（男子）得難き也。而して姫宮（女子）無用。不運の至り也」と、貞成は大いに不満気なのである。彦仁がいてくれても、男の子なら二人でも三人でもある方が心丈夫だ、とでも言いたいところか。そんなことを想った〝罰〟でもあるまいが、その一両日あとに眼に激しい痛みが生じて貞成を苦しめた。早速に巫女に占わせてみたら、「不浄負け」だという。姫宮が生まれた日に貞成は、「産穢」を案じて大急ぎで御香宮参詣をすませたのだったが、どうやら間に合わなかったらしく、御香宮の神様がご機嫌を斜めになさったのが原因と思われた。

幸いなことには、それもほんの数日のうちに回復。ついでは三の宮（三人目の女の子）の魚味の祝儀が執り行われて、この一年も暮れてゆく。

年あけて、応永三十一年（一四二四）正月二十五日、貞成は「俄連歌」を張行した。人数は広めず、重有朝臣・長資朝臣、それに正永ばかりだったと彼は日記に記したが、この日の「賦唐何連歌懐紙」(注21)を見ると庭田重賢（慶寿丸）・僧梵祐の名も見えている。その百韻連歌で貞成は、

弥年に梅さきまさる若木哉

と発句し、これを受けて正永が、

又みとりたつ松は幾春

と脇句を付していた。位藤邦生氏は、つとにこの日の百韻にも注目されて、その中にある、

比早く伏見の小田の色(米)つきて　（貞　成）
竹の小枝の葉(出)こそさかふれ　（冷泉）正永
かしこきかいてゝや御代を政らん　（庭田重賢）慶ゝ

の三句を重視しつつ、次のように説かれたものである[注22]（傍点＝横井）。

……貞成の句は、「難波津に冬こもる木の花も春辺にあひ、伏見のさとに時しらぬ朽木の柳も眉をひらくおりふし」と、のちに『椿葉記』に述べる趣にかよっている。竹園はいうまでもなく天皇の子孫たる皇族の異称であり、貞成はしばしば伏見宮家を竹園と呼んでいる。とすれば、正永重賢の右の二句は、彦仁践祚の予兆を祝う句とみてほぼさしつかえなかろう。つまり、当時の称光天皇の様子から見て、彦仁の践祚は意外に早く実現するのではないかと、みな期待していたという事情があったのであろう。……

たしかに、いつだったか義持が仙洞御所に参じた際に彦仁のことが話題に上ったという噂が伏見御所に伝わって以来、貞成の胸中には、ある種の期待の念が湧き立ち始めていたらしいのだ。

百韻の俄連歌の会の四日後、二十九日には、庭の桜木の梢にばかり雪が降り積もって、まるで花のように麗しかったという。その日に崇賢門院に奉公する田向あや（経良朝臣の娘）が年始のご挨拶にやって来た。席上あやは、まことに耳よりな話を貞成に伝えたのである。

この月始めに真乗寺という寺の住職たる恵明房が夢を見た。それが誰だったかは定かでなかったのだが何者かが「若宮（彦仁）御器用の間、御位の事、子細あるべからざるか。内裏にても院にても御猶子たるべきか……」などと談話していたというのである。言葉どおりに受けとれば、「彦仁王はなかなかの才子でいらっしゃるので、皇位につかれることはまずまず間違いはございますまいて。ついては、称光天皇・後小松上皇のご両方におかれても、若宮を猶子（養子）となされる道はありましょうぞ」というわけだ。

　この一片の夢物語は、恵明房の口から崇賢門院の耳に入り、まわりまわった挙句の果てには義持にも聞こえていたという。崇賢門院という女性は、崇光院の義妹で、後光厳院の生母であり、後小松上皇の祖母に当たる人である。娘のあやの話に経良朝臣は、「これは正夢に相違ございませんぞ」などと持ち上げて、貞成をくすぐり倒したようである。確実に、何かが動いている——。数キロメートル北方の「京洛」の中枢部に、貞成の耳目は集中せざるをえない。まさか……。いや、ひょっとしたら……。この掌に「神慮」のほどを観じうるものならば、今すぐにでもそれを知りたいと、そう貞成は想ったであろう。

　翌々日、二月二日の日暮れ時に、貞成はまるで子供のように常御所ではしゃいだ——と私は想う。というのは、一羽の鷺が常御所に飛び込んできたのだ。彼はそれをつかまえて、籠に収め、飼養することとしたのだけれど、一夜明けてみたら、鷺の姿は消えていて、がっかりした。野鳥が屋内に飛び込むのは「怪異」の一種であった。しかし、鷺の場合、それが吉であるのやら凶であるのやら、貞成には判断がつかなかった。実はこれは吉であり、「嘉瑞」のしるしだった。貞成自身、あとになってわかったことではあるが。

　四月十九日には、貞成の長女あ五々御所（九歳）が入江殿（智恩寺）に入室した。尼になるのだ。「家」に無用の男子は僧とされ、娘は尼にされる。この尼寺には、かつて義満の娘の一人が入寺し、そのあとは義持の娘が入っていたのだが、今は故崇光院の娘（栄寿院・長照院主を歴任）が方丈となっており、その弟子として吾が娘が入寺したのは父貞成としてもまことに喜ばしいかぎり。ところが、その子は伏見の里が恋しゅうてならず、入江殿で泣きに泣き、まわりを手こずらせていたらしい。貞成も哀れに思ったが、付き添っていった廊御方が、なだめつすかしつした末、その子もやっとのことであきらめて、尼になる道をとぼとぼと歩きはじめた。

同じ月の二十九日には、永年にわたってこの御所に仕えてきた廊御方自身が局女の中殿とともに退き、折からの雨の中を山田の香雲庵に移っていった。春二月なかばに、庵主（もとは故萩原殿直仁入道親王侍女）が七十二歳で円寂（死去）したあとは遺跡を嗣ぐ者とてなく、すでに薙髪入道していた廊御方が新庵主として入ったのである。この人、もとは四条家（公家）の女官で、四条隆持卿の侍妾であったが、故栄仁親王の時代に伏見殿の廊局に祗候する身となり、近衛局（のちに廊御方）と称した人である。当年とって八十歳であった。また一人、二人と、御所になじんだ人びとが去っていくのは心淋しいかぎりではあったろうが、しかし貞成の心中には、彦仁をめぐるあの嬉しい話題が息づいていたはずである。

そして、五月十日の早暁に、貞成は「吉夢」を見た。「夢想」の中での連歌会であったが、貞成は賀茂祭の心地して、

日のめくる南(み)に、なびく葵かな

と発句し、脇句の付かぬうちに夢から醒めてしまったという。「南」とは洛南の伏見を暗示しており、そこに「日のめぐみ」の「なびく」と観ずるのは、まさしく「宮（貞成）が常に帝位を望んで居られた事を間接に物語るもの」と喝破されたのは、若き日の荻野三七彦氏であった。(注23) 当を得た指摘というべきであろう。ただ、これまでの経緯を逐ってきた私たちの眼には、貞成自身が登極（即位）しうるか否かということよりも、むしろ子息彦仁王のそれにこそ貞成が執心し、すべての期待をその一点に集約しはじめていたように思われる。とにもかくにも最大事は、崇光院流に皇位を〝奪還〟することであったのである。それは、可能なのか、不可能なのか。可能となれば、いったいいかなる形においてのことなのか。

この一点に絞られつつ、伏見宮貞成の『看聞日記』の世界は急速にダイナミズムを発揮して私たちに迫り直してくるのだ。負けられない〝賭け〟が「神慮」の恵みを祈念する心根に支えられて、ここに本格的に発進したのである。

**垣根争いの一件**　いやはや、その三日のちの十三日には、長女が入寺したばかりの入江殿智恩寺主が亡くなった。これも「中風」であったという。祖父崇光院に縁(えにし)の深い人が、また一人不帰の客となって逝ったのである。

折から、仙洞御所を中心とする公家世界が大揺れに揺れた。後小松院の女房である大納言局ら女官衆の「密通」「好色」の数々が一挙に露顕して、その余波が甘露寺(かんろじ)・中御門(なかみかど)・中山らの諸公家や武家の土岐にも及んで、大騒ぎになっていた。そこへ義持が連日院参して大酒盛を張行し、「大飲」して人びとを閉口させていたらしい。噂では、義持は密通の嫌疑のかかっていた公家に大酒を飲ませて、深酔いをさせ、失態があるとそれをテコにして罪科を吹っ掛けようとしているのだ——とまでささやかれていたという。「人々、恐怖極まり無し」であった。このあたりの貞成の日記を逐っていると、いかにも阿呆らしく思えてきて、書き次ぐことすらよそうかとまで思ってしまうのだが、こういう類の事件が、時の「政治」史の動きに密接に連動していきやすいのを思えば、無視はおろか軽視すらできない。その上に、六月には石清水八幡宮の神人たちが薬師堂に立て籠って、幕府に嗷訴する大事件が起こり、それを鎮圧しに向かった一色氏の軍隊と神人たちとの間で一合戦あって、山上山下に火の手が上がっていた。六月二十六日のことである。その日は、伏見御所の月次連歌会の日であったが、一座打ち興じている途中で男山（石清水八幡宮鎮座）に火煙が三ヵ所も立ちのぼり、山下も炎上していた。御所のつい近くまで出かけてみた貞成は仰天したが、薬師堂は無事だと知って連歌会を続行し、夜に入って終わったという。

　八月十二日、貞成は三条権大納言公雅と冷泉永基朝臣に書状を遣わす。上皇に対して、伏見宮家の窮状を伝えてほしいとの内容であった。十八日には三条より返書が到来し、昨日上皇に貞成の書面を呈したところ、「御計会（窮困）之式、御痛敷おしはかりまいらせ給へ。いかさまなにとも御了簡候て、かさねて申され候べきよし、かつ〴〵申され候へ」（日記原文のまま）との返事であった。焦点は播磨国衙領安堵のことかと思われるが、貞成としては伏見宮家の現状がどの程度に上皇の心に映っているかを知りたかったのであろう。そして、返事のかぎりでは、上皇はけっして軽視していない。

それはそれとして、この間になんとも馬鹿馬鹿しい一件が身近に生じて貞成を閉口させた。九月二日のことである。

その朝、田向長資朝臣と同家に仕える青侍らが、隣接する庭田家との間の墻（かき）（垣根）を切り破ってしまったのだ。当の垣根は元来は庭田がしつらえたもので、これに修理を加えたところ、田向は「我が墻」と主張して激昂し、実力行使に及んだわけである。これを聞いた貞成は、「阿法（阿呆）の沙汰、言語道断の事なり」とあきれかえって、「武家においては忽ちに命を堕（おと）すべき事なり」と批難している。もし双方が武士だったら、どうなっていたと思うか！命がけの騒ぎになっていようぞ！と、むせ返るような焦立ちである。しかし……である。結局は「然而（しかれども）、公家不肖の身、無力の次第なり」であって、「公家」であればこそ武力による決着には到らず、なんともいやはや「無力」の身であることよ、と呑み下した。武力行使で生命のやりとりをするのを好むわけではないのだけれども、「武家」と「公家」との対応関係の中で貞成は「公家」[注24]の社会と精神の衰えを深く認識し、それを不甲斐なさと自覚せざるをえなかったのである。

この一件で田向と庭田とは、もともと綾小路を号した同族であったのに（一五八～九頁参照）絶交してしまった。翌々日、九月四日に貞成は故栄仁親王が田向と庭田とに敷地を配分下給した書類を庭田家で一見したところ、本来の位置よりやや東寄りに新墻が作られていることが判明、これからは田向家の物というふうに決裁した。両家は主君の裁断で一応は和解したものの、しこりはなかなかとほぐれがたかったようである。

さて、秋が去り、冬枯れと初雪の光景が伏見山麓一帯にひろがる頃、この里に三人の河原者が訪れてきた。山水河原者たちで、中世に作庭の仕事に従事していた賤民である。折から称光天皇が禁裏御所前庭の植木を気にかけだしていて、その指令で各寺院の名木を物色しにきたのだ。狙いの一つは蔵光庵の庭の白榛で、故光明院が植え込んだものであったという。その事情を知った天皇は、ぜひともそれを引き取ってこいと命じたらしい。蔵光庵のみならず、大光明寺も「異儀(ママ)」を申し立てて、足利義持に伺い出てみたのだが、返事といえば「彼の命に随い、進らすべし」であって、いたし方なく、あちらでもこちらでも物色してまわる山水河原者たちの練れた眼力に脅えつつ、時を過ごさねばならなかった。庄民や土倉の居宅でも同様である。異議の申し立てについては禁裏の意向も強硬で、結局は〝右へならえ〟で車に何杯もの樹木が伏見の里を離れていく。「寺家秘蔵」の蔵光庵の白榛も、むろんのことその中にあった。「勅定」とあらば「無力」なのだ。山水河原者による名木探索は続き、まさに「諸人周章」であったが、「皇土(天皇の国土)に孕まる誰人も、惜しみ申すべけんや(物惜しみすべきでない)」などと天皇がいきり立ったとかで、皆一様に閉口したらしい。「寺庵人屋秘蔵の木ども注進し申し、則ち押して(ごり押しに)これを召さる」という様子であり、それの尖兵が河原者なのだ。庭の植木一本一本のことについてみれば、「天皇」と「河原者」とは文字どおり一体と化して連動していたのであって、大切にしてきた庭の名木を召し取られた側の怨みつらみの念は、もちろん眼前で汗をかきかき根を掘り起こしては運び去る山水河原者たちの後姿に灼きつけられた――と、私は想像する。

**親王宣下**

翌応永三十二年（一四二五）元日の朝は、「暴雨雷鳴」の大荒れであった。それは、あたかもこの新しい一年が貞成の後半生のうちに放つ光輝と、そして思いがけない大波瀾の到来とを予告するかの如くであった。

月のなかばには、いよいよ来月に後小松院がかねてよりの素懐を遂げて薙髪入道するとの噂が聞こえ、やがてその日も、二月十八日と決まった由、伏見御所に伝わってきた。出家の戒師には妙法院門跡（天台宗）が指名されたが、足利義持はそのことにひどく拘泥して、「禅僧を充てられませ」としきりに勧めたという。しかし、上皇は「先例なし」と言い張ってこれを容れず、義持が「腹立ちの気」を示したという風説も、両者の関係の円満なることを期待しつづける貞成には、かなり気がかりなものであったろう。

二月に入ると上皇は、俗体としては最後の「御遊」を楽しんだ。歌楽である。十一日に催されたその会には、綾小路前宰相信俊はじめ伏見殿にゆかり深い公卿らも加えられて奉仕したのだけれど、私たちの記憶に強く残っている名笛「柯亭」、それに琵琶「巌」が初めて所作に用いられて、美しい音色を仙洞御所に響かせていたのである。ちょうどその頃、伏見の旧御所跡の馬場で大小数千匹のヒキガエルが出現し、あたりの田んぼに入ったという噂が貞成の耳に達して、佳例・吉例の一つとして彼を喜ばせていたのもおもしろい。

しかしながら、驚天動地の一件が直後に起こった。二月十六日の朝、小川宮が急逝したのだ。まだ二十二歳の若さで、来月には元服の儀が執り行われる予定であったという。日頃は病気の様子もなく、あまりにも突然のことなので、例によって種々の風聞が公武の間に飛び交った。死因が不明で、「内瘡」か「大中風」か「毒」（毒殺）か、この三つのいずれかだろうと噂されたのだが、「御身の色、紫色なりと云々」などの話も結びついたりして（『薩戒記』同日条）、所詮は毒殺説が強まったらしい。小川宮の養育に当たってき、しかも自邸を宮の御所として同居していた勧修寺中納言経興が危めた、というわけだ。おそらくは根も葉もない話であったに違いあるまいが、なにぶんにもぴんぴんしていた若者が、それも皇位継承者が、一進一退の病状を常とする兄天皇に先立って頓死したのだから、あれこれと取り沙汰されるのも致し方のないことではあった。

重なる時には重なるものである。一方では将軍足利義量の病が昂じ、二十七日夕方、十九歳の若さであっさりと他界してしまった。後小松院・称光天皇も、義持も、共に後継者を一挙に失ったのだ。まさに「天下、惣別（すべて）驚き入る者なり」であった。

そういえば、今年は「三合」の年に当たるとか。この年には必ず「凶事」があると堅く信じられており、旧年中より諸門跡寺院では新年の平安を祈る御祈禱が続けられていた。それに年あけてからは、どれもこれも「信用し難きと雖も」、「怪異風聞巷説」が乱れ飛んで、貴賤上下の不安を掻き立てていたらしい。たとえば、元旦に義持が北野社に詣でたところ、御殿中より声が聞こえて「当年に御代尽きぬべし」と言ったとか、また同じ北野社で鶏が人語を発して「今年に御代尽きぬべし。主上（称光天皇）崩御あるべし」と告げたためにただちに捨てられたとかの類である（二月二十八日条）。

そんなことはさておくとしても、病弱の称光天皇の行く末が案じられた上に、皇太子（小川宮）まで失ってしまった後小松上皇の失望落胆ぶりは想像を絶する。そして皇儲問題は文字どおり振り出しに戻ってしまったのである。むろん、このてんやわんやのうちに、上皇出家のことも吹っ飛んだ。

三月十日夜。伝奏の広橋家を訪れていた田向前宰相経良朝臣が御所に帰着して、耳よりな話を伝えた。来月二十二日に「宸筆御八講（法華八講）」が執行されるにつき、「紺紙金泥御経第五巻、阿弥陀経両巻」を写して進上するようにとの院の仰せである。故後円融天皇三十三回忌仏事が近づいており、そのために院は写経供養を志したのだが全部を宸筆（自筆）でというわけにもいかず、貞成に一部分の助筆を申し入れてきたのだった。予想外の注文を受けた貞成は、「この悪筆ぶりではただちにお受けするのも憚られるし、かと言ってご辞退するのもいかが」と迷った（貞成が「悪筆」というのは謙遜であり、その証拠は本書の随所に収める筆蹟にも明々白々であろう）。しかし、結局は「宸筆の御経に助筆を加うべきの条、当座（当面のこと）と云うも後記（のちの世の記録のため）と云うも眉目（名誉）の至りなり」と観念して引き受けたのである。

それにつけても、まことにややこしい注文ではあった。下給された紺紙に、金泥と銀泥とで一行ごとに交ぜて書けというのだ。「失念せば書き損ずべきの間、かたがた計会なり」とは、すっかり頭を抱え込んだらしい貞成の言である。『看聞御記』（本書旧版）という本を書いている者が、失敗した下稿を惜しげもなく屑籠に突っ込むのとはわけが違うのだ。失敗したら紙代も大変だし、ああ、それに金泥も銀泥も買い求めなくては。筆もどうしようか。金銀泥は芳徳庵（大光明寺塔頭か）から取り寄せた。筆は行豊朝臣に誂えさせた。卯毛（兎の毛）の筆が欲しかったのだが、最近は入手しがたくて、鹿毛の筆である。かくて執筆に……という時に、書き様（書式）を聞かされていないの気づく。焦々して問い合わせてみたら、なんと端っこの一行は空けて、二行目から書き起こせというではないか。こんな妙な書き方も「古来」聞かぬ話ではある。いささかうんざりする上に、捧物（お供え物）のことやら金銀泥の経費のことやらで、「計会」が案じられ、ついつい溜息も洩れてしまいそう。称光天皇がまたしても病篤き話も耳に入り、そのことも念頭をよぎっていく。

十七日、執筆開始。書き損じを予防すべく貞成は、御所の近臣らを傍らに待機せしめた。行替わりごとに金泥の筆と銀泥の筆とを持ち替えねばならないから、それを注意させたのである。「あ！　御所さま！」「おお、そうであったのお……」と、苦笑しながら筆を取り替えては書き進む貞成の表情が浮かんでくるではないか。大変なのだ。しかし、それほどまでして苦心惨憺するだけの値打ちが、ほんとうにあったのだろうか。あったのである。

捧物供呈助筆の功により、御八講の費用の分担は全面的に免除されたからだ。だが、それはあくまでも「当座」のこと。実は、その裏にはもっと大きい「後記」のためのメリットが潜んでいたのだ。一筋縄ではひっ括れないお人だなあ……と思うのも、こういったところに発する感懐である。

助筆の依頼を受けた時、貞成は一計を案じた。いや、概して引っ込み思案型の貞成の気性からすると「乾坤一擲（けんこんいってき）」とでも言う方が当たっていようか。ともかくも捧物供呈と写経助筆とをテコにして、一気に「親王宣下」の実現を狙い、冷泉永基朝臣（院に仕えていた）に仲介を申し入れたのである。千載一遇の好機到来——。院の眼を、さらにこちらに向けねば。

起筆三日目の早暁に、貞成は懐かしい父に会った。夢枕に立った栄仁は、「四絃灌頂」をついに授けてくれた。その調べ（音調）は、かねてより想像していたとおりであって、「妙音天の加護、随喜極まり無し」であった。胸の鼓動も昂まってくる。

二十四日、永基朝臣から「親王宣下」の「勅定」を伝えてきた。実現したのである。使者の僧明盛（六条殿預所職（ろくじょうどのあずかりしょしき））は月次連歌会にも加わり、二十六日には「宣下」を正式に仙洞に申し入れる貞成の書状を携えて退出していった。

そして、晴天の四月十六日付で「貞成王」はとうとう「貞成親王」となった。想えば、元服の年から数えてすでに十四年。その間ずっと胸に秘めつづけてきた念願が、ここに果たされたのである。時に五十四歳。

相次ぐ参賀の客に、貞成親王は喜色満面で応接したらしい。なかでも殊のほか嬉しかったのは、すっかり年老いた綾小路信俊が早速に京より馳せ参じてくれたことだった。主従相対して数献を重ねたが、二人とも眼に溢れる喜悦の涙を抑えることができなかった。ついにやったのだ。貞成は十九日に、自分が当主となってから初めてこの御所を訪れてきた冷泉永基朝臣に数献をもって酬いるとともに、大の尺八好きの彼に大通院（栄仁）秘蔵の尺八一管（いっかん）

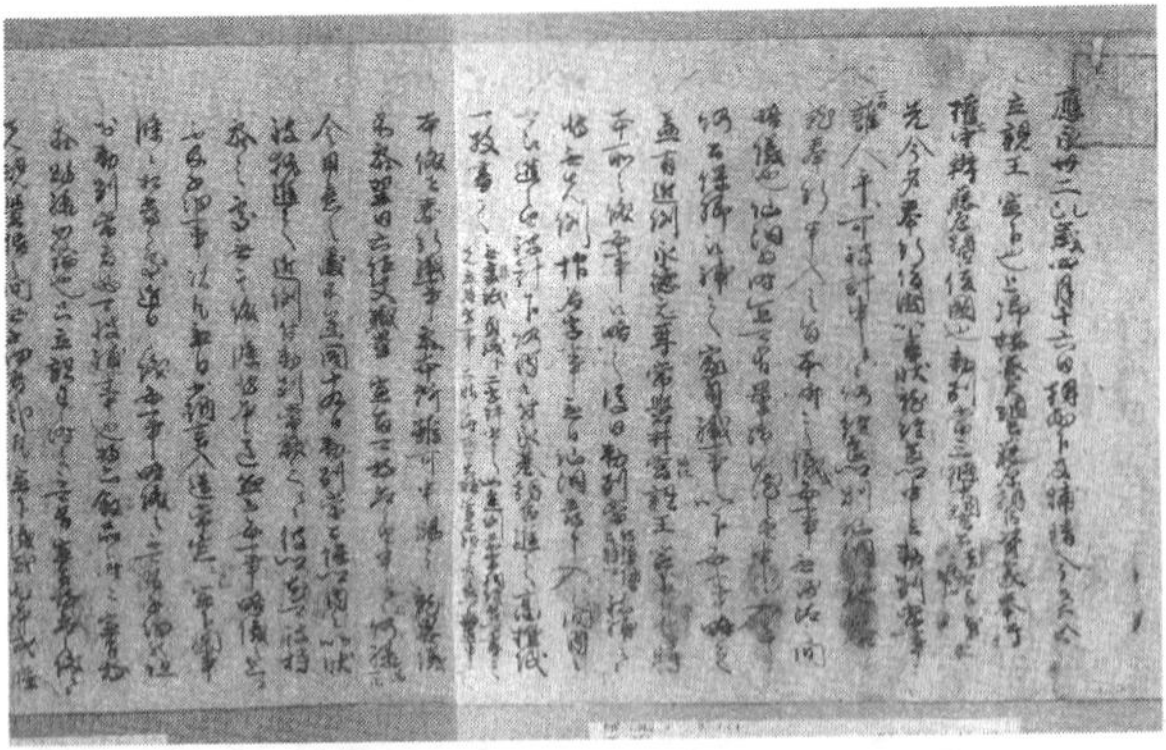

「（端裏書）親王宣下事愚記」
応永卅二乙巳歳四月十六日、朝雨下、及晡晴、今夜□（令カ）
立親王宣下也、上卿按察大納言藤原朝臣資家、奉行
権右中弁藤原朝臣俊国也、勅別当三条中納言公保卿被補之
先今夕奉行俊国以書状就経良卿申云、勅別当事、
可為誰人乎、可被計申云々、仍経良卿則仙洞ニ馳参、
就奉行申入之旨、本所之儀式毎事無沙汰之間
略儀也、仙洞為時宜可有量御沙汰之由申入畢、
仍公保卿被補之、家司職事以下毎事略之、
蓋有近例、永徳元年常磐井宮（満仁）親王宣下之時、
本所之儀毎事被略之、後日勅別当（侍従中納言公時卿）被補云々、
非無先例、抑名字事、兼日仙洞尋申入之間、内々
可被進之由被計下、仍内々付永基朝臣進之、高檀紙
一枚書之（無懸紙、貞成下二字許書之、如旧例、前宰相経良卿書之、先立名字事、元服之時、式部大輔菅原朝臣秀長卿勘進申）
本儀者、奉行職事参本所、雖可申賜之、就略儀
不参、翌日六位史職豊、宣旨可持参之由申云々、仍禄（馬一疋）
令用意之処、不参、同十九日、勅別当公保卿内々以状
被執進之、近例付勅別当献之云々、彼卿尤可被持

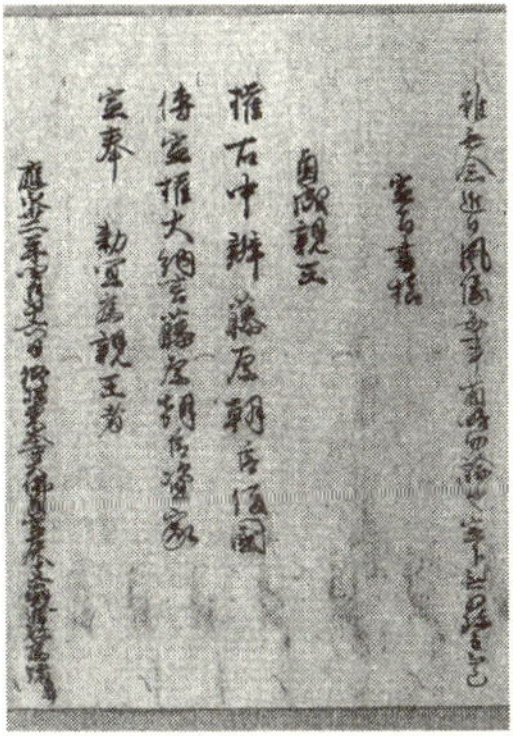

**貞成親王親王宣下記**　（応永32年4月16日，『看聞日記』別記四。宮内庁書陵部所蔵）貞成が自筆で伝える親王宣下の顚末である。大同小異の記事が日記にも見えている。高檀紙に「貞成」の二文字を揮毫したのは田向経良，それを院に取り次いだのが冷泉永基。これに基づいて「貞成親王」への宣旨が発せられたのである。宣下儀式が本式でないのが彼には“無念”だったが，これも“近日の風儀”と観念して，まずは珍重……。なお，もう一種自筆本が伝存している。

参之処、無其儀之条非本意、然而毎事略儀之上者、
不及子細事歟、凡兼日少納言入道常宗ニ宣下間事、
条々相尋之処、近日之儀毎事略儀も不可有子細歟、但
於勅別当者必可被補事也、将亦叙品之時者、宣旨持
参賜禄勿論也、只立親王之時者、不可有宣旨持参之儀云々、
先規覚悟之間、無子細者哉、凡宣下儀式、非本式之条、
雖無念、近日風儀毎事省略勿論也、宣下無為珍重而已

宣旨書様

貞成親王
権右中弁藤原朝臣俊国
伝宣権大納言藤原朝臣資家
宣奉　勅宜為親王者
応永卅二年四月十六日　修理東大寺大仏長官左大史小槻宿禰為緒奉

を与えた。併せて小太刀一振と茶二十袋を添えた。酒は五献にも及んだという。相当な酒量であるが、貞成はよほど嬉しかったのであろう。院からの便りもあり、捧物と写経とを院はいたく喜んで、その上に金泥・銀泥の費用にはさぞやお困りか……と明察して二千疋もの大金が伏見御所に下賜される由であった。「且は迷惑（当惑）、且は畏悦」とは、むろん貞成の本音なのだ。

二十七日、彼は七歳になる彦仁を伴って御香宮・若宮・権現の三社に参詣した。「昇進」の御礼参りである。その翌日には面々とともに川面に舟を浮かべた。これも「昇進」のお礼に後小松上皇に川魚をさし上げようというわけである。近辺の漁師がことごとく動員されて引く網には、鮒が十四、五尾、大鯉が四尾も掛かって、なかなかの大漁であった。舟中では、やれ酒じゃ、やれ歌じゃ舞じゃと、一同打ち興じるうちに、めでたいことに大鯉が一尾、水音を立てて舟に躍り込んできたではないか。これには貞成も有頂天である。故事に基づく「吉事」なのだ。その鯉一尾は、日暮れの御所で康知（青侍か）の握る包丁にさばかれ、貞成親王の腹中に収まったのである。

二十九日、貞成親王は御八講の無事結願を祝う書状に大棰（酒樽）七・大鯉二・鮒十・筍三束などを添えて永基朝臣に託し、仙洞御所へ進呈した。「勅報、なのめ（斜）ならず御悦喜」で、「時宜快然」の由である。この日、仙洞では連歌会が催されていたが、とりわけ人びとの眼を奪ったのは「容儀無双」の大鯉であった。上皇も大喜びでそれを賞翫し、仲介した永基朝臣も大いに面目を施したらしい。この日ばかりは貞成親王も伏見御所での酒盛・楽・朗詠の賑わいにすっかり酔いが回り、「前後を忘じて沈酔、散々（さんざん）」の為躰（ていたらく）であった。

だが、いつもありがちなように、手の舞い足の踏む所を知らぬ喜びのあとには、またしても厄介至極なことが生じてきた。六月も末頃のことであるが。

### 薙髪

六月二十八日の夜、折から北野社に参籠中の義持は、駆けつけた急使の報に一驚して内裏へと直行した。称光天皇がにわかに出家を志し、逐電を企てているというのだ。すでに天皇は広橋兼宣に対して「車をよこせ」と伝えたが、広橋は事態のただならぬことを悟って出車を避けた。続いて牛を求められた三条前右府（公光か）も「手もとにはない」と断わり、代わりに手引きで車を内裏へ回送させたという。牛がなくては役に立たぬ。天皇はようやくにして輿を整えさせ、今まさに出御（しゅつぎょ）せんとするところを女官が懸命に押しとどめ、その隙に広橋を通じて義持に急を告げたのである。

義持は天皇と直（じか）に再三問答を重ね、やっとの思いで踏みとどまらせた。この時の問答には、貞成親王の名も出たという。一方では天皇の身柄を奪取しようとする者がいる、との風説も武家の間に流れたので、諸大名が内裏に馳せ参じて警護に当たる物々しさ。文字どおりの「禁中騒動、以てのほかの事」であり、「公武の騒動、是非も能わず」であった。

一件のきっかけはといえば、いやはやごく些細なことであった。参議・左中将の中山定親（なかやまさだちか）が伝えるところでは、この少し前に天皇は、内裏に琵琶法師を召して平曲（『平家物語』）を聴聞したく思い、後小松院に内意を伝えたのであるが、院は「先例無」き由を楯（たて）にとって、これを強く諌（いさ）めた。禁中に琵琶法師風情を入れるとは何事ぞ、というわけであろうか。父の

諫言にかっときた天皇は、

およそ上皇は近代の聖運、芸才も比類無き御事なるに、猶以て此の如し。況や今の我は有名無実にして愚案短才の身、何事ぞ此の事のみに限らん。先例の有無を守るべけんや。所詮、所望を免さるゝか、然らずんば院中（仙洞御所）に於ても先例無き題目（問題・事柄）は悉く停止せらるべきなり。

と吐いたという（『薩戒記』）。言葉の端々に、父への反発の念が黒々と噴き出しており、我が意のままにならぬ物事にはただちに怒りを露わにするのが常であったこの人の、まこと激烈な気質が偲ばれよう。とりわけては、己の希望が入れられないのであれば、父上も、先例のないことは、一切おやめになるべきだ……と叫んでいるのには、痩せ細った天皇の胸の高鳴り、吐く息の熱さすらもが想われて、鬼気迫るものがある。

　さらに天皇は、父に書面を呈して、「帝位の一事に備えて今日まで参りましたものの、万事私の意には適いませず、殊に追いつめられました上は、もはや皇位には執着心もございません。今となりましては、なにとぞ譲国（譲位）についてお計らい下さり、私の身を解き放って下さいまし」と願い出たという（同上）。まるで、開き直って正座し、相対する父の眼をじっと見つめたふうである。やれ車の、やれ牛の……と、大騒ぎになったのは、その翌日のことであった。義持の取りなしが功を奏して、父と子は、とにもかくにもいったん和解した。

かつて、この一件に論及された村田正志氏が端的に指摘されていたように[注25]、かほどまでに些細な小事で天皇がかくも逆上したのは、〝裏〟があってのことであり、地熱のように積もり積もった日頃の彼の鬱憤が蟻の一穴から噴き出たまでであった。その鬱憤とは——。

称光天皇に男子が得られず、その上に皇太子小川宮を失っていた後小松院は、皇統の行く末を思い煩っていた。おそらくは小川宮の逝去以来、急速に彼の胸中にふくれ上がっていたのは、「伏見殿」の父子、貞成親王と若宮彦仁の姿であった。単なる風聞ではあったけれど、院は皇位継承者としてすでに貞成親王に焦点を合わせ、絞り込んできていたらしく、貞成親王もまたその意の存するところを十二分に諒察していたようである。しかしながら、今さら言うまでもなく貞成親王は崇光院流に立つ人である。後光厳院流の皇統に、いかにして崇光院流の人を立てうるのか。

実に簡単であった。すべてを割り切ってのことだが、貞成親王を後小松院の「猶子」として樹立すればよい。擬制的にではあるが、己の子息として迎え、立てるのだ。それが果たされたら、貞成親王は故栄仁親王の子息としてでなく、後光厳院流の人として登極することとなる。したがって、崇光院流に皇位が回収されたことにはならず、窮余の一策と人は笑おうとも、皇位はまさしく後光厳院流に確保された形になる。後小松院はこの一手に、すべてを賭けてみたのである。

称光天皇にすれば、まったくもって気障りな話だった。自分には、もう後嗣たるべき男児ができないと見込んでしまっている父への憤りがあり、気ばかり焦っても肉体がついてはこない我が身の上へのやるせなさがあった。そういう憤懣とか切なさとかが腹の底で煮えくり返って、突如天皇を前方に押し出したのである。

したたかな父も、これにはすっかり動転してしまった。たしかに後小松院にも言いぶんはあった。中山定親の伝えるところでは、天皇は「公務」の統攬・執行にあまりにも堪えがたい身であり、それには院もほとほと閉口しきっていたから、思いあまって天皇に書面を送り、事と次第によっては「院政」もやめるとまで言い、少しでも政務に努めよと誡めていた。さすがの天皇も、その厳しさに押され、政務については納得したのだったが、伏見殿の貞成親王が父の「猶子」とされることばかりは絶対に同意しえず、徹底的に刃向かったようである。困惑の極に陥った上皇は、義持と数度にわたって会談し、その末に、ついに貞成親王を断念した。この一瞬に、見果てぬ登極の夢は永久に断たれたのである。貞成親王は、まだ知ってはいない。

月変わって閏六月三日。茶会を楽しんだ貞成親王のもとに一通の書状が届いた。三条亜相公雅からであり、内容は一身上の重大事に関わるものであった。『看聞日記』は左のように伝えている。

> 禁裏の御事に就き、身の上の重事仙洞より仰せ下され、所詮は御脱屣（未練なきこと）の事、堅く申さる。御位（皇位）の事は此の御所（伏見御所）に御器用（適切な人。彦

仁）有るの間、御事闕くべからずと云々。御猶子と為して親王宣下の事も御沙汰有るの上は予儀（余儀。他事）無きの由、勅定有りと。

吾が身が皇位に登る途は、確実に切れた。しかし、それに代わって彦仁が院の瞼にクローズアップされている。貞成親王は胸を躍らせて読み進む。

それに続く公雅の書面は、彼を大いなる「困惑」に落とし込んだ。急いで出家せよ、というのだ。

それに就きて、予（自分）出家すべきの由、仰せ下さる。此の春、院御出家（の意）御有りましの時、（貞成も）御共せらるべきの由望み申さるゝ上は、急にその節（節操）を遂ぐべきの由、仰せ下さるゝと。若宮（彦仁）の御事も仰せらるゝ旨、条々有り。

たしかに貞成親王は、後小松院が素懐を遂げんと志していた頃、己もまた同様にしたいとの本意を洩らしていた。その意に偽りはなかったのだ。今、まこと賢明にしてかつ老獪なる後小松院は、荒れ狂う青白い天皇の疑惑・不信・憤怒のいっさいを収束しきるべく、あの時のことを言質に取って、五十四歳の貞成親王に去就を迫ってきた。院は当年とって四十九歳。言ってみれば、酸いも甘いも嚙み分けた二人の五十男が、片や京洛の一角に、片や伏見山麓の一隅に陣取って、しなやかな触角をかざし合う。むろん院は心優しい言葉を添えていた。「もっとも、かような申し入れは貞成親王の意外とされるところであろうから、お痛わしゅうは存ずるが……」と。

　勝負は決まった。そして、結果的に双方が勝ったのである。「迷惑（困惑）、仰天極まり無」しとは言い条、貞成はただちに薙髪入道を覚悟して、打てば響くという比喩そのままに返事を呈した。「若宮なのだ、若宮がいてくれるのだ。今はこうするのが一番だ。御祖父崇光院殿は五十九の御年に、また御父大通院殿は四十八歳で御出家遊ばされたのに、そのあとも長寿に恵まれた。私だって、出家ののちに万歳を保つに相違ない。思えば、こんなにめでたいことがあろうか。祝着、極まりなし」。そう呟きつづけて己をなだめる貞成親王の声が聞こえてくる。

　その夜、貞成親王は御所の局にて痛飲したらしい。局の女房はそれを「賀酒」と称したし、貞成親王もそのように観念して酒盃を口もとに運んだようだが、いささか苦い酒ではなかったか。彼の心境の一端を『貞成親王御出家記』(注26)（自筆）は左のように伝えている。

> 此の事、今春すでに望み申すの上は、更に異儀有るべからず。畏み承わるの由、領状（承知）申し了んぬ。吾、すでに五十四歳にして老年に及ぶの間、尤も庶幾ところなり。親王（宣下）の事、先途（結局）達し畢んぬ。今生の栄望、今に於ては期する（期待する）ところも無きの間、旁以て然るべき事なり。

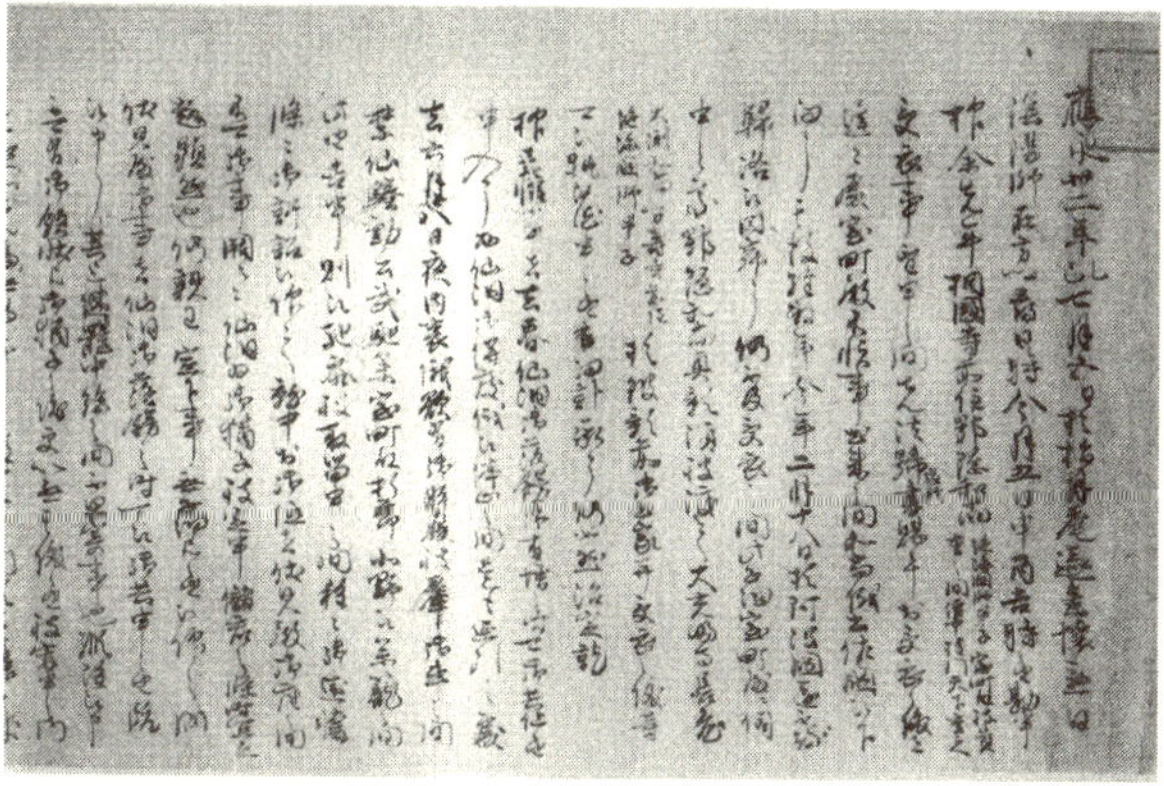

貞成親王御出家記　(応永32年７月５日～，巻首，『看聞日記』別記七。宮内庁書陵部所蔵)

と。貞成親王の本意を受けとめた後小松院は、人を介して喜びの念を伏見に伝えてきた。「得度（入道）なされます由、まことに結構です。ありがとう存じます。若宮のことは、お案じ召さるゝな」と。この一言で、貞成の心はさらに慰められたにちがいない。

　ところが、一方の称光天皇は「狂気」かと見られるほどにいきり立って、なおも内裏からの脱出を念願しつづけており、警備に当たる番衆も緊張に次ぐ緊張の連続であったらしい。父の視線が貞成親王から離れたあと、案の定すぐに彦仁に向けられたのを敏感に察知していたのであろう。好きな性質の人ではないのに、この青年天皇の心の起伏には、妙に近しいものが感じられるのだ。当年、二十五歳である。

　閏六月十二日に石清水八幡宮に参詣したあとは、貞成親王の心もすっかり平静さを取り戻していた。伏見御所中の女房たちが餞に催してくれた楽・朗詠の集いを心ゆくまで愉しんだあと、老いたる綾小路信俊、それに田向経良・庭田重有・田向長資・慶寿丸・小川禅啓等をお伴にして、七月二日に指月庵に身を移した。

　指月の地からは、まさに眺望絶佳であった。初秋の大空の下に広がる光景に眼をやるうちには「蒙気」も散ってしまったと、そう親王は筆端に洩らしている。想うに、稔る田野、滔々たる宇治—淀の大河、青空に飛ぶちぎれ雲、雀や山鳥の声、そして、まばゆい陽光。目くるめく伏見の初秋の気配を感じ取ったあとには夕立があり、肝も消える響きの雷鳴が一発。夏が去っていく。丑の刻（午前二時頃）には、数度にわたる大地震が生じて貞成親王を戦かせた。凶事の前兆かと。

　七月五日。「天晴、風静」（『御出家記』）の早朝に、親王は大光明寺に参詣し、大通院で点心をとり、「祖皇」に焼香をすませたあと再び指月庵に戻って、つつがなく落飾を遂げた[注27]。戒師を勤めたのは絶海中津の弟子で大光明寺長老の大淵和尚。授かった法名は「道欽」であった（便宜上、以下においても貞成・貞成親王の称を用いる）。

　数日の「遊興」は斎戒のために酒抜きではあったが、とても楽しかった。折からの雨で九日には宇治川が氾濫し、「眺望いよいよ興を添う」ありさま。十二日には、川辺に出て納涼。近辺の若者たちを召集して相撲大会。貞成もこの日ばかりは諸肌脱いで汗をかいたらしい。面白かったのは指月庵の僧、正光との勝負だった。正光は仏門に入りながら、すでに「狂人」であったという。貞成親王は、この無心の僧を相手に汗をかきかき激闘を重ね、勝った。さんざめく周りの人びとの喚声が私の耳にも届き、尻餅ついた正光の手を取って、「さあ、もう一番……」と声を掛けている初老の親王の姿が見えてくる。笑顔で立ち上がる正光。

十三日、親王は御所に帰った。挨拶に現れた一人の尼がいた。なんとなんと、昨年四月に山田の香雲庵に入った廊御方（もと近衛局）ではないか。この老尼がふだんの着衣を改めて黒衣をまとっている。貞成親王落飾の日と同じく、去る五日以来だという。絶句してのことと私は信じるが、親王はいっさいその感想を記してはいない。

とまれ、すべてを子の彦仁の未来に託しつつ、貞成親王はたけなわの「秋」を迎える。この人の人生八十五年のうちでは、わずかに十数年の「夏」ではあったけれど、有為転変の歳月がそこには凝縮されており、一喜一憂しながらも彼は「夏」の苛しい暑さを耐え忍びつつ、今日という日を迎えたのであった。

むろんのこと、執心は俗世に生き残る。後小松上皇・称光天皇・足利義持――、この三者の微妙なる連動関係の中で、若宮彦仁の践祚・登極の日を見届けずんば、死んでも死にきれぬ。吾が身は法体と化し、心も無縁の境界に踏み入ったとは言い条、日常生活はまさに俗塵のただ中にありつづけ、その魂魄はさらなる生き甲斐を欣求して燃焼を続けていく。凄まじいと言うほかに、今の私たちに言葉はない。

さて、この年の秋から永享年中にかけての事どもは、『看聞日記』の世界を山脈にたとえれば、その中でも際立った高峰をなすように思われる。この急な坂を、息を詰め詰め、このまま登りきっていきたいのは山々だけれど、しかしあまりにも複雑に入り組んだ「貴紳」の社会の人間関係、互いに火花を散らしつつ連鎖し合う諸事象をここまで追っかけてきた私は、いささかならず草臥（くたび）れてしまったようである。眼前に聳（そび）える高い峰を仰ぎながら、このあたりで読者とともに一服して、眼下に広がる伏見の里の風物を眺め、四季折々の楽しみに想いを馳せようか。もっとも、先を急がれる方は、いきなり「秋」の部の七へと歩を運んで下さればよい。

題して「遊興の席」。

# 六　遊興の席

**伏見の村々と寺社**　伏見庄は、言わずと知れた貞成親王お膝元の地。いわゆる「名字の庄園」であって、名称に領主の家名が冠された庄園をそう呼ぶ。久我家領の久我庄、山科家領の山科庄もその例であった。

ところで、一口に伏見庄とは言っても、むろんいくつもの村々から成っていて、中世の最末期には「伏見九郷」と通称されたように九ヵ村を数えた。その村名と、推定される現地名とを列挙すると左のとおりである[注28]（いずれも現京都市伏見区内。本書巻末地図参看）。

久米村（鷹匠町、金札宮付近）
舟戸村（柿ノ木浜町付近）
森　村（桃陵町付近）
石井村（御香宮門前町付近）
即成院村（桃山町泰長老付近）
法安寺村（深草大亀谷五郎太町付近）
北内村（深草大亀谷付近）
山　村（谷口―旧伏見城域内の広庭）

北尾村（深草大亀谷敦賀町付近）

けれども、この九ヵ村が、『看聞日記』の世界（応永二十三年〜文安五年、一四一六―四八）にすべて登場するわけではなく、確認できるのは舟津（舟戸）村・山村・森村・石井村、および三木村・野中村の六ヵ村である（永享六年十月四日条ほか）。したがって、『看聞日記』の時代から中世末期にかけての伏見庄の「村」の数や実情については、なお今後の研究にまつところが多いのである。

一方、『看聞日記』に名を見せる伏見の寺社はどうであろうか。これは相当の数であった。大寺もあれば小庵もあり、というぐあいでさまざまである。村堂や祠も含めればさらに数は増すであろう。むろん、広い庄域内でのことであるから軒を列ねて建ち並ぶわけもなく、点在していた。

それら寺社の多くは――と言うよりもほとんどが、太閤秀吉による伏見城の造築と城下町の建設のために、時には村ぐるみで強制移転させられたから、こんにち地図と日記とを手にして彷徨してみても、わずかに伝わる史蹟・陵のほかは失望することが多い。

伏見庄の中枢部分をなしていたと考えられる即成院村（即成就院村）の名は、当地にあった即成院（即成就院）にちなむのであろうが、この寺は橘俊綱に由縁の深い場所にあったと推察されている。俊綱は橘姓だが、実は藤原頼通の実子で平安中期の歌人としても知られる人であり（一〇二八―九四）、造園の古典とされる『作庭記』（前栽秘抄）の筆者としても注目されてきた人物である。その俊綱は当地に、山荘を兼ねる伏見寺を造営したのだが、伏見寺はのちに即成院となったと推定されている。貞成が「伏見三御堂」と記した中の一つは不動堂と称し、この即成院に管理されていたものとみえる（永享八年十一月二日条）。

即成院の姿も、早く伏見を去ることとなって、秀吉の命で、現伏見区深草大亀谷西寺町の地に移り、明治に到ると泉涌寺（東山区）の寺域に再移転した。法安寺も、その経緯は不詳ながら後年に泉涌寺に移り、山内の主要寺院（塔頭）の一つに数えられるようになった。

栄仁親王ゆかりの大通院を一塔頭とした大光明寺は、このあたり一帯ではひときわ目立つ大寺であったようだが、慶長年間（一五九六―一六一五）に罹災して、元和初年（一六一五）の頃に相国寺（上京区）へ再建移転したものの、同六年と天明八年（一七八八）の二度にわたる火災で打撃を蒙り、明治初年にいったん廃絶した。その後明治三十九年（一九〇六）に、かねてから伏見宮歴代の菩提所とされていた心華院（相国寺塔頭）が改号して、大光明寺の名を受け継いだ。

また、栄仁親王が伏見帰住の際に仮御所とした宝厳院も、のちには廃絶してしまったし、その西方にあったとみられる光台寺は、貞成が風呂の再建に助成した挿話で私たちの記憶に残る寺だが、これも同様の運命をたどった。やはり日記にその名の頻出する指月庵（大光明寺塔頭）は、現在観月橋の東北方にある西運寺の北方、丘陵地に建っていたと推定されており、ここからの眺望の素晴らしさは、折にふれての貞成の記述からもありありと偲ばれるのだが、この寺も指月庵址を残すのみで今はない。

同じく大光明寺の塔頭としては、御所からも近く、寿蔵主が住職をしていた行蔵庵をはじめ、惣得庵・香雲庵（山田）等の小寺があり、また、大光明寺の塔頭か否かは不明ながら、芳徳庵・浄隠庵・蒼玉庵・永松庵・宝珠庵等々が名をみせている。いずれもその姿は早くに消えた。

そのほかでは、崇光院の建立で御所からは相当離れていたらしい蔵光庵（注29）、桃山町松平筑前の地にあったらしい退蔵庵・妙見堂、伏見坂の上に位置したとみられる超願寺、乃木神社付近に存した梅林庵・松林庵、京阪電鉄宇治線桃山南口駅北方の野中村にあった聞法庵、旧伏見町内の禅照庵等々が点在していたのであるが、どれもこれも有為転変のうちに足跡を絶った。あらためて今昔の感を深めるのみである。

さて、本章に到る各章でも折にふれて述べたように、伏見庄の村々や寺社を包んでいた自然の景物は、まことに豊かであった。梅や桜や紅葉のことは言わずもがな、季節の移ろいに応じて山野・水辺に咲く草花の数々が、この地に生きた人びとの心を慰めていたし、御所に飛び込む鶯もおれば、散策の途次に一声響かせて貞成の脚を止めさせる郭公もいた。また、鳴き声を立てて貞成の耳を傾けさせる鹿などの獣たちも、時には御所のつい近くに出没していたらしく、庭田家の裏手の藪に現れた猪や鹿を里人たちが集まって弓矢で仕止めたという挿話（応永三十一年五月二十七日条）も忘れがたい味がある。これらも『看聞日記』の世界の一角を構成する大事な要素であったと思う。

### 四季の伏見

さて、この伏見の里にも、ひととせを区切り、四季を彩る祭礼やら行事やら遊びがあって、この地に住む人びとを愉しませていた。それらは『看聞日記』の随所に写し出されており、自然の景物とあいまって、日記の世界をいっそう豊かで生き生きとしたものにしていたのである。

まず、正月。元旦には「歯固」といって、餅を食べ、七日には若菜の粥（七種粥）、十五日には粥（小豆粥）を食した。正月早々の屠蘇酒も、むろんである。三箇日が明けると千秋万歳があり、それに三毬打・風流松拍（松拍子・松囃子）・こぎの子遊びなどが、いやさかの新年の訪れを印象づけていた。千秋万歳は千寿万財とも記され、一種の門付芸であって、家々をめぐって新年を寿ぐ祝言（寿詞）を述べ、いくばくかの米銭を得た。その芸人の多くは散所者であったらしい。散所者という言葉は『看聞日記』にはみえていないようだが、それは、この時代に河原者と並ぶ〝賤民〟であった。伏見御所では正月四日にこの千秋万歳の祝言を受けるのが恒例で、貞成は「賜禄」して彼らの期待に応え、その祝言に耳を傾けていたらしい。

三毬打は左義長とも記されるが、魔除けの慣習であって、本来は宮廷の行事として十五日頃に清涼殿の東庭に青竹三本を結び立て、これを焼いたものである。それが武士や庶民の間にも広まり、門松や注連飾などを焼いた。

その三毬打と切っても切れぬ関係にあったのが、祝言の風流松拍。風流とは、いろいろな仮装や、意匠の工夫をこらした作り物をさし、松拍はおはやしであるが、これに踊りが添う。やはり門付芸の一種で、京の町では近郊の散所に住む声聞師（賤民）の雑芸として知られたが、伏見庄では各村の庄民らによる風流松拍の競合があって、異彩を放っており、毎年嘉例のこととして伏見御所にやって来たものである。一例をあげると、貞成が宮家を嗣いだ直後の応永二十五年（一四一八）の正月七日には「地下殿原衆松拍」がやって来て、「種々、物学（ものまねカ）異形、其の興少なからず」であったが、十五日には日暮れに「地下松拍」が来、石井村・山村・舟津村の各村民が競い合う風で、あたりの人々も見物に群集。「吾代初度」と、殊のほかに喜んだ貞成は菓子（木の実）や樽（酒樽）を与えて、彼らの祝福を受けた。

こぎの子というのは、要するに羽根。そのこぎの子（胡鬼子）を板（胡鬼板）でつくのだから、要するに羽根つきの遊びなのである。この遊びにも本来は消厄除災の願いが籠められていたようで、胡鬼板は三毬打の際に一緒に灰にされたらしい。一般には、ごく質素な板が用いられ、爆竹の絵でも描いてあれば上々。それなのに永享六年（一四三四）正月五日に将軍家から伏見御所の若宮貞常（貞成の二男）に贈られた品々には毬杖三枝、いろいろ彩色の玉五つ、こぎの子五つに併せて、「蒔絵置物、絵等風流」の「こき板二」があって、貞成親王を「言語道断（言いようもなく）殊勝、目を驚かし了んぬ」と感激させるほど立派なものだった。むろん「置物」とあるように、これは実用品ではなくて、飾り物であった。おもしろいのは「負態」が付随して楽しまれたことで、これはなにも羽根つきに限るものでなく、どの遊びにもついて回ったのだが、たとえば永享四年正月五日の例では、伏見御所の男女は「サルラウ」という名の千秋万歳の芸を観たあと、男女両軍？に分かれて「こきの子勝負」に興じ、惜しくも負けた女軍は「負態」のために酒席に加わり、男軍と同様に酒を飲まされた。この「負態」という言葉はなじみが薄いが、勝負事に敗れた側がなにか一芸を演じて償うという形では、今日も脈々と生きている。

二月は、なんといっても鶯合である。せっかく捕らえた鶯が、文字どおりの籠抜けで逃げたのを貞成が口惜しがった挿話も、この鶯合愛好の風潮と不可分であった。鳴き声の良さを競い合わせる遊びで、公武ともにうつつを抜かしていた。

三月上巳の日は桃花宴（桃の節句）。ただし、雛人形はまだこの時代には無縁であった。日も三月三日と定まり、雛を飾るという習慣が定着したのは近世のことだといわれている。それよりも、三月三日というと、なにがなんでも！と武家連中を腕まくりさせたのが、鶏合（闘鶏）であった。貞成も相当のマニアだったようであり、永享五年三月三日にこれを楽しもうとしたが、伏見御所界隈には鶏はいなかったという。それほどの人気であった。庶民の間でも大流行で、三月三日とは限らず夏であろうと秋であろうと、好敵手あるところではいつでも鶏合は始まって、やんやと囃す群衆に見守られた二羽の鶏は、土を蹴り、羽毛を空中に散らして激闘を重ねていた。同年六月二十二日、そういう場面に折悪しく癇癪持ちの足利義教が通り合わせたが、道路を埋めた群衆に妨げられて輿は停止。立腹しきった義教はただちに厳命を発する。「京中の鶏はすべて辺土（洛外）へ追放すべし」と。「辺土」の伏見庄へも鶏どもはすごすごと帰ってきたようで、縁あって貞成のもとにも姿を見せた。ちなみに、当代はまだ鶏肉も鶏卵も一般には食用されていない。

三月の伏見庄では、恒例の御香宮猿楽が一大焦点である。神に奉納される神事猿楽であり、十日と十一日に演じられて、庄民の耳目を集めたものである（後述）。

　四月は、これというほどのこともなく、五月に入ると五日の「菖蒲葺」と「続命縷」がある。前者は端午の節句。軒に菖蒲を葺くのは、それの強い臭いに頼って魔除けとし、消厄除災を念じてのことだったが、「ショウブ」の音が「昌武」に通じるというので、男子の健やかな成長を祈念する気持ちにも通っていた。軒に菖蒲を葺くだけではない。菖蒲湯に入ることも、子らが菖蒲鉢巻（かぶと）を冠り菖蒲刀を手に合戦ごっこに興じることも、編んだ菖蒲を地面に叩きつけては丈夫さを競う菖蒲打ちが流行していたことも重要視されていた。石合戦の印地（印地打）というのも主としてこの日の遊びであった。後者の続命縷、すなわち「薬玉」のことは、すでに触れておいた（一六四頁参照）。

　六月に入ると「夏越祓」で、「六月祓」ともいい、この月で一年は二分されることとなる。武家は端午の節句にはすでに「透素襖」という衣に着替えていたが、公家社会の女房たちは六月一日に更衣する。六月祓のことは見えていても、御所の女官たちの更衣の話は『看聞日記』にも見えないようだが、当たり前のことだからさすがに筆まめの貞成も記さなかったのであろう。

　七月には七日の乞巧奠。いわゆる七夕である。伏見御所では恒例の「七夕法楽」の連歌会、それに「花」の競合である（後述）。おもしい話題の一つに応永三十二年七月七日の連歌会でのことがあって、貞成が発句して「妻むかへ舟指月の今夜かな」と詠じたところ、「指月」の二字を置いた巧みさに面々「感吟窮屈」で、そのあとが続かず、百韻連歌が途絶してしまったという。七月は、精霊迎えの「盂蘭盆」の月でもある。伏見では「念仏拍物」が七月十四、五日頃に各村々から繰り出して、残暑の夜を彩った。同じ拍物でも、正月の新春を祝う松拍とは趣を異にして、念仏を唱えつつ囃し立て、自慢の風流作物を競うのである。あの世にいる近しい人びとの霊魂を呼び返し慰める、その営みが、同時に現世を生きる人びとの、こよなき愉しみともなっていたのである（応永二十六年七月十四、十五、同二十八年七月十五日条ほか）。

八月一日は「八朔御憑」。いわゆる「お中元」のはしりで、これの贈答に貞成が大いに気を採んだのも、私たちにはなじみ深いことではある。

九月九日は、御香宮の秋祭。これには相撲がつきもので、「御香宮相撲、京辺近郷の輩大勢寄り、暁更に相撲了んぬ」、つまり夜通しの大相撲なのだ（応永三十一年）。法安寺・山田宮の猿楽もこの前後に恒例の行事であった。それにこの日は「重陽」という菊の節句（九月の節句）。菊花の宴である。

十一月は「雪消」で、親しい仲での品々の贈答（二三一頁参照）。

十二月下旬には「煤払」。そして「歳暮」。貞成も「歳末御礼献状」で慌ただしい。「歳暮の礼」には御香宮へも参詣し、このひととせの御加護を謝す。やがて大晦日。茶会あり酒宴ありで「除夜」となり、「明春吉事念願」して、いつも『看聞日記』は一年の幕を閉じていた。

四季を彩った祭礼やら行事やらの間には、いろいろな遊戯が散りばめられており、それらも『看聞日記』の中に見えつ隠れつしながら、読む者の心を一瞬なごませてくれている。囲碁・双六（すごろく）・文字書、そして……、いや一々あげて説明を加えるのも、いささか煩わしいから、いっそ割愛しよう。ともあれ貞成も、御所に仕える男女の輪に入って楽しみをわかち合い、共に笑い、共に歯ぎしりしていたのである。

たしかに遊び好きの人ではあったが、若年の頃のことはいざ知らず、およそ『看聞日記』に見えるかぎりでは、貞成はほとんど旅らしい旅をしなかった。時たま日記が飛び飛びになる場合があり、すわ、いずくぞへお出かけか！と思い込んでみるが、そうではなくて期待が外れる。せめて一度くらい熊野詣（くまのもうで）でもやってくれていたら……と、旅をしなかった主人公に怨み言の一つも言い立てたくなるのだ。ずっと後年に、足利義澄（あしかがよしずみ）（十一代将軍。一四八〇〜一五一一）が伏見宮からこの日記を借覧したことがあり、その際に一部分を逸失したと伝えられるから、[注30]一度も遠行しなかったとは断言しきれないのだけれど、どうもこの人は概して〝出不精〟な人であったらしい。御所近辺の寺社や草庵を訪れたり、あたりの林野を散策したり、漁を見物したりするか、まれに大決心をして石清水八幡宮に詣でるか、それとも引くに引けぬくらいによほどの必要があって京や嵯峨に足を延ばすか、という程度で、行動半径は広くない。なにしろ、六十歳の年に石山寺へ参詣したのが「壮年」時以来二度目で、琵琶湖を見おろしたら指月庵からの眺望とそっくりだと知り、びっくりしているのだから恐れ入る。しかも日帰りなのだ。一つには、貞成は伏見を離れると心も落ち着かなかったのであろう。たしかに、この人にとっては伏見庄はいつまでも「故郷電覧（御覧）、事々に旧の如し。何とはなく、余波（なごり）少なからず」と後年に洩らしたように、まさに「故郷」の地であったとみえる（永享八年七月十二日条）。

むろん、理由はそれにとどまらなかった。たぶん「計会」（やりくりでの窮乏）も大いに働いていたのであろう。相当な好奇心の持ち主であったことは人も知るところであり、その点については後述するが（「冬」十二）、若くて経済的条件にも恵まれていたなら、もっと旅をしたにちがいないし、おのずと遠隔の地の珍奇な風光やら事物やらにふれた驚きや感慨が文字に表されて、『看聞日記』の〝視界〟をいっそう拡大していたのではなかったか、と想われるのである。

ともあれ、伏見に引き籠りがちの貞成にとっては、「室内」での楽しみに趣向を凝らし、工夫を重ねることが、生き甲斐の一つであったようだ。その楽しみには、連歌会あり茶会あり花の会あり……というふうであるが、ここではまず伏見御所での花と茶とについて、大ざっぱに見ておくことにしよう。(注31)

伏見御所では、例年七月七日、つまり〝七夕〟の日に花の会が催されていた。伏見宮の七夕の花の会といえば、中世文化史上に聞こえており、『看聞日記』の記事は花道史の基本史料として、つとに重要視されてきたものである。

さて、花の会に当たり、会場（会所（かいしょ））とされる常御所には、屏風を立て並べたり、唐絵（からえ）の軸物を掛けたりして「座敷飾（ざしきかざり）」の室礼（しつらい）をする。今、よく引用される応永二十五年（一四一八）七月七日条を見てみると、屏風一双を立て廻し、唐絵五幅を掛け、その前に棚一脚を立て、花瓶（かへい）やいろいろの置物を並べる。さらにその左右の脇に卓机（しょくき）等を立て列ね、盆に据えた花瓶数瓶を置く。北の間には、本尊の達磨像を掛け、その前に卓一つを据え、氈（せん）一枚を敷く。これで座敷飾は一応終わる。あとは、肝心の〝花〟であるが、これが大そうな数なのだ。「御自分」すなわち貞成の一瓶から順に列挙された記事を見ると、次のとおりであって、みごとな様子が偲ばれよう。

御自分一瓶、茶碗、三位一瓶、草花瓶、胡銅盆、重有朝臣一瓶、胡銅盆、長資朝臣一瓶、胡銅、即成院二瓶、胡銅香台二、退蔵庵一瓶、胡銅蓮華立、光台寺一瓶、胡銅盆、玄忠一瓶、胡銅盆、光意一瓶、胡銅盆、行光一瓶、胡銅盆、禅啓一瓶、胡銅香台、有善一瓶、唐金盆、宝泉二瓶、胡銅唐盆二、此外、大光明寺、蔵光庵、法安寺、下野良有、花許進之、以上十五瓶有之。

ところが、これではまだ驚くにはあたらない。のちの一例では、座敷飾の屏風二双に加えて、絵（唐絵であろう）を二十五幅も掛け廻し、集まった花瓶は何と六十五にも及んだというのだから凄い（永享五年七月七日条）。

室礼が完了すると、風呂に入る。風呂からあがると干飯（ほしいい）やら瓜やらを賞味して、酒の席になる。さらには詩歌の会に移って「三十首詠講」、またまた酒宴。これがひとしきり続いたあとは「楽（がく）」「朗詠」を楽しんで、やがては〝お開き〟となる。

年によっては、草花には事欠かぬはずの伏見の里でも、目ぼしいのが見つからないこともあったらしい。そんな時には、気転の利く人は「異形の物」「種々造物」をこしらえて花瓶に収めて持参し、「其の興あり、甚だ神妙なり」と、貞成を感心させたものであった（同前）。造花や、オブジェ風の作品？だったのだろう。

花の会と併せて、伏見御所での茶会も史上に名高い。「順茶」（順事茶）と言って、会衆の誰かが頭役（当番、幹事役）を順ぐりに勤めて催す茶会であるが、これもやはり同前の座敷飾の内で開かれた。応永二十三年三月一日の例を引くと、当日は新御所（治仁）・重有朝臣・広時（田向の青侍）が頭役を勤め、まずは一献（酒）、次いでは風流として用意された二合の長櫃に酒の肴や点心が納められるとともに、「大黒の蓑」（実は酒樽）、「打出小槌」（実は大槌で、大籠を槌の形に張り子に仕立て、表に如意宝珠を描き、その中に茶子、つまり茶菓子類を種々入れておく。槌の柄の中には予備の酒を詰めておく）、「西王母園桃」（桃の花の枝に芋を取りつけたもの。西王母は神仙の名。その所では三千年に一度だけ桃の実がなるという中国の伝説による）などが収められていた。

順茶といっても、この口のは「懸物」つきのそれで、賞品を争うのであった。新御所は舟一艘を提供したが、これには衣袴を着けた女房が一人乗っていて、「那須与一射扇の風情」とやらで舳の前に扇を立てている。のみならず舟中には「沙金軟廷」（軟廷は銀貨。ただし、実は穴あき銭が一包み）、「張良書一巻」（張良は前漢創始の功臣）、「茶垸・呉器・壺・箱」（呉器は朝鮮伝来の大ぶりな茶碗）等々が載せられ、その上さらに「弓一張」（弦は細帯）、「箭一手」（筆）、「梅花一枝」（穴あき銭で花を作り、金仙花と称する）が添えられ、花の枝には雁（昆布製）を付し、茶を詰め込んだ竹筒の瓶に立てている。いやはや、ずいぶんの凝りようではあったが、同じ頭役の重有朝臣が弓・箭（火箸製）・的・文筥・檀紙・御盃（六つあり、梅花を象って台上に据えた）・極・肴等を進上し、広時が文扇等を付した花一枝を献じて、ようやく出来上がっていたものである。

この風流の数々を眺めつつ、茶を喫する前に一献きこし召し、一同がほんのり頬を染めた頃おいに回茶に移る。茶碗を順次手から手へとわたして飲みつぐのであるが、七所の闘茶（飲茶勝負）であって、みごと一位の小川禅啓（伏見庄政所）が受賞して、金仙花・弓一張・箭一手・鵝眼（穴あき銭）一包みを手にした。次いで酒に移り、飲茶しなかった客人も加えて孔子（籤）を引き、「懸物共」を分け取ったが、籤に加わらなかった者にも一品ずつ配分。かくて、互いに盃を重ねるうちに「面々至極沈酔……、音曲乱舞、終日興を尽せり。深更に及びて事了んぬ」という次第であった。

伏見御所での茶会が有名なのは、このような立派な室礼のうちでのそれだけでなく、実はいたって気楽な「雲脚茶会」もしばしば催されていたことによる。「雲脚」とは、泡の立ち消えの早い粗末な茶をさし、その茶を用いての「雲脚茶会」は、この御所の「台所」で、しかも御所に仕える男女らのほかに「地下」の男たちも交じって、賑やかに行われていたらしい。むろん御所の「主」も加わってのことである。その実相は、「台所に於て雲脚茶会これを始む。侍従局女、地下男共、済々相交じる。順事（順茶）なり」というぐあいであった

（応永二十四年閏五月十四、十六日、六月五日条）。地下の男どもというのは、青侍や地侍や土倉らであるが、彼らは御所でのこうした茶会の習わしと愉しみを住所に持ち帰り、そのことによって喫茶が一般庶民の日常生活に普及し浸透してゆくための媒体をなしたのであった。

## 伏見御所の連歌会

伏見御所における文化的な営みの一つに連歌会があったことは、あらためて言うまでもないと思う。その「場」でも貞成と近臣らとは寄り合い、苦吟をすら愉悦の一つとして心を通わせていたのだった。その端々は、もちろん『看聞日記』にも随時現れており、貞成の連歌愛好のほどをよく私たちに示すのであるが、貞成が応永三十二年（一四二五）末までの日次記を清書するに当たり、応永二十三年、二十四年、二十五年の日次記の各巻末奥書に次のような文言を書き添えていたのは、単に連歌を愛好していたから、というにとどまらず、彼が伏見御所での連歌会そのものに異常なばかりの執心を寄せていたことによると言ってよい。すなわち、

（応永二十三年）「月次（つきなみ）連歌懐紙、散在然るべからざるの間、態（わざ）と懐紙（かいし）を翻し、これを書せり。且（かつう）は後日の一覧が為なり。百韻次第を守り、これを続（つ）げり。更に混乱あるべからず」。

（応永二十四年）「月次連歌懐紙、後見が為に、次第乱さずこれを続げり、散在せざらんが為に、態（わざ）と料紙（日記の用紙）に用ふ」。

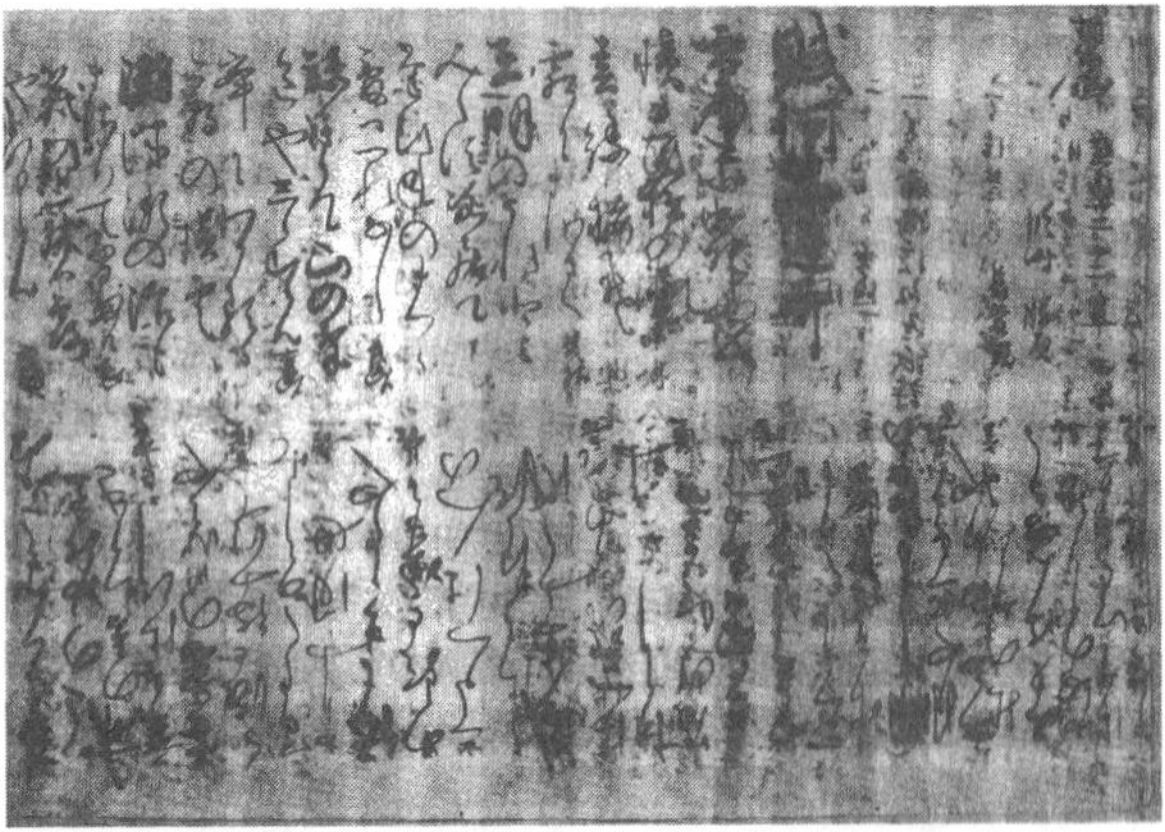

貞成親王筆　賦何路連歌懐紙（応永32年12月11日，『看聞日記』巻四，紙背。宮内庁書陵部所蔵）

（応永二十五年）「（連歌）懐紙を翻し、後見が為に、次第を乱さずして、これを続げり」。

といったぐあいである。とまれ貞成の執心のお蔭で、厖大な量の連歌懐紙が今日に伝えられたのであった。

ところで、御所の連歌会の盛行は知っていても、それの特徴は、となると、この方面に関する中世文学研究の成果に問わねばならない。以下、位藤邦生氏の研究(注32)に学んで、追っていこう。

さて、貞成が宮家を嗣いだあと、御所での月次連歌会の日を毎月二十五日とし、その頭役を定めたことは前にも触れておいた（二七六頁参照）。むろん、伏見殿の連歌会は、それ以前に発するものであって、少なくとも亡父栄仁親王時代からのことと推察されている。今、応永十八年（一四一一）二月、すなわち貞成の伏見御所常住に二ヵ月ばかり先立つ「月次結番交名」(注33)が残っていて、その一端を左のように伝えているのである。

御月次結番事

〽一番　二月　御(栄仁)　〽二番　四月　重有(庭田)
三番　五月　椎(椎野寺主)　四番　六月　中寿蔵主
五番　七月　勝阿　六番　八月　経良朝臣(田向)
七番　九月　長広　八番　十月　蔵(用健)
九番　十一月　明尭(治仁)　十番　十二月　今(今参局カ)
十一番　正月　新

右守求子(籤)之次第毎月無懈怠、可被申沙汰之状如件

応永十八年二月　日

御所の殿上のみならず、御所の御湯殿(おゆどの)の上、御所の台所、さらには宝泉（伏見庄内の著名な土倉）の住居、指月庵・梅林庵・不動堂・大光明寺・大通院・法安寺・超願寺・即成院・庭田家・田向家、そして宇治川の舟中等々を会場にして催された連歌会は、応永二十三年から、貞成が京の御所に移住する永享七年暮れまでの間に限って見ると、応永二十三年（栄仁死去の年）の六回、永享二年（四月までの日記が欠失し、その後の記事も概して少ない）の

四回は特例としても、例年十数回ないし二十数回に及んでおり、永享七年には通算三十四回も開かれているのである。

次に会衆の問題がある。伏見宮の連歌会は、著名な連歌師を招いて催されることは一度もなかった上に、終始「外様（とざま）」を排して、譜代（ふだい）の近臣と、ごく近しい「地下」の者たち（小川禅啓ら）を会衆としてのみ催されていた。その実相は、たとえば左のような記事にも明白なのである。

（永享五年正月）廿五日、雨降。月次連歌、無人の間延引せり。先ず殊更（ことさら）に連歌初に張行せんとするの処、知俊朝臣参る。仍（よ）て一座の席に召し加えり。其の外は例の人数なり。定直等は不参。（医師）茂成朝臣参る。対面、盃を賜りて退出せり。（今日の会、存知し、祗候すべきの由存ぜるか。知俊朝臣同道して参ると云々。外様の間、内々の会には憚りあるの間、召し加えず。無念に存ぜるか。）夜に入り、百韻了（おわ）りて、一献例の如し。

医師の茂成朝臣が連歌会参席をお目当てにして知俊朝臣に伴われて来たのだが、「外様」ゆえ、御所内々の会には同席を許されなかったというわけである。

そのような、内々での連歌会では、いったいどのような連歌が詠まれていたものであろうか。位藤氏は、貞成の「心」の動きや、彼をとりまく「情況」と、宮家での「連歌」との関わりようについて、まことに興味深い論点を呈示された。たとえば、応永三十一年正月から同三十二年七月までの連歌について見てみると、次のようである（〈 〉内は当時の情況。

応永三十一年正月二十五日の三句は二一七頁に掲げたもの）。

○応永三十一年正月二十五日、臨時。

比(ころ)早く伏見の小田の色つきて　（貞成）

竹の小枝の葉こそさかふれ　正永

かしこきかいて(出)ゝや御代(みよ)を政(まつる)らん　慶ゝ

○応永三十二年二月二十九日、臨時。

九重に我いにしへはさかへきて　重ゝ朝臣

ねかふ司(つかさ)は後のおもひ出　（貞成）

位山(くらいやま)みね（にて）月をなかめはや　（貞成）

〈以上は親王宣下を望む気持ちが高まりつつあった頃〉

○応永三十二年三月二十五日、月次。

都路もかよへはちかし伏見山　（貞成）

風あるかた(方)になひく呉竹　明成

＊

一事をわき(分)ても神に祈身(いのるみ)に　（貞成）

よろつねかひのかなふ此時　喜々

〈以上は親王宣下が決定した時〉

○応永三十二年七月二十五日、月次。

さためなき世は中〳〵のたのみにて　（貞　成）
するゑもさかふるそのゝくれ竹　長　ゝ
〈貞成出家の直後〉

おおよそ以上のとおりである。位藤氏は、そのあたりに「あからさまな宮家祝言の句」のありていを観じられるとともに、「背後の事情を勘案すれば、右に引いたそれぞれの句が、連歌の一般的な技巧というにとどまらず、いわば仲間内だけで通用する、現実的な共感の糸で作られていたことが納得され」るとして、「伏見宮連歌会は、連歌製作の楽しみだけでなく、当時の彼らの不満、期待、野心、欲望などを、会衆全体の共感とともに表出できる、彼らにとっては非常に大切な場であった」と指摘されたのである。

同様の観点は、位藤氏による、伏見宮連歌会における源氏寄合の付合の多さの指摘にも貫徹する。(注34) しかも、その付合(つけあい)（前句(まえく)とそれに付ける付句(つけく)との照応）は、『源氏物語』の「須磨(すま)」の巻（および「明石(あかし)」の巻）に関して、群を抜いているというのだ。連歌として完備しているのは全三十九巻。その中で、一句中に「須磨」の語を有する句を含む百韻は三十三巻にも及んでいる。さらに、細部にわたる位藤氏の考察には、まことに興味深いものがあるが、なおくわしくは氏の精密な論究に尋ねていってほしい。問題は「須磨」は何を意味していたのか――という点にある。

ここで注目されるのは、一句中に「須磨」の語を含む句を作っていた「作者」のことである。その結論として得られたものは、貞成親王が全体の約三十八パーセント、庭田重有の句と併せれば約五十八パーセントに及ぶ高率の数字なのである。

『源氏物語』の「須磨」の巻は、心ならずも中央より退けられて須磨・明石の地に流謫を余儀なくされた光源氏のありようを語った巻である。そこに、伏見宮貞成とその近臣の〝想い〟が重なった。そして光源氏は再び宮中に呼び返され、幼帝の後見役として光を浴び、太政大臣から上皇に準じる位に昇って栄華を極めた。そのような筋道にも、伏見宮貞成とその一党の〝期待〟は重なり合ってゆく。

伏見宮連歌会における「須磨」の多出を、位藤氏はそのような見通しで解釈されたのである。中世史学の視界には映ってきていなかった伏見宮連歌会の思想的構造は、たしかにこの一角からも照射されつつあると言ってよく、『看聞日記』の世界の奥深さに、あらためて心を打たれるのである。

**御香宮猿楽のこと**

さて、次に、伏見庄のひととせの中で、とくに際立つ行事の一つであった御香宮猿楽について概観しておこう。

御香宮は、伏見庄各村共通の鎮守であり、原則として春季は三月十、十一日、秋季は九月十、十一日の例祭式日に猿楽が催されていた。このお社での猿楽は「楽頭職」（保証された上演権）を保持していた摂津の矢田（八田）猿楽の一座が演じるのが永年の習わしであったが、応永二十二年（一四一五）に楽頭の「八田愛王大夫」が罪科に問われて八田庄を追放される一件があり、やむなく伏見庄に「隠居」した。御香宮の楽頭には違いないから神事の執行には携わったものの、猿楽には関与しなかった。それで応永二十三年春季には、「丹波大法師猿楽」が臨時に雇われて上演、秋季には山田宮神事猿楽も併せてのことだろうが「伊勢猿楽」が代行している（同年三月十日、九月十七、十八日条）。以降、応永二十四年春は丹波猿楽（秋季については不明）、二十五年春は摂津鳥飼猿楽、秋は近江未満寺（敏満寺）猿楽、二十六年春秋は梅若（後小松院寵愛）がそれぞれ雇われて勤仕している。そして、二十七年春には、その権利を同じ摂津の榎並座が買収して勤めた（榎並の猿楽座のことは、すでに青蓮院義円とのことで、読者の記憶にも新しいものと思う）。その年の秋には、楽頭矢田が言うには猿楽を雇ったがにわかに約束を変改して不参、ただ二、三人しか人数がなく、翁舞だけで勘弁してほしい由である。貞成は立腹して、「なんとしてでもやれ」と厳命したので、やむなく二、三人で始めたところ、人数が不足なのに難点はなかったのみならず、「あまつさえ感気あり、其の興少なからず」という出来栄えで、貞成を満足させたのであった（同年九月十日条）。翌二十八年春は梅若（秋は不明）、二十九年春になると、矢田は「地下の勧進」、つまり伏見庄民からの資金援助によって榎並から楽頭職を買い戻している。ただし、その秋は梅若が雇われて上演しており、ようやく三十年春に「楽頭矢田元の如く安堵するの間、執行」というふうになり、その地位・権利もここに安定して、永享九年（一四三七）に到っている。

　この間の特異な例としては、応永二十八年春の猿楽のことがあり、この年春のそれは四月十日、十一日に執り行われたのである。これについては「天下飢餓」のために地下人（庄民）らの発議で式日が延期されていたのであるという。食い物もないさまでは、猿楽の一座への「禄物」などとうてい用意はできず、秋祭まであきらめる話も出ていたらしい。ところが、慶俊という名の御香宮の聖が疫病に罹って「狂気」となり、「猿楽の延引は然るべからず」とかなんとか、種々ご神託を口走った挙句の果てに絶命するという騒ぎが生じた。この騒ぎは、たちまちのうちに伏見庄内にひろまったらしいのだが、ともかく猿楽一件を議案とする「地下一庄会合」が御香宮の社頭で開催され、四月の「十日、十一日、式日を以て神事を遂ぐべきの由」を決定したわけである。御香宮猿楽が「地下一庄」の民にとっても「神事」としての重要な意義をもっていた事情が偲ばれよう。もっとも、あいにくと十日は豪雨があって延期となり、十一、十二の両日に都合十番の猿楽が梅若大夫の一座によって奉納された。

　ところで、伏見御香宮猿楽は、ある〝事件〟に関連して中世芸能史上に深くその名を刻まれることとなった。応永三十一年（一四二四）三月十一日のことである。

　その日も、前日にひきつづいて楽頭の矢田が上演し、幕府要人の畠山の子息、少弼も日頃「最愛」の矢田の稚児をお目当てに観覧しにきていて、なかなかの盛況であったらしい。貞成は、行っていなかったようで、一部始終を田向（経良か）や小川禅啓の口から聞いたとみえるが、当日猿楽能と併せて演じられた狂言（猿楽狂言）の内容が、「公家人疲労の事、種々狂言せしむ」というもので、これが貞成とその一党を強く刺戟した。要するに公家達の経済的な困窮ぶりを喜劇に仕立てて諷刺したものと推測されている。

これはけしからぬ、というわけで田向が伏見庄政所禅啓に指示して楽頭の矢田を召喚し、立腹した貞成も「当所（伏見庄）は皇居（皇族の居所）なり。公家居住の在所に公家疲労の事種々狂言するは、故実（古例・しきたり）を存ぜざるの条、尾籠（たわけ）の至りなり」と言を尽くして叱責し、今後のためもあるからと、譴責処分に付したのである。宮家の「計会」ぶりや、近臣たちの貧窮ぶりを眺めてきた私どもにも、貞成らの腹立ちぐあいはよくわかるような気がする。なんともやるせない弱点を突き刺されたのだ。貞成の言によると、山門（延暦寺）で「猿の事」を狂言した猿楽師が山法師に斬りつけられたり（猿は日吉山王の化身として崇められていた）、仁和寺で「聖道法師の比興（不届き）の事」を狂言した猿楽狂言師が処罰されたり、という先例もあった。演じる側は、そうした「故実」をよく弁えて、「在所に就きて斟酌（遠慮）」するのが当然である、というのが貞成の言い分なのである。

しかし、それはともあれ、この月の御香宮猿楽は、矢田の一座がうっかりと「在所に就きて斟酌」を怠ったがために、初期の狂言が本質的に保っていた鋭く激しい〝諷刺性〟の所在を後世に生き生きと伝えてくれたのであった。同時にまた、〝支配者〟の一人として貞成が保っていたきつさについても、私たちは今さらの如く認識させられよう。むろんそれは、貞成が置かれていた階級的立場というべきものによっている。

余談に属するが、どうもこの前後の貞成は、多少の〝不安〟を胸底に置いていたようだ。

というのは同月九日に花見の酒宴と和歌披講があり、披講が終わったあとに貞成は急に腹痛を覚えて縁に出、坐って休んでいるうちに失神し、縁の下に転げ落ちてしまった。仰天した面々が駆けつけて水を含ませ、やっと気がついた貞成は縁に上がって蘇合丸（そごうがん）を服み、まもなく本復して、事なきを得たという。不思議なことで、まだ酔っぱらってもいなかったのに、いったいあれはどうしたことか。そのあとはまた、「一献、数献酒盛、歌舞例の如し」であったというから、けろりとしていたわけだが、理由のわからない急な体調の変化は、たとえわずかな時間内でのことでも、漠とした気がかりを中高年の人の心にもたらしつづけやすい。そこへ、例の一件が飛び込んだわけであった。

さて、その翌年、応永三十二年三月の御香宮猿楽は、「天下触穢（てんかしょくえ）」に依って延引された。いうまでもあるまいが、皇弟小川宮、そして将軍足利義量が相次いで世を去っていたからだ。再び私たちは、中央の政情と貞成との関わりように視線を据えながら、気を新たにして坂道に歩を運ぶことにしよう。

# 秋

よそながら雲井の月を仰かな身はおく山のすまゐなれとも——禁裏御百首草——

## 七　『椿葉記』の世界

### 彦仁王の浮上

さて、応永三十二年（一四二五）七月、法体となった貞成親王が御所の生活に立ち戻ったあと、「天下怪異」が相次いだという。石清水八幡宮で連々と「鳴動」が続き、京の東郊の将軍塚も同様で、まさに「不審」であった。また、内裏に「人魂」が出て、常御所の端の方から虹が立ったとも伝えられ、貞成を不思議がらせた。

二十五日は恒例の月次連歌会である。頭人に支障を生じたため、いったんは延期としたものの、終日雨のこの日、臨時の会をにわかに催すこととし、深更に及んで百韻を終えた。その末の貞成の句と田向長資朝臣の挙句は、次のようであった（前掲）。

さためなき世は中〳〵のたのみにて　（貞　成）
するゐもさかふるその、くれ竹　長　ゝ

降りしきる雨は翌日も一段と激しくなり、巨椋池・宇治川の水位を高めて、例によって伏見庄の平野部を浸していった。庄内の三栖の民家は水中に没し、百姓たちは逃散（避難）。貞成は、早朝から若宮・前宰相（田向経良朝臣）・庭田重有・長資朝臣・慶寿丸（庭田重有の子、重賢の元服前の名）を伴として指月に出かけ、洪水風景を展望していた。毎年、洪水となると見物に出かけた貞成は、時にはその光景を「逸興」と称えたりもしている。この日の洪水も「近頃見及ばざる洪水」であって、「田地損亡、民間周章（大あわて）、不便々々（哀れ、〳〵）」とはいうものの、貞成には、あたり一帯を浸す洪水の、凄まじくもみごとな風景に心打たれる想いの方が強かったのであろう。

内裏での「怪異」のことについても、当日に詳報が入った。「人魂」の話だろうが、この月二十五日の夕方、称光天皇が大便所に入っていると「変化の尼」が一人現れ、やがて失せた。と見ると、次には一匹の亀が姿を現し、天皇に喰いついてきたので、亀の甲にまたがったところ、亀は反撃に出たか天皇にまたもや喰いついた。その亀が天皇の腹中に収まった、と思った途端に失神してしまったのだという。便所から出てこないのを案じた女官が参上して初めて異常を知り、馳せ参じた面々が担ぎ出して、やっと蘇生。陰陽師の卜占では、内裏の庭に、天皇が召し寄せていた「紫野寺の名石」があったが、その「霊石」の祟りだとか。早速に元の寺（大徳寺か）に返却したという。それにつけても天皇の「御悩（病）」は「発しては醒め御す」という按配で、手の施しようもなく、すでに「諸医、捨き申す（そのままにしておく）と云々」であって、そう永くはないだろうというのが、大方の推測であったらしい。それがまた、一段とひどくなったのである。

この天皇の病状の一進一退ぶりが、後小松院・義持・貞成の三者連動関係に微妙な影響をもたらしていた事情を、すでに私たちも熟知している。今度も、やはりそうであった。

明確——とまでは言えぬものの、然るべき兆しは翌二十八日に現れた。鹿苑院主厳仲和尚が用健（周乾）に書面で「若宮の御年齢、密々に注し（記し）賜うべき由」を伝えてきたという。彦仁の年齢を秘密裏に知りたいというわけである。貞成は「尤も不審なり」としながらも、「七歳。六月十七日夜誕生」の由をくわしく返事した。事の真相は、義持が厳仲に尋ねたが厳仲は知らず、貞成の異母弟たる用健にたしかめたところ、用健もまた定かには存知しなかったから、貞成に問い合わせてきた、ということであった。貞成は、こう記している。

　是、室町殿御尋ねあるか。内裏（称光）の御悩に就いて若宮の御事謳歌（取り沙汰、話題）あるの事は、定めし此の事か。吉慶念願極まり無し。

と。伝奏広橋も動き出していた。前宰相（経良）に対し、尋ねたいことがあるから急いで来いという。急遽京に走った彼からは夜分に重有朝臣に書面が届いて、今夜は逗留すること、天皇の病状は相変わらずであること等を伝えてきた。

二十九日、貞成は、早旦に御香宮に参詣し、「別して祈念の事あり、神子（巫女）にも七ケ日参詣すべ」しと申しつけている。その、格別の祈念なるものの核心については、もはやここに喋々するまでもあるまい。八朔（八月一日）には、朝早くから「千巻心経」を奉読し、御所の面々にも読誦させるとともに、法安寺の坊主を石清水八幡宮恒例の法楽に代参させて祈願を籠めた。

その前日、京の上層部には、まるで稲妻が走るように驚天動地の急報が駆け抜けていた。称光天皇崩御の由である。貞成がそれを知ったのは八朔の日であったが、これは明らかな誤報で、「御蘇生」、ただし「いまだ半死半生」というのが真相だった。

ところが、天皇が危篤に陥っていた夜前に、父の後小松院は、あれほど息子に誡めていたはずの琵琶法師を院中に入れて平曲を語らせたり、「双子」(双紙)を読んで楽しんだりで、これには周りの面々も啞然とするばかりであったらしい。のみならず、「(天皇の)御悩の事の善し悪しは、時々剋々に告げ申す事、然るべからず。一向に事の御治定の後に告げ申すべ」しと側近に仰せつけていたという。要するに、「天皇の病状は一々報告しなくてよろしい。はっきりしてから報告しなさい」というのだ。「一向に事の御治定……」とは、御全快あそばされましたとか、お脈が絶えましたとか、事態が確定的なものになるのを指しているが、つきつめたら、絶命したら報告せよ……ということにもなろう。これまでの経過からすると、全快は予想されがたいのが実情であった。それにしてもなかなかとはっきりした御父君ではある。

大方の推察では、その上皇の気分を顧慮して義持は彦仁王の年齢を確かめてきたのであった。八朔の夜分には、法安寺坊主も帰参し、「御願成就の瑞想」をみたとかなんとか語って、貞成をくすぐり倒した。こうした時には、貞成という人はほんとうに素直に喜ぶ。

七日からは義持の沙汰で、内裏において妙法院宮が「七仏薬師法」の御祈禱を施行しはじめたが、後小松院は「御祈りの事も、御悩の善し悪しも申し入るべからず」と言って、まるきりそっぽを向く。御祈禱の効験か、称光天皇も少しく回復した由、伏見にも噂が伝わってきた。

そうこうするうちに、十日早暁、貞成親王は故菅宰相秀長卿が和歌二、三首を詠進してくれるのを夢に見たという。その一首は、記憶に鮮明であった。

開へき時はきぬそとき（聞）ゝなから（未だ）またこの花はつねのこの春

夢幻の中をさまよいつつ、返歌を……と思ったのに果たせぬ。かれこれ思案するうちに「近日、若宮（彦仁）の御事、天下に沙汰あり。此の事、詠まるゝなり」と直感したところで夢は醒めてしまった。まさに「天神の御詠」、「吉夢、勿論憑（頼り）あり」であったが、そのあとにまたまた夢想して、立ち現れた一人の僧が「一流（伏見宮）の御運の再興、御治定（確定）にて候ぞ」と語るのが聞こえたところで覚醒。「両度の夢想、不思儀（ママ）なり」としか言いようもなかったのである。

「瑞夢」に酔い痴れつつ、十三日からの石清水八幡宮放生会に想いを馳せて「別して祈念」。翌十四日には放生会の見物に長資朝臣・前宰相（経良）、それに東御方・芝殿（重有室）・あや（田向）・慶寿丸らが出かけていった。むろんのこと、ここしばらくの間の一連の事態は、貞成夢想のことも含めて彼らの通念になっていたに相違ない。

だが、その日、将軍邸の室町殿に近接する相国寺の山内に発した火は、「今出川以東、富小路以北、万里小路以西、一条以北」（以上、『看聞日記』の記すまま）の範域をなめ尽くした。源宰相（綾小路信俊）の邸も焼亡して、「窮困、過法（度がすぎた）の挙句に家も失う不運」に陥った。菊亭（今出川家）が類焼を免れたのは、せめてもの幸せ。舞い上がる火の粉は禁裏・仙洞御所にも降り注いだが、懸命の消火作業でまずは無事。折からの西北風に煽られて、「ほそくず」（火の粉）が伏見御所のあたりまで飛来したというのだから凄い。火中で相国寺の僧ら三十六人が焼死したため、例によって「天下触穢」の布告となる。火元は山内の乾徳院。出火責任を問われて同院の僧らは処罰されると聞こえたので、一人残らず、一目散にいずこかへ逐電してしまったとか。御多分に洩れず、いささか歌心もあり口さがなき〝京童〟のなせる業であろう、相国寺に「落書」（札）が立って人目を惹いた。

水車火ノ車ニソ成ニケル池ノ魚ヲハウシヲ(潮)ニ(煮)ニシテ

膝を打ったらしい貞成親王は、一入の感興を覚えて記している。「此の心ハ、ソウヅ（添水）ノ水車焼失、又、蓮池ノ水、火気ニ湯ト成テ、池魚煮ラレテ死。仍て此の如くに詠めり。定めし、歌人の落書か。其の興あり」と。

「歌人」とは、いささかオーバーな。この程度の「歌人」なら、京洛の内外にはごろごろしていたのが室町時代の都の情況である。とまれ、忙中閑あり……で、心中には一つ事を凝視していながらも、貞成親王はかような巷説風聞について、いたって貪欲に筆を走らせており、ふと私たちの気を逸らせやすいのだが、うっかりその手には乗れぬ。というのは、同月二十三日には、当の御本人自身が円座から飛び上がるような急報が源宰相（信俊か）から届いたのだ。話は、こうである。

　去る二十日、禁裏に恐れながら……と訴え出た者がいた。聞くと、今度の称光天皇の御病悩は伏見殿（貞成親王）の「咒祖（ママ）（呪咀）」によるとのことである。「さもありぬべき……」と鱗を逆立てた天皇は、義持に〝熱気〟を伝達する。さすがに義持は終始冷静で、「事の様、不審なり」と観じて、侍所の所司代に命じて当人と関係者たちを逮捕させ、尋問した結果、連中の白状では「伏見殿と申したのではございませぬ、大覚寺殿と申し上げましたはず……」というわけである。たちどころに、貞成親王八十五年の生涯における三度目の「虚名」（濡れ衣）は晴れたのであった。この大事な時に、まったくもって肝を冷やす一件ではあった。「大覚寺殿」とは、大覚寺統（南朝）の後亀山天皇皇子恒敦親王の王子で、法名を聖承という。小倉宮（何人もいるが、そのうちの代表格）その人であった。称光天皇の病が篤く、後嗣は皆無という事態は、「不遇」の歳月を耐え忍んできていた南朝系の人びとの強烈な関心を惹いていたのである。事と次第では、一挙に皇位に復しうるかと。積年の夢を抱いて、辛苦を重ねつつ生きる一群の人びとの姿が、この一片の風聞の背後にあった。

　まさしく、これはこれで執念に生きる人というべきか。称光天皇は回復した。十月八日には「御湯始」で入浴。病み上がりの行事である。義持はじめお歴々が「御馬・太刀」を進上して祝賀の意を表したが、貞成親王にはその用意もなく、「無念」であった。

かくして、いったんは急速に浮上したかに見えた彦仁王は、当分の間は文字どおり宙吊りのまま、数年を過ごすこととなる。やはり、「またこの花はつねのこの春」（前出）でしかなかったのだ。「時」は疑いもなく到来してはいるが、しかし、「花」が開くのは、いったいいつなのか。

師走の十九日。前日来の雪が深々と降り積んで、「其の興、甚だ深し」であった。重有朝臣が酒盃を勧めてくれる。その妹で貞成親王の室、二条局幸子の姿は見えない。すでに実家の庭田家に退いて、お産の時を待つ身であった。夜が更けてゆく。午前三時頃に、幸子はめでたく男子を出産した。のちの貞常王である。後年に、兄彦仁王が宮家を離れて登極したあと、老いたる父、貞成親王の期待と、御所に連なる面々の輿望とを一身に荷って、「伏見宮」第四代として立つ。頼もしい二男の誕生に胸をときめかせるうちに、応永三十二年という年も暮れていった。

### 足利義持の死

周知のように、このあと応永三十三、三十四、そして正長元年（一四二六―二八）の都合三ヵ年の『看聞日記』は欠けている。ふだんの年の健筆ぶりを思い合わせれば、そこにもずいぶんと興味深い話題が盛られていたに相違なく、まったくもって残念と言うほかはない。

この三ヵ年間に目立ったことはと言えば、まず応永三十三年の四月二十五日に、近江国今西・塩津両庄の代官職改替について、若狭国松永庄の直務化（直轄化）と併せて、後小松院の諒承が得られたことがあげられよう（二八〇～一頁図版参照）。今西・塩津両庄は貞成親王が父栄仁親王より継承していた旧室町院領の中でも特に重要な位置を占めたものとみられるが、代官として現地の管理、年貢の収納等に当たっていた者が不法を犯したので、これを改替すべく、院に告げてその公認を得たのである。[注1] また、松永庄も同じく旧室町院領の一つではあるが、年貢もきわめて少ない小庄園だったらしい。[注2]

一般的なこととしては、同年六月近江国の坂本に拠点を置く馬借集団が一揆して京中に攻め込んだ一件があり、下剋上時代の衆庶の激しい動向を偲ばせている。三十四年になると、義持による播磨の大名赤松満祐追討のことが世上の話題の最たるものであった。

だが、正長元年の一月には、貞成親王にとってもきわめて重大な事態が生じていた。同月十八日、義持が四十三歳で世を去ったのである。元旦には三条坊門の八幡宮（御所八幡宮）に、また六日には鹿苑院に詣り、息災な様子だったのに、八日に至って病床に臥し、諸社寺での平癒祈願や祈禱の甲斐もなく、ついに不帰の客となった。

だが、事実上の〝将軍空位〟は応永三十二年二月の義量死去の時から数えてすでに三ヵ年にも及んでいる。その晩年には後小松院と称光天皇との間を奔走して、気を遣いつづけていた義持にとって、もっとも頭の痛い宿題が将軍家の後嗣の選定であったことは想像するに難くはない。死の前日、むろん彼は手を打っていた。管領畠山満家に本意を洩らし、四人の兄弟（いずれも僧侶）のうちより選ぶことにした。それも神慮の赴くところに従って、前代未聞の抽籤によらせたのである。ただし、開封は閉眼後のこととして――。「八幡」の神前に

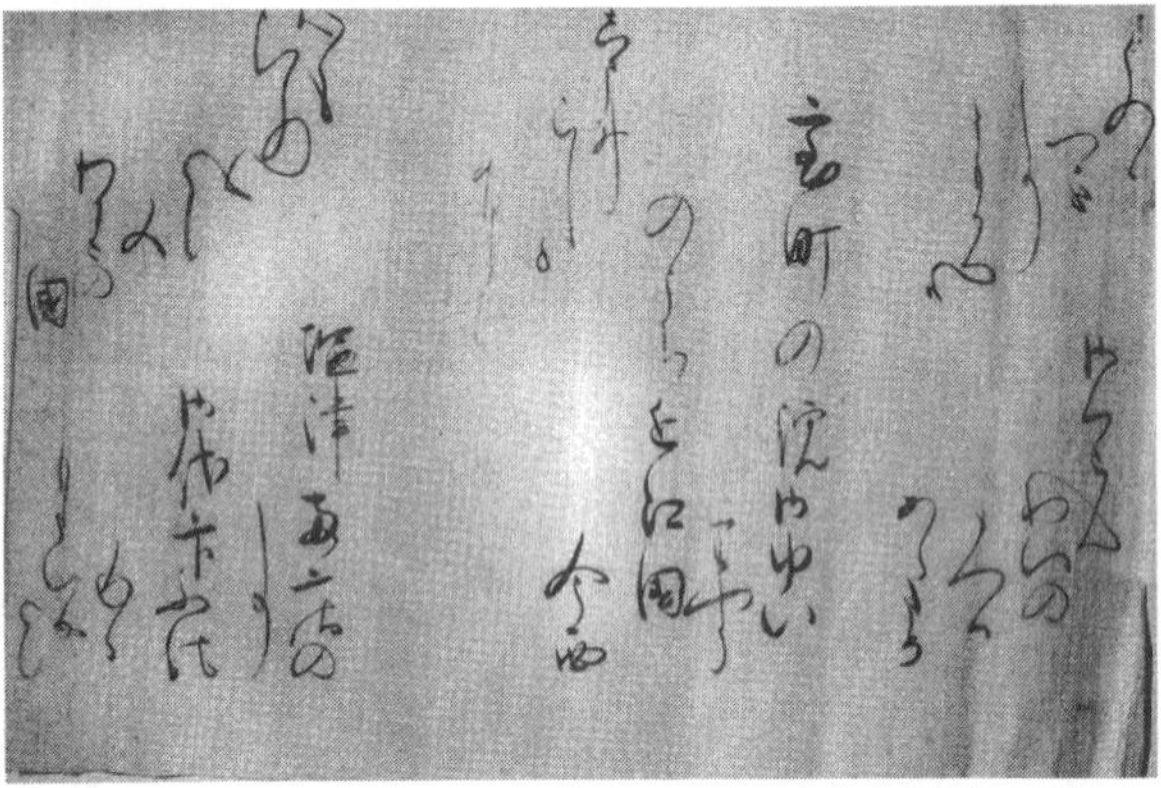

後小松上皇女房奉書　（応永33年４月25日。宮内庁書陵部所蔵）

室①町の院御ゆい（遺）
りやう（領）
のう②ち近江国
今西
塩③津両庄の
事
御④代官不法
返々
もたい（勿体）な
く候
御⑤くわん（管）
れい（領）の
うへハ
あらため
られ⑥候
へき
事
ともかくも
し⑦さゐ（仔細）
候ハしと
おほえ候
心⑧え
まいらせられ
候へく候
又⑨
わかさ（若狭）の
国

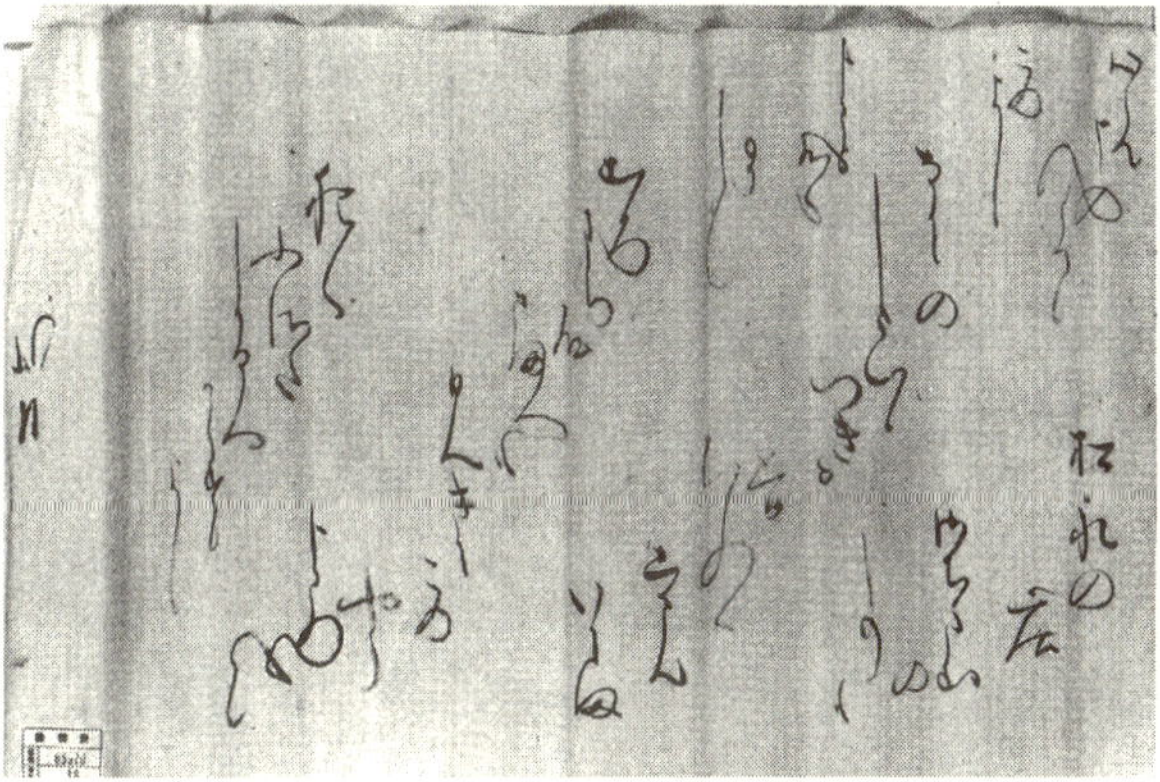

心え候て⑭
申入
られ候へく候
なに⑪の
この⑮よし
申⑯させ
給へ
かしく⑰
むろまち⑫
殿
猶⑬ゝ
ふさた（無沙汰）
しかるへ
からす候
よし

松永の庄⑩
御ちきむ（直務）の
事も
しさい候
へきと
思ひまいらせられ候
しせん（自然）
いかさま（如何様）
さまへも
ひんき（便宜）に
このやう
申され候
へく候

て鬮を取る予定であったらしいが、諸大名が頭を寄せて相談した結果、死後に神前にて行うのは困難だろうから、今日中に「八幡」で受領する形を取ることに決した。たぶん、触穢が憚られたわけであろう。諸大名の勧めで〝黒衣の宰相〟三宝院満済がやむなく鬮を執筆し、厳封を施した上に山名右衛門佐入道時熙が封印を記した。「八幡」に参詣する役は管領畠山満家の仕事。午後八時か九時頃に出かけた彼は神前で引いた鬮を持って十一時頃に帰着したという。（注3）

いっさいを神慮に委ねて、義持はその翌日に永眠した。畠山以下諸大名が一所に参集し、席上畠山の手で封は切られた。

当たったのは、青蓮院門跡・天台座主の義円であった。陰陽師在方卿の卜定では、十九日は「最上吉日」の由である。その日、歴々の訪問を受けた義円は「種々ニ（申されて）御辞退」であったが、面々の「強申」（なんとしてでも、という強談判）に折れて、承知した。早速に……と、大名等に供奉されて青蓮院を出た彼は、裏松中納言邸に身を移す（以上は主として『満済准后日記』による）。義教時代が幕を開いたのだ。そして、これに続く舞台では、義教（はじめ義宣、のち改名）と貞成親王との間に、一喜一憂のドラマが繰り広げられるのである。私たちも、眼を逸らすわけにはいかない。

### 日次記の清書

ところで、早くに関説しておいたことではあるが、現存『看聞日記』のかぎりでは応永三十二年（一四二五）十二月三十日までの分は、それ以後のある時期に貞成親王自身が清書し直したものである。通算すると、十ヵ年分だ。活字本でもわかることだけれど、巻子本で見ると、その分量の凄さはいっそう〝現実〟的である。歩く字、走る字、踊る字――、その一々が随分と統一された筆跡で綴り合わされている。むろんのこと、清書分とはいっても、前項で述べた三ヵ年分は欠如しているのだから、応永三十二年分までを清書したとは断言しきれず、正長元年分もそうであったかも知れない。ただ、はっきりしているのは、現存の巻の続きは「正長二年三月九日」に始まっていて、この先の日次記には、清書し直された形跡はない、ということである。

応永三十二年末までの日次記が清書された事実については、各巻の紙背文書の年記からして、すでに考証ずみである。たとえば、巻二（応永二十三年正月―十二月）の日次記の本文が、応永二十四年から二十九年までの連歌懐紙を翻して記されている事実、また巻十一（応永三十二年）のそれが、巻初に応永三十三年の仮名暦二十一枚を置く事実等を挙げるのみで、十二分に諒察されるであろう。正長二年（一四二九）三月の分からあとには、そのような〝表〟と〝裏〟の矛盾はない。とすると、貞成親王にとっては、少なくとも応永三十二年師走以降、正長二年春までの期間に、日次記の清書の必要性が感じられたということになろう。

それにつけても、いかほど筆まめのお人とはいえ、これだけもの分量の日次記の清書は、一朝一夕に成るものではない。そして、彼の「心理」の動き――、つまりは清書し直しておこうとする心のぐあいを探り当てるための鍵は、欠失分の三ヵ年のうちにあったのではないかと、推量したくもなるのだ。「須く火中に投ずべきものなり」などと、まるで口癖のように毎年末の奥書には記していながら、十ヵ年もの量の日次記を清書し直すという〝神経〟の働きは、いったい全体、どこに発していたのか。

　この、まことにささやかな疑念は、いかにもわかったようでいて、よくはわからぬ、また、わからないようでいて、妙によくわかる、という、私にとっての「伏見宮貞成親王」のお人柄とも、どうやら底深い地点で連結しているらしい。この面白さは、所詮は「歴史」の中の「人間」の面白さとも相通うものである。

　これはまったくの〝空想〟でしかないのだが、清書の多くは長男彦仁王の登極後、しかも京の御所に貞成親王が移住してのちの営みではあるまいか。老後のつれづれの仕事として、である。つれづれのこととはいっても、一人碁盤とにらめっこするとか、盆栽に鋏を入れるとかの類ではなく、宮家の将来に望みを托しての仕事であったろう。

　他人事としてみても、たしかに整序されて良い〝論点〟は少なくなかった。兄治仁王の死没前後のことや新内侍懐妊事件のことは言わずもがな、巨細にわたって〝筋道〟をつけ直し、崇光院流を荷い立ちつつ艱難辛苦のうちに伏見宮の繁栄を念じて「神慮」を頼んで歩んできた「夏」の日々のことどもも、振り返っておかねばならぬ。親王は、その想いに駆られて、手もとに堆積していた連歌懐紙や消息や案文を整序し、その一つ一つを糊で貼り継いでは料紙を仕立てた。そして、応永二十三年正月一日の記事から清書していく。原文の一字一句、一行一行が彼の眼に映え、心を揺さぶる。すべてすべて、まるで昨日のことのよう。過去に埋まったはずの己の見聞やら体験やらが、今さらの如くに甦り、追体験されていく。

年老いてからの心情が、時には原文に削補を加えさせることにもなり、作業の初めから終わりまで、恨み、辛み、喜び、愉しみの一切合財が押し寄せてき、のしかかってくるのであろう。その、いかにも大変な仕事を、彼は淡々とした表情でこなしていたのではあるまいか。

大事なのは、そういう一種のしんどさ加減に、貞成親王が十二分に耐えうるだけの心境に立ち到っていた点ではあるまいか。彼は、日次記前半部の整序と清書が不可欠と観じられる時期に、しかも〝安心〟できる情況において、余裕綽々と細筆を走らせたにちがいないと私は思う。「火中に投」じられては、たまったものではない。「火中に投ずべ」しとわざわざ記しておりながらも、「火中」に投じられずに後世に伝達されることを固く信じて疑わなかったはずだ。

すでに私には、清書をめぐる疑念は氷解した——というよりも、所詮は真実を明らかにすることは今はできないし、また、無理にそう努めたとて、憶測という名の泥沼に脚を突っ込んでのたうち回るのがおちではないかという気分が強い。むしろ、何がなんでもと、過去十ヵ年の日次記を整序し清書し直した貞成親王の執念と心意気、そして実行力に対して、今は脱帽するのみである。それの背後に潜む「歴史」と「人間」とに関わる唯一つの真実は、「歴史学」研究と「文学」研究とのさらなる連携が豊かに稔る日に、あらためて浮上し直して、私たちの漠然とした疑問を融かしてくれるにちがいない。

それはさておくとして、実はここではっきりと記しておくべきことがある。

日次記が清書されたという一事を知る私は、清書の際に貞成親王が原文にはなかった文章を随時挿入していたのでは……と推測した。もちろんこれも、疑えばきりのない話で、決着はつかぬが、それと併せて注目すべき点に、〝誤記〟の問題がある。

その代表格は、兄治仁王の行年の誤記であった。『看聞日記』応永二十四年二月十三日条を見ると、そこには「御年齢卅七歳也」と記されている。三十七だというのだ。当時貞成王は四十六歳であったから、記事を信ずれば「兄」と「弟」とはまさに逆転する。しかも、これはまったく魅惑的な記事なのだ。何故か？

**『本朝皇胤紹運録』のこと**

ここで取り上げておきたいものに『本朝皇胤紹運録』という系図がある。もともとは『帝王系図』と称されていたようで、後小松院の勅命によって応永三十三年（一四二六）五月に内大臣の洞院満季が撰進した皇族系図であるが、以後写本も多く作られたし、補足も加えられ、また後代の分についての書き次ぎもなされて、後陽成天皇までを収めている[注4]。応永三十三年の段階で、どうして後小松院がかようなものの作成を求めたのかは、その頃の伏見宮について注目している私たちにとってはまことに興味深いのであるが、それはさておいて栄仁―治仁―貞成の伏見宮三代に関する箇所を抜き出すと、左のとおりである。

栄仁親王 ┬ 貞成親王
　　　　 └ 治仁王

一見して明らかなように、この書式では貞成が兄、治仁が弟となる。両者の長幼関係がこのように逆転することは、実は、皇族としては不遇であった崇光院流の伏見宮でも殊に不遇な前半生を貞成が余儀なくされていた事情とも重なり合って、魅力的なのである。四十歳まで元服が顧みられなかった事実、その間は菊亭家で今出川公直夫妻の養い子として育っていたこと、さらに言うと治仁王に対する一種独特の感情の起伏等々が、いかにもわかりやすく思われてくるのだ。

その上、さらに大切な論点が一、二加わってきた。一つは、貞成が長上であるとの前提に立ってのことだが、彼が嫡出子ではなくて庶子である、とする説である。この考え方の代表的な表れは『史料綜覧　巻七』（昭和七年三月初版刊行。昭和五十二年九月覆刻、東京大学出版会）の応永二十四年二月十一日条に見られる。すなわち、

十一日、伏見宮治仁王薨ゼラル、庶兄貞成王嗣グ、看聞日記　椿葉記　砂玉集　本朝皇胤紹運録

とある（傍点＝横井）。このような理解の仕方は、辞典類にも見受けられ、たとえば『新撰大人名辞典　第五巻』（昭和十三年三月初版刊行、平凡社）では、左のような解説が施されていた。今、それの覆刻版（昭和五十四年七月、平凡社刊）より引いてみる（傍線＝横井）。

**ハルヒトオー**　治仁王（一三八一—一四一七）伏見宮の第二代。伏見宮の祖、栄仁親王の第三王子で、御母は妃治子（権中納言阿野実治の女）である。弘和元年（永徳元年）の誕生、応永十五年十二月二十日元服、応永二十三年十一月御父栄仁親王薨去の後を承けて統を嗣ぎ、伏見宮の第二代となる。蓋し嫡出たるを以て庶兄を超えて後を嗣がれたものである。然るに翌二十四年二月十一日遽に中風症を発し、仮寓宝厳院に於て薨去、御年三十七。御墓は崇光天皇大光明寺陵の域内に存する。御在世中絶海和尚の弟子となり、法諱を景衍と称せられたが、薨去後の院号を葆光院といふ。王は琵琶を能くせられ、琵琶伝授灌頂の儀を受けられた。

この、いささかならず厄介な問題に対して、諸史料を渉猟して本格的な論証を試みられたのは、管見のかぎりでは村田正志氏（日本史）が最初であった。昭和二十八年（一九五三）五月に発表された論文「伏見宮栄仁親王の二皇子に関する史実」[注5]においてである。村田氏は、先の『本朝皇胤紹運録』中の該当箇所と併せて、左の記事をまず列挙されている。

〔伏見宮御系譜〕

栄仁親王
- 貞成親王
- 治仁王

〔皇親系〕（塙保己一撰）

栄仁親王─┬─貞成親王
　　　　　└─治仁王

〔纂輯御系図〕（元老院編纂）

栄仁親王─┬─後崇光院（貞成親王）
　　　　　└─治仁王

つまり、いずれもが貞成親王を兄としているのである。村田氏は、これについて貞成親王の著『椿葉記』中の、

……さる程に一の宮治仁御相続ありしに、いく程もなく次の年二月十二日俄に御隠（死去）ありし、いとあへなくもあさまし、親王の御望も申さるゝに及ばず、御称号葆光院と定申、……

という記事を重視して、貞成親王自身が「治仁」を「一の宮」と記していること、並びに「一の宮」とは「長嫡の皇（ママ）子の義」であることを強調され、さらにこの兄弟の順位の確認を試みて左の『看聞日記』（応永二十四年三月二十七日条）の記事に注意を促されたのである（原文のまま）。

……葆光院（治仁）御具足取出、○中略 抑御具足中有御書、案文也、予（貞成）為御猶子、別而可有御扶持之旨、大通院殿被申置之趣被遊之、時宜之趣畏悦、催哀涙了、……

すでに叙述したところでもあるので、読者も想い出されたにちがいない。治仁の猶子に貞成を……と、亡父栄仁親王が言い残していた、あの一件である。村田氏は、「たとひ腹を異にしてゐると雖（いえど）も（異母兄弟であったとしても＝横井注。以下括弧内は同じ）、兄が弟の猶子になるといふ例が他にあるであらうか。更にまた長（年長者）が幼（年少者）の猶子になるといふ例が他にあるであらうか」との疑問を投げかけて、「通例は弟が兄の猶子になり、幼が長の猶子になるのが順当なのである」と力説された。その際、所説の補強のために、併せて左の『貞成親王御元服記』（注6）の記事を援用されている。これも、すでに私たちには近しい記事ではあるが（村田氏の引用文のまま）。

……次新宮（治仁）自座進寄加冠畢、其儀取髪、搔左右之髪、各三度押入、訖復本座、加冠事、右府尤雖可勤仕、新宮依為御猶子之儀、別而加冠御沙汰也 次理髪人更着円座理髪、次整調度退下、○中略 抑名字事、本儀者頌者雖可申勘進、堅固蜜（ママ）儀之間、内々為時宜令計給、貞成云々、然而殊更任先規、可被仰頌者歟之由、右府令申之間、式部大輔秀長卿被仰談之処、貞成尤珍重之由申之、仍同者任先例、可書載一紙之由被仰之間、則書進之、云先規云後記、最本望也、……

貞成親王の元服の式に臨んだ治仁王が、加冠の役を勤めたのも、治仁王が年長であったと認定しうる根拠の一つ、と見られたわけであった。目下のところ、この一連の村田氏の考証を全面的に覆す史料はない。その筋道も、いたって素直に受け取れるのである。なかでも貞成が治仁をはっきりと「一の宮」と認識していた事実は軽んじられない。

となると、『本朝皇胤紹運録』以下の諸系図が、あたかも貞成を兄、治仁を弟と見なしやすい書式で釣っていたのは、事実誤認だったということになる。理の当然ながら村田氏は、『看聞日記』応永二十四年二月十三日条の「御年齢卅七歳也」という文言に再び立ち返って、「卅七歳」とあるのは「卌七歳（四十七歳）」の誤記だと推断された。当時貞成は四十六歳であったから、兄の治仁王は一歳年長ということになる。

しかしながら、まだ貞成親王がぴんぴんしていた応永三十三年に撰進されたはずの『本朝皇胤紹運録』が、どうして誤解されやすい書式で二人の兄弟のことを記したのであろうか。ほんとうに、洞院満季が後小松院に献じた〝原型〟でも、やはりそのように記されていたのであろうか。林屋辰三郎氏の解説（『日本歴史大辞典』河出書房刊、「本朝皇胤紹運録」項）によると、現存写本のうち最古のものは文明（ぶんめい）十六年（一四八四）の奥書のある甘露寺（かんろじ）親長（ちかなが）自筆本であるという。文明も十六年といえば、貞成親王の没後二十八年である。貞成親王が「太上天皇」となり、後花園（ごはなぞの）天皇―後土御門（ごつちみかど）天皇（後花園の第一皇子）と打ちつづく皇統の成り行きと、治仁王が「早世」（若死）していたこととが合わさって、治仁王よりも貞成親王を〝上位〟に据える感覚が働いて、『本朝皇胤紹運録』草本成立後の諸写本に影響を与えたものであろうか。

二人の兄弟の長幼を再確認する村田氏の作業は、必然的にこの二人が同母兄弟か、それとも異母兄弟かの詮索にも及んでいた。これについては、やはり氏は「伏見宮御系譜」「皇親系」「纂輯御系図」（並びに「纂輯御系図」所収「伏見宮御系図」）等の記事に見られる錯誤・誤認の一々を明確に指摘された末に、治仁・貞成兄弟の生母は共通の人であり、それは「阿野実治」の女(むすめ)ではなくて「三条実治」と、いうまったく別人の女であることを論証されたのである。その際の決め手となったのは、『椿葉記』自筆草稿本（後述）三種のうちの一本に、貞成親王自身の筆で加えられている注記であったのである。[注7] 以上のような、兄弟の生母についての村田氏の考証の成果は、氏の著書『註椿葉記』（昭和二十九年三月刊）[注8] にも集約されてはいたが、論文そのものが入手はおろか閲覧すらも困難となっていたこともあって、近年の諸辞典の解説にも重大な誤認を引き継がせたままである。早晩、訂正を要する一事と思う。

### 彦仁王の践祚

さて、正長元年（一四二八）も七月となった。その六日に嵯峨(さが)の小倉(おぐら)にいた小倉宮は出奔し、やがて伊勢(いせ)国司(こくし)北畠満雅(きたばたけみつまさ)のもとに身を寄せたらしいという風聞が、京洛の上層部の話題をひっさらっていたと見える（『満済准后日記』）。折しも、称光天皇の病気は一段と悪化し、万一の場合の、しかも十分にありうる事態の対策として、天皇の御座所となっている内裏の黒戸(くろど)の間(ま)は触穢のために造り替えねばなるまいとか、茶毘(だび)

は泉涌寺でとか、中陰（四十九日の仏事）の場とかまでもが、本気であれこれと考えられるほどであった（同上）。むろん、一切は「衆庶」の関知するところではなかったが。

十二日、足利義宣は、幕府首脳部らと慎重協議の末に一大決意を固めたらしい。協議に際しては万里小路時房・勧修寺経成・広橋親光（もと宣光）ら三人の意見も、三宝院満済を通じて反映され、皇位継承者として伏見宮彦仁王がついに内定したのである。使者の世尊寺行豊が伏見に走る。御所にいた貞成親王が、その報せをいかような気持ちで耳にし、どう思ったのかは、この年も日次記を欠くので不明である。しかし、急転直下、それも、彦仁王は明十三日に入京されたい、との申し入れは、彼を大いに慌てさせたことであろう。だが、もちろん辞退するわけもない。

十三日、伏見御所に幕府管領の一隊四、五百人が直行してきた。指揮官は畠山左衛門督満家。管領直々の出動である。すべては極秘裏に運ばれ、彦仁王は伏見の里をあとにして、まずは洛東岡崎の若王子社の坊に身を移された。危篤状態にあるとはいえ、天皇の生死のことは未だ定まりはしない。万一にも……というのは、またもしや回復したら事は重大となるから、とりあえずのこととして目立たぬ場所に彦仁王を移し置き、様子を見たわけである。義宣という人の、せっかちではあるが臨機応変、てきぱきとした性格の一端をそこに見ざるをえない。彦仁王の座所の警備には、侍所頭人赤松左京大夫満祐麾下の将兵が当たった。坊に入るまで、彦仁王を護衛した兵どもの行列は、まるで「女房（女官・婦人）」が出かけるような体裁を装っていたともいう。彦仁王の食事は、すべて若王子の僧正忠意という者が差配した。彼の、いわば〝私〟的配慮によることとして、〝公儀〟は関与せぬ形をとったのであろう。とすれば、これもまた、万一の事態を想定しての慎重な措置であった。

十六日、義宣は、天皇の主治医が「もう長くはあるまい」と洩らしていることを理由にして「親王（次の天皇たるべき人）の事、何様に定め申さるゝや」と院に尋ねてみた。院参してこれを伝えたのは執柄（摂関の異称）の二条持基であったが、院は「窮屈」（疲労）のゆえに会おうとはしない。やむなく書状で伝えたところ、院は「伏見殿の宮（彦仁王）、御猶子となして定め申」すと勅答したのである。

これで決まった。喜んだ義宣はすぐに勧修寺経成を通じて、初めて、彦仁王はすでに若王子にいることを奏上した。「叡慮モヤノ故ニ、今に御斟酌」し（院のご本意も多分そのようであろうかと推察して）ご返事を受ける前に事を運んだのでしたが、しかし、それとても、院が彦仁王をご指名になられたからこそ、今はっきりとお伝えする次第です……と言い添えて、院を喜ばせた。最終の決定いかんは、あくまでも院の胸三寸にあったのだと、義宣がわざわざ申したからである。同日、後小松院は、彦仁王を己の「猶子」とした。息も絶え絶えに病床にあった称光天皇は、おそらくはいっさい聞かされてはいなかったに相違ない。

翌十七日、彦仁王は、若王子から仙洞御所に移された。牛車も牛飼も、すべて義宣の計らいにより、牛車には狩衣姿の綾小路前宰相経良（田向経良）と庭田三位重有の両人が車の後に付き添うていた。半尻姿（一〇五頁図参照）の十歳の少年彦仁王は、子供心にも身上の〝急変〟に不安と動揺を押さえきれなかったであろうが、伏見御所でなついていた二人が傍らにいてくれるのは、心強いことだったに相違ない。それに田向長資・四条隆富らもいてくれた。

その三日のち、二十日の晩に、称光天皇は絶命した。行年二十八歳。「主上崩御」という一大事の事後措置に、上層部が奔走する一方では、彦仁王践祚のための用意が大急ぎで進められていく。京洛が雨で湿った二十二日には、天皇は入棺し、次いで泉涌寺に移された。その六日後の二十八日には晴天下で彦仁王の践祚の儀が執行された。彦仁王は仙洞御所を出、触穢となった内裏を避けて新内裏とされた三条前右府公光邸に移り、決定的瞬間を迎えたのである。その装束たるや、まだ半尻姿であったという（以上、主として『満済准后日記』『椿葉記』による）。元服未了の身であり、その上に「親王宣下」も「立太子」の儀もまったく抜いての践祚なのである。異例中の異例事であった。

この日、父貞成親王はむろん伏見にあった。当時の日次記が欠失したのは残念というほかないのだが、ここ数日の一部始終は、ふだんの彼らしく、高くて丈夫なアンテナを通じて的確にキャッチしていたはずだ。喜色満面にて、「珍重、々々」などと筆端に洩らしながら。時に、五十七歳。終生の一大目標は、ここに達せられた。しかし、無事の即位を見届けねばならぬ。なにしろ彦仁王は幼すぎるではないか。老獪なる上皇、将軍家継承後間もなき義宣というお人、その両者の対応関係の今後やいかん。かてて加えて内裏・仙洞に屯ろする狐狸の如き面々の思惑やいかん。両眼をしっかりと見開き、両耳をそばだてて、伏見の御所を去っていった愛し子を守らねばならぬ。その痛切なる想いが、彼に新たな生き甲斐を保たせたのである。

のちに貞成は、左のように述懐した（『椿葉記』）。

……つたなき隠士の家より出させ給て、かたじけなくも天日嗣を受させ給事、天照太神・正八幡大菩薩の神慮とは申ながら、ふしぎなる御果報にて渡らせ給へば、これもわたくしの幸運眉目にてあらずや。……

同年八月には、小倉宮（南朝）が挙兵した。時すでに遅し、である。機を見るに敏なる義宣とそのブレインたちの間髪を入れぬみごとな処置で、勝負はすでに決まっていた。だが、九月に入ると、史上に聞こえた正長の土一揆が京都・近畿に生じて、京洛に巣喰う貴紳たちの脚下に一筋の暗影を投じた。

## 義教との交渉

さて、三ヵ年と少しの間〝沈黙〟していた貞成親王は、再び正長二年（一四二九）三月九日条をもって、事細かに身辺と世上とについて語りはじめる。

この月十五日に、足利義宣は参議中将に昇進するとともに将軍宣下を受け、第六代室町幕府将軍となった。名も「義教」と改めた。「よしのぶ」という元の名が「不快」だからとの理由である。いかにも些細なようだが、「世忍ぶ」に通じるのが嫌であったらしい。もっとも、それとても簡単にはいかず、あれやこれやと人を騒がせた末、万里小路時房・勧修寺経成・広橋親光らが時房邸で評議して「義敏(よしとし)」といったんは治定していたのに、本人は、よくよく思案したら「教」の字が勝れていると言いだし、宣下の文書に宸筆がまだ加えられていなければ「義教」となされるよう摂政を通じて申し出る為躰(ていたらく)。幸い間(ま)に合って、一件は落着した(『満済准后日記』)。神経質で、一本気で、屈折の多い人柄の片鱗が、ここにも窺える。

夏の六月十八日には、重臣の綾小路信俊を失った。喜寿の年である(『公卿補任』同年条)[注9]。日次記は、またしても卯月(四月)二日条のあと八月四日条までを欠くので、貞成の感懐を確かめる術はないが、恐らくは実の父を失ったかの如くに縷々(るる)想いを綴っていたに相違ない。父子二代にわたって、彼とは苦楽を共にしてきたのであったから。

信俊の遺跡は実子有俊(ありとし)が継いだが、なにしろ応永二十六年(一四一九)の生まれで当年わずか十一歳。心もとない次第ではあったが、この少年、姉や貞成親王の激励の中にみごとに育ち、亡父の「道」を荷い立ってゆく[注10]。

八月二十九日、その綾小路有俊と同い年の彦仁王は新内裏の三条前右府邸を出て、本内裏の土御門内裏へと遷った。貞成にとっては、子であって、すでに子ではない。

晴れの日の彦仁王の頭髪が総角(あげまき)であったことも、遷幸路(せんこうろ)に輿(こし)を止めて義教がその行粧(ぎょうそう)を見物したことも、また「貴賤群集、諸大名辻固め墻(かき)(垣)の如」くなる賑々しさであったことも、すべて貞成は人伝てに耳にしていた。呼び名も「主上」と申し上げねばならぬのである。たとえようもない喜悦の念は、むろん疑うべくもないとはいえ、これ以降の『看聞日記』は「主上」の話を表立てるごとに、「父親」の一抹の淋しさのようなものを読者にそっと伝えてくれ、日記の世界にまた一つ、新しい彩りを添えるのだ。

ともあれ、その一抹の淋しさは、たとえば、この「秋」の部の扉裏に掲げた一首にも滲み出ていた。そして、この前後に貞成親王の詠んだ和歌には、「みやこ（京）」と「伏見」との像がいちだんと鮮やかであり、その印象は年ごとに濃くなるやに思われる。もちろん、京と伏見との対照の中に己が身の在りかを見つめる心根は、伏見帰住以前の歌の数々にもくっきりと現れてはいたのだけれど、身の置きどころは正に逆転。心はいつも、彦仁王のいる、いや「主上」のあらせられる京へと翔けていく。無理もないことではあった。

九月五日には、「永享」と改まった。義教が奈良春日社に詣でるというので、貞成は、二十一日の夜木幡まで出、船に乗り、「木幡廻地蔵辺の小庵」で一宿、翌日その前に構えられた桟敷で行列を見物した。「後陣」だけで一千人ばかりの武士だった。「人々行粧奇麗、希代の見物」で、貞成の眼を驚かせていた「主人」（義教）は、すでに南朝方の遺臣から生命を狙われている。直前に、楠木五郎左衛門尉光正を俗名とする僧体の者（常泉）が南都に潜伏中を発見され、大和の土豪筒井に捕縛されて京都に送られていた。この噂は貞成の耳にも入っており、「天下の為、珍重なり」と洩らしていたのだが、二十四日には京の鴨川の六条河原で、侍所所司代の配下六、七百人が包囲する中で首を刎ねられた。その辞世の和歌三首のうち一首――。

夢のうちに宮こ（都）の秋のはて（果）はみつこゝろは西にあり明の月

早く斬ってしまえと、奈良から義教が命じてのことであったが、「頌歌等、天下の美談」なのが貞成の心にも残ったらしい。いさぎよいその人の最期には胸打たれたとて、しかし伏見宮の御曹司が登極したことを必ずしも快くは思わぬ人々もまた多かった現状を顧みれば、とくに南朝方の連中で再起を企てる者一人一人が絶滅へと追い込まれ、最大最強の〝支持者〟義教の身が安泰であることは、貞成親王の願うところであったろう。

彦仁王の即位式は、つつがなく、この年の師走二十七日に執り行われた。貞成親王は伏見御所にとどまったが、前日に南御方（庭田幸子）・東御方・近衛局・春日御乳人（彦仁の乳母）らが見物に出かけていった。田向経良も庭田重有も田向長資も庭田重賢も随伴していったから、御所はがらんとした風情だったにちがいない。即位式当日の模様がいかばかり「言詞に述べ尽くし難」きものであったかは、二十八日に帰参した女たちから口々に聞かされたようで、「喜悦、極まり無し」であった。

これで、ひとまず安心である。祖父崇光院の三十三回忌仏事も、年明けの正忌日を待たずに、すでに今月に執り行っていた。大光明寺に施入された費用は合計一万一千八百疋もの多額にのぼる。これだけもの出費なのに、「計会」を嘆く言は見当たらない。当然であった。後小松上皇から二千疋、義教から一万疋、伏見庄から一千疋、松永庄から二百疋、塩津・今西庄から二百疋、勧修寺経成から五百疋というぐあいに集まっていて、それに他の面々からの布施が重なっていたのだ（「崇光院三十三回聖忌御仏事要脚算用状」）。この一事にも、彦仁王登極後における伏見宮家の〝家計〟の上昇ぶりは察せられよう。天皇の〝実家〟たることは誰の眼にも明白であり、義教の思惑を案ずる人びとは、これまでのようには伏見殿を扱えなくなってきていたのだ。

年明けて永享二年（一四三〇）の四月二十九日。

貞成は思いがけない来客と対面した。名は蜷川新右衛門親当。晩年の蜷川智蘊である。幕府政所執事に属する腕利きの吏僚であるとともに、連歌の達者としても名は聞こえており、高山宗砌を筆頭とする連歌七賢の一人であって、一休宗純和尚（一休さん）との昵懇の間柄も、史上に名高い人だ。むろん義教の〝右腕〟。

所用は、連歌のことにあらず。義教の使者として酒・美物を届けにきてくれたのであった。貞成は、たぶんこの高名な武家連歌師とは初対面であったろうし、その道の話題もひとしきり弾んだものと私は空想するのだが、それはともあれ、数多の贈物を伏見に届けさせてくれた義教の志には、いたく感激して、「存じ寄らざる御芳志、迷惑（困惑）・祝着、相半ばせるなり。凡そ武家より此の如き美物進めらるゝ事は初度なり」と日記に誌すあまりに、併せてその本音をも洩らした。「併れども、禁裏の御余慶（天皇のお蔭）なり。珍重々々」と。このあたりにも、土御門内裏にいる彦仁王の愛らしい笑顔をふと瞼に浮かべている父親の情が光っている。どうでもよいことかも知れないけれど、貞成親王を喜ばせたプレゼントは左のとおりであった。

一献日録
椏三十、鯉三、鯛五、いるか(海豚)一折、ます(鱒)二、さはら(鰆)三、鮒のすし、荒巻二、あゆ(鮎)のすし五桶、酒ひて(浸)五桶、いはし(鰯)一折、貝のあわび(鮑カ)一折、はい(貝カ)一折、さゝい(栄螺)一折、さいり(さよりカ)一折
已上

よほど室町殿に魚介類の進物品が集中したのであろうが、なかなかと豪勢な内容であった。

義教からの贈物の手厚きことは、友好の証であり尊重の徴であった。美物の品々は、御所奉公の面々にも分かち与えられて、「禁裏の御余慶」は味覚とともに各人の腹中に収まったことであろう。

ところが、いやはや、美物の味の良さも忘れかけた頃に、鬱陶しい一件が生じた。後小松院に近侍していた一条局なる女官が懐妊したのだ。日野中納言盛光の女子である。身に覚えがなかったのであろう、上皇は、孕ませたのは義教の寵臣の三条中将実雅朝臣であると、ずいぶんとはっきり指摘して、義教に訴えた。武技にも秀でていた蜷川智蘊を〝右腕〟としたら、この実雅は軟らかい方面に達者な〝左腕〟である。当時二十二歳の若さだ。主人義教との間には、そこはかとなく衆道の匂いすらも漂いがちのお人。この人物の指一つ、思惑一つで事態は変わる……というほどに、やがてはなってゆく。頭にきた義教は開き直って実雅をかばい、先例を楯にとって訴えを一蹴する。これからは「厳法」をもって臨む……と

いうことで上皇も一歩後退し、「宸筆」にて「請文」（誓約文）の文例を作して各方面に指令を発した。

禁裏・仙洞の間に於て、若しや女犯の輩有らば、上中下﨟の勝劣に依らず、罪科に拠るべき事。

一、遠流の事（島流し）。

一、所帯を召し放たれ（財産・権利の没収）、或いは由緒の仁に返付され、或いは便宜の輩（好適な人物）に宛行わるべき事。

女公人（下女・職員か）たりと雖も犯過有るの儀は、同じく所帯の沙汰（職・身代の処分）に及ぶべきものなり。

右、条々厳法、室町殿に申し談ぜしめ定め置く所なり。

永享二年五月七日

院中での風紀の乱れに怒ってのこととは言え、五十四歳の、それも上皇ともあろう人が躍起になって筆を走らせているのだ。貞成親王にとって心外なのは、禁裏・仙洞のいずれにも祗候していなかった伏見御所の面々にまで請文の提出が命じられたことであった。何年も前の、あの一件（一七〇頁参照）の時と同じく、いかにも馬鹿々々しいと思ってはみても、「主上」のことに想いを馳せれば、言われるままにしなくてはなるまい。

当の三条実雅は、さすがに「内裏小番」の衆からは外されて、一件は落着したらしい。この人物、貞成の遠縁に当たっている。貞成の母西御方の姪が、実雅の父三条公雅の母なのである。

六月二十四日には、後深草・伏見・後伏見院三代宸筆の「卯日神膳御記」二合（二函）を後小松院の需めに応じて進めた。院のご機嫌も整えておかねばならない。七月二十八日には、義教の大将拝賀を祝して剣一口を進呈。こちらも大切である。

その義教という人物が、どうもむつかしいところのある人だとは、このあたりから貞成親王にも少しずつわかり始めたらしい。八朔に義教から近江瓜百籠を贈られて「思いも寄らざる御芳志、喜悦なり」と大喜びし、九日には仙洞より御返しで、去年と今年の分だと言って「重宝済々拝領」して「祝着極まり無し」、十日には田向長資夫妻の養女となっていた貞成の娘（三歳）が痢病で急逝したのを聞き「不便（哀れ）極まり無し」、十一日には内裏よりの御返しで「重宝拝領。千秋万歳、祝着のみ」……という文字どおりの悲喜交々のあと、十五日には田向経良かねてよりの念願であった中納言昇進の件がご破算となって、がっかりしてしまった。上皇は石清水八幡宮放生会に上卿として参仕すべしと伝えていたのだが、あいにくと義教の大将拝賀の日に経良は供奉しておらず、そのことを根に持っていた義教が上皇にクレームをつけ、為に昇進は一気に沙汰止みとなったのだ。

とは言え、九月二十四日に耳にしたところでは、義教は一条左大臣兼良に対して「親王」等への書札礼（文書の書式）について尋ねたという。その書式は兼良より返答され、写しが貞成親王の眼にも触れた。一見した貞成親王は驚喜した。一条兼良は「親王」の項に左のように書き添えて義教に示していたのである（傍点＝横井）。

伏見宮に於ては、禁裏御実父に依り、若しや一段の（格別の）御書礼あるべきか。且は大通院宮（故栄仁親王）御時、鹿苑院殿（義満）一段の御書礼ありし。然れば、誠恐謹言（書き止め）、人々御中（宛て名）、宜しかるべきか。

義教が御内書を「親王」に宛てて発する際、特に貞成親王に対しては格別の書式がふさわしいと言っているのだから、まさに「芳言（けっこうなことばを）加えらるゝは為悦（怡悦。嬉しい）」であった。こうくると、よほどむつかしく思われやすいお人も、ひょっとしたら持っていきよう一つで、どうにでもなるのではあるまいか。貞成親王は、そのように感じたにちがいない。同じく義教から質問された勧修寺経成が、義満の書式について「不審」を示した由を知った貞成親王は、宮家に伝来の文書群から義満の書状か何かを選んで、勧修寺に届けさせた。「これでもか」と、動かぬ証拠を突きつけた感じである。こういう時には、むきになる人だった。

嬉しかった！と言えば、十月六日に義教が、天皇の御禊行幸の見物においでなされませと、勧修寺を通じて内々に伝えてきてくれたことだった。おまけに、車（牛車）も差し向けましょうとまでいう。朝廷の重要年中行事の一つであり、彦仁のお顔も拝見できるとあれば居ても立ってもおられぬではないか。ただちに決意した。義教の指示により、在京中の宿所は勧修寺邸と決まった。その日から貞成親王は、気もそぞろであったろう。「但し、出頭（出かけるのは）、計会なり（出費がかさんで困る）」と洩らす。以前よりはましになったようだが、それでも余分の出費には気を遣わねばならない。

二十六日、天晴。午前八時頃出発。乗物は勧修寺の進めた張輿という略式の輿ではあったが、大光明寺の力者六人に舁がれ、騎馬の田向長資朝臣・庭田重賢、それに地下侍の小川浄喜ら五人と中間三人らが付き添っており、さらに南御方・東御方・春日御乳人らも同行しての晴れの行列である。

いったん、勧修寺邸に落ち着いて小休止したあと、牛車に乗って二条油小路にて天皇の行列を待ち受けたが、予定より遅れ、松明をかざした先陣が近づいてきた頃は、すでに日も暮れていた。義教の行粧が「奇麗」に続いた次に、天皇の鳳輦がやって来る。眼を凝らしてその内を見る。幽かではあったけれど、彦仁の面影は見えた。貞成は、その一瞬のことを「いさゝか竜顔を拝す。忝き喜悦の心中、比類等無きなり」と記す。行列は、しずしずと去っていく。還幸のさまも、己の眼で確かめたくなった彼は、女中衆が伏見へと帰っていったあとも車中にて時を過ごした。その時の「心中詠」一首。

御幸する豊の御秡（祓）を我君の代にあひみんとおもひやはせし

この間、後小松上皇は「不快、無力」の体調で、そのご機嫌もあまり芳しくはなかったらしい。御禊行幸の見物のことも、義教は勧めなかったとみえる。貞成からの挨拶状は三位庭田重有卿を通じて仙洞に届けられ、それに対して上皇は「御禊、無為珍重、御意（貞成の気分）もさぞと御祝喜察し申」さるる由を伝えてきた。

二十八日は、まことに記念すべき日だった。たぶん〝初対面〟となったはずの上皇には会見できずじまいだったが、この日、ついに義教に初めて会えたのである。室町殿の会所に誘われた貞成親王は、端の方の畳に着座した。義教は奥の方の座を勧める。再三辞退したが、重ね重ねの慫慂により、その座に移った。貞成が口を開き、御禊の無事完了、見物のこと、そして参上の喜びを義教に伝えた。義教は口を開かなかった。三十七歳の将軍が、「返答の詞も無く、只、咲（笑）を含みて会釈ばかり」で応対するその顔が、五十九歳の貞成の心には強く灼きついた。

勧修寺邸に戻ってくつろいでいた貞成のもとへ、主の経成が義教からの贈物を持って帰ってきた。「こちらから、ご挨拶に参上すべきところ、おいで下さったのは恐悦」との言葉とともに、白剣・馬（この二種は貞成からの贈物であったらしい）・服十重・香箱一・盆一枚等々である。この夜は、貞成も酩酊し、呼ばれた椿一検校の〝平家〟と〝狂句〟、それに朗詠・雑芸を心ゆくまで愉しみ、深更には例によって連歌会に興じた。彼が、

冬のきてちよ（千代）やあらはにや（宿）との松

と発句したら、経成は、

霜八たひ（度）おけ庭のくれ竹

と脇句を付けてくれた。この日の会衆は、心を許した人ばかり。まるで「伏見御所」がそっくりそのまま京の町に移ってきたようであった。「此の間の式（ようす）は千載一遇なり。老後の思い出」だと経成に厚く礼を言って貞成は、翌二十九日、降りしきる雨の中を輿に揺られ揺られて伏見に帰った。待っていた御所の面々は、酒を出して、喜びを共にしたのである。

その数日後、京の義教はまたしても素敵な贈物を伏見に届けてくれた。馬でもなければ魚介でもなかった。ここ二、三年の間、徳光院（寺）・京極中納言実光・貞成親王の三者三つ巴で領主権が争われていた近江国の山前庄の相論について、義教がみごとに決着をつけてくれたのだ。義教の御内書は、「山前南庄同七里八里両村、并びに北庄役」は元の如く伏見殿の知行所であるべき由を確認するものであり、その書式も、一位・大納言の義教が准后だった義満のそれを真似ているのはちょっとおかしいなどと思えたが、しかし「一段の礼」（格別の書式）であることに違いなく、要するに内容・形式、そして料紙相共に貞成親王の心に適った。すぐに、感謝の書面を義教に発した。十一月六日のことである。そして、貞成親王と義教との交際は、これから一段と深まっていく。

## 石清水立願

さて、山前南北両庄の安堵に欣喜雀躍した直後に貞成は、またしても義教という人のこわさに戦いたらしい。十一月九日は義教の直衣始の儀の日であったが、祗候した公卿の一人、菅侍従益長朝臣が脂燭（明かり）を灯しに参った際、何故か「一咲（笑）」したのが義教の癇にさわり、自分のことを笑ったのであろうと激怒。一気に益長の所領二ヵ所を召し上げてしまったというのである。もっとも、この類の悲劇の主は、これから先も絶えず、義教閉眼の日まで公家社会は陰に陽に緊張を余儀なくされたのであった。

　しかし、幸いなことに義教の視線は伏見殿から外れることもなく、手厚い贈物の数々も、相次いで御所には届けられて、貞成を安堵させた。それがあるうちは心も安らぎ、たまに途絶えると心に影がさすというふうである。

　この頃から貞成は、随分と忙しくなっていた。なにしろ来訪客が目立って増えたからだ。さし当たっては、同月の大嘗会の行事が滞りなく終わって、それも崇光院の代には行われなかったのを永らく恨みに思いつづけてきた貞成としては、「当代聖運、天の感応、神の加護顕然なり、抃悦（手を打って喜ぶこと）の至り、筆端に尽くし難き者なり」と大仰に記すほどの喜びであったが、そのあとは「大嘗会、無為珍重の由、賀し申す」祝賀客が相次ぐ。どうしてこうまで……と思われるくらいだが、広橋中納言親光の話では、義教が各方面に指示して、お祝いを申してこいと言ったとか。嫌な気はしないから、貞成は素直に「珍重なり」

と嬉しさを表す。初対面の広橋がやって来たのは、実は義教の命により、伏見御所が狭いか否か様子をくわしく見てこいと言われて訪れたのだという。

閏十一月に入ると、義教の意ははっきりした。御所へ来るのだ。貞成はむろん喜んだものの、やはりまだ「計会」が案じられる。しかし、敬遠してはならぬ。早速に大工源内次郎を呼びつけて立柱、増改築に踏み切った。造作が続く中にも、連日の来客があり、応対に暇がないありさま。予算も立たぬままの見切り発車だから、伏見庄などの所領に臨時の段銭を賦課したり、深更まで御所の面々と評議したり、一人で頭を抱え込んだりしていた。仙洞は御庭者（山水河原者）を派遣して南庭の石立てをさせたり、山国庄（丹波）から車三輪で材木を届けさせたりして、伏見殿の「計会」を助けた。「事々に忩劇（あわただしく）、寸暇を得ず。馳走（奔走）上下猥雑のみ」という大さわぎも一段落がつき、座敷飾もすっかり整って、あとは主賓を待つばかりとなったのが師走の十九日。屏風の多くは借り物である。

翌二十日、いったん大光明寺に入って点心の斎（食事）をとった義教は、ついにやって来た。宴もたけなわに、七献が終わったところで義教は席を立ったが、貞成が引きとめたので、さらに宴席も賑わったらしい。大変なご機嫌であった。なかでも勧修寺中納言経成はへべれけに酔い、思いがけないことに傍らの屏風に飯を吐きつけてしまった。びっくりしたのは広橋親光である。すぐさま勧修寺に「濯ぐべき」の由を申したという。広橋が伏見殿に貸していた屏風だったのだ。これには同席の面々も沸いたようで、貞成も「一興なり（面白かった）」と記す。

万事、気持ちよく終わって、義教一行が帰っていったあと貞成は、急に酔いが廻った。しかし、ここしばらくの心労も、その甲斐はあったし、これというのも「冥慮」（神仏のおぼしめし）であり、「祈禱の効験」なのだ。それにしても、このたびの総経費は四万疋である。ただし、義教の手土産が一万疋の大金であった。

嬉しいのは、そのことだけではなかった。実は、義教が退出する際、沓脱に下り立ったところで貞成も庭に下りて挨拶をしたのだが、あとで義教は勧修寺を通じて、あれは（自分に対しては）過ぎたる礼儀であって、今後はあのようにはなさらぬように……と申してくれたのである。事前に、勧修寺・広橋と相談していた時には、庭に下りないのがよいということになっていたのに、貞成はつい当座のことで下りてしまったわけであった。それについてわざわざ義教が念を押してきたのにも、「主上」の〝実父〟として貞成を観る姿勢が表れていた。極言してしまえば、貞成は、事実上の〝上皇〟なのである。義教の伏見殿〝重視〟の気持ちは、顕在化すればするほどに、後小松院の意中を忖度し、皇統が崇光院流に移ったなどとは夢にも思いたくない公卿殿上人等に、陰湿なる反感を募らせていかざるをえなかった。

年の瀬も押し迫った二十八日、貞成は田向経良から突然思いがけぬ申し出を受けて胸を詰まらせた。経良は、その「つねよし」の名が「よしのり」に相通うのを遠慮して、すでに経兼と改名していた。他の公家たちの中にも、改名した者は二、三にとどまらなかった。義教の意向がこわかったのである。その経兼は、先日の義教の渡御の際には父子ともに出頭できずじまいで、そのことを義教が不快としている噂が耳に入ったから、長年勤めた伏見庄奉行職をご辞退申したいと言ったのであった。貞成はこれを哀れとしながらも、事を急ぐとかえってまずいと判断し、義教の意志がはっきりするまでは保留することとした。しかし、義教の気性を想えば、やはりこれはまずい。後任には庭田三位を予定し、当面は政所の小川浄喜に職務を代行させたのである。

大晦日（おおみそか）。伏見御所は、近臣・女官交えての酒宴に花が咲き、地下の男どもにも酒が下賜された。御禊行幸もこの眼で見届けたし、山前庄をめぐる相論もめでたく落着した。その喜びを分かち合う祝宴らしい祝宴も催していなかった貞成は、面々の苦心を労（ねぎら）いたかったのであろう。浄喜に命じて宴を張ったのである。夜半になってから、またしても義教から豪勢な「美物」の到来。五日前にも酒に添えて鵠（くぐい）（白鳥）一・雁（かり）三・雉（きじ）十と、鳥づくしの贈物を受けたばかりなのに、重ねて「車一両（輛）」（一台分）もの贈物である。除夜を迎えた貞成親王の眼に映えた「美物」を一見しておきたい。

　美物目録
くゝい（鵠）一、ひしくい（鴻）三、かん（雁）十、うさき（兎）五、ゑひ（海老）五籠、くる〱五十、大かに（蟹）十、雉十、くらけ五桶、かさ（杜蠣カ）一折、榧二十
　以上

「くる〱」とあるのは「かずのこ」のこと。「かず〱」とも言い、また「こず〱」と

も発音されたのだが、正月早々に「こず〳〵（来ず〳〵）」では、いかにも人が来ないようで縁起でもないと嫌がった室町人が、逆に「くる〳〵」と言い換えていたものである（『親元日記』寛正六年正月十日条）。とまれ「明春の吉事は顕然たり。珍重のみ」との文言で、この一年の日記を締め括った貞成は、書き次いできた一巻を巻き戻していく。

さて、年明けて永享三年（一四三一）。還暦を迎えたこの年の正月二十九日に貞成は、久方ぶりに石清水八幡宮に参詣したのだったが、その翌日、二月一日には義教からの招待を受けて感激した。七日に訪問。今回も「計会」ゆえ勧修寺に宿を頼む。

再度訪れてみて、あらためて将軍邸のみごとさに一驚した。会所・飾り物・山水（庭）……。「極楽世界の荘厳も此の如きか」と感嘆し、とんでもない眼の保養をしたあとは聞香で名香を齅がされ、七献が終わると観世猿楽の式三番。これもみごとであったが、すっかりふらふらになったところで「種々重宝」を受けて退出。勧修寺邸に宿るのをやめて、そのまま伏見へと輿に揺られて帰ってしまった。この人、いつも疲れると〝帰心、矢の如し〟で伏見御所に帰りたくなるらしい。帰ると大勢が出迎えてくれた。嬉しいのと心安さとでまた一献。義教の引出物を皆で眺めて喜びを共にする。留守中はどうであったか、と思ったら、なんのことはない、皆で酒盛りをして一日を過ごしていたとか。「しようのないやつめ」と貞成の破顔一笑する様子が、行間に浮かんでくる。

しかし、三月一日、彼は四歳下の異母弟、用健（大通院主）を失った。あまり丈夫なほうではなかったようで、その上に数日前から危篤が伝えられ、一時は少々持ち直したかに見えたのに、駄目であった。腹違いとはいえ、貞成と血のつながった兄弟は、もはや椎野寺にいる洪蔭一人だけになってしまった。

同月二十四日、後小松院が落飾を遂げた。かつて、入道なさる時は御伴を……と申したのがテコとなって、貞成のほうが先に「道欽」を名乗る法体の身へと追い込まれたのに、上皇はそのままであった。義教は、反対も賛成もできかねると、上皇の告げに応えた。お心のままに、というわけだ。貞成とて、同じ気持ちであったろう。そして、ますます義教と貞成とは接近を深めていく。友好の証は、むろんのこと贈呈の品々であり、金銭であった。

そのようなやりとりが連綿と続くうちに、七月から八月にかけて貞成は、まことに興味深い言動を示す。七月十三日、彼は伝来の後深草院宸筆「法華経」を後白河院六条殿の長講堂に寄進することとした。「後深草院聖忌」の御経供養が十六日に執行されると、六条殿預所職の明盛から聞かされてのことだ。内一巻を欠くとはいえ累代のこの重宝と併せて貞成は、一通の「願書」（願文）を明盛に託した。「長講堂の中の御影堂に奉納せよ。後小松院のお耳には絶対に入らぬよう、隠密に事を運べよ。人には知られるなよ」とくれぐれも申し含めてのことだった。その内容は誰にもわからない。だが、何かを願い籠めたことには間違いはない。

そして、八月四日、貞成は昨日義教から贈られた鹿毛の馬一頭を石清水八幡宮に進納し、併せて「和歌三首を加え」た「願書」を奉納したのである（『後崇光院御文類』二十七。本書口絵参看）。(注8)

敬白　八幡宮
右心中懇訴之趣、任照覧願、垂哀愍納受、速令所願成就給、仍奉神馬一疋、立願如件、
古濃多免之安礼半登祈亭婦王賀理於神は志流良無
君賀代尓逢盤宇礼新幾老可身尓残望遠安波礼登毛志連
吾人農賀須奈良須止毛男山佐可遊久末遠満裳良佐羅免也
永享三年八月四日　　　　沙弥道欽白敬

和歌三首は、

いにしへのためしあれはと祈るてふ(という)わが理(ことわり)を神は知るらむ
君が代に逢ふは嬉しき老いが身に残るのぞみを哀れとも知れ
吾れ人の数ならずとも男山さか(栄)行く末を守らざらめや

である。いったい何を「願」ったのかの「謎」の本質は、すべてこの三首に凝縮していた。「いにしへの……」とは、天皇の〝実父〟に対しては「太上天皇」の尊号が奉られる古例のあることを暗示したものと見るのが定説であり、「君が代に……」とは、愛し子の彦仁王の登極をさすとともに、老いの身にもただ一つの〝願い〟は残るとの意志表示であり、さらに

「吾れ人の……」には、己が人の数にも入らぬ身とはいえ、男山(おとこやま)（石清水八幡宮の神）は必ずや吾が行く末をお守り下されよう……の含意がある。要するに、「太上天皇(だいじょうてんのう)」の尊号を願ったのであろう。露骨に言わずとも「神慮」は働くのだ。

太上天皇。それは、天皇譲位後の称号であり、太上皇(だいじょうこう)ともいう。「上皇(じょうこう)」扱いの称号にほかならない。(注11) ここに来てはじめて、私たちは、彦仁王が京の禁裏御所へと去っていったあと、貞成親王がふと漂わせる血の温かみのある「父親」の匂いの裏に、凄まじい〝執心〟がうごめいていたことを思い知らねばならぬ。皇統が、まさしく崇光院の血統を引く人に継承されたことを、名実共に証立てるには、「主上」の「父」が己であることを天下に知らしめるのみならず、末永く後世に伝えねばならない。しかも「上皇」の位置に坐ることによって——である。この想いこそが、還暦の時以来、貞成という一老人を前へ前へと歩ませる生き甲斐となったのである。身分というも階級というもあまりにも遠い人だとはいえ、私は、この一老人の想いの激しさに胸を衝かれるとともに、一人の人間の晩年の生き甲斐が満たされていくさまを、まるで自分の亡父のことのように追わずにはいられなくなる。老後における生き甲斐のことは、方角が東であろうが西であろうが、誰しも無関係ではいられない。だから、走れ、貞成！

十月に貞成親王は、一泊二日で近江の石山寺(いしやまでら)に参詣している。二十三日朝八時頃に発(た)った彼は、途中、山科野(やましなの)（京都市山科区小山辺か）で昼食をとりつつ休息し、夕景の六時頃に到着した。山前庄の一件のお礼参りであったが、「自余（ほかにも）願望、やがて成就憑(たの)みあり、祈念を凝らして」の参詣であった。その翌日に眺めた琵琶湖の光景は、すばらしいものであった。指月庵から宇治川・巨椋湖（巨椋池）を見た光景に似ているのに、貞成はいたく感銘を受けたらしい（前述）。

　とまれ、「自余願望」がなんであったかは、すでに明白であろう。ついで十一月十三日、大和の泊瀬（長谷寺）に詣でるという庭田三位に「願書」を託す。翌日、御所客殿に一羽の鶯が飛び込んできた。「あ！　そうだ。いつかもこのようなことがあった。たしかその次の年に彦仁王が践祚した。これは佳例なるぞ」と大喜びなのである。老獪さとは表裏一体の、この老人の憎めなさ。

### 『正統廃興記』のこと

　飛び込んだ一羽の鶯は、老いたる父に愛息の面影を偲ばせていた。その彦仁王、いや「主上」との間には、登極後にもむろんのこと交渉は切れていなかった。永享三年（一四三一）、十三歳になった天皇彦仁は学問に志し、伏見の父に書籍を求めはじめた。父は、とても喜んで、累代秘蔵の絵巻物や史書や物語の写本を禁裏に送り届けはじめる。その一々については、もはや逐一紹介するゆとりもないけれど、つとに注目されているのは、『大鏡』を通じて文徳天皇—後一条天皇の間の歴史（八五〇—一〇三五年）を、また『保元物語』・『平治物語』(注12)を通じてその後の歴史を、さらに『増鏡』によって鎌倉時代史を彦仁が学んだ点である。しかし、それに続く〝史書〟はなかった。とりわけて、崇光院流の辿った歴史を彦仁に伝達しておかねば収まらぬ。折しも義教と後小松院との間柄には冷えを感じさせるものがあり、貞成と後小松院とのそれも似たり寄ったりになってきている。何も知らぬ幼い彦仁に対して、己が崇光院流の栄光と悲劇を背負いつつ今、「主上」の位置に立っていることの〝意味〟の重さ、深さを知らしめておかねばならないのだ。

　永享四年（一四三二）二月九日、貞成親王は「心経」一巻を書写して三首を添え、二男貞常王らを同伴して石清水に参詣奉納する。その三首もまた意味深いものだった。

鳩の杖たのむはかりそくら井やま（位山）のほりもやらぬ老の坂には
おとこ（男）山あはれとみ（見）すやれいらくの身にいそかれていのる（祈）ねかひ（願）を
宮こ（都）にて雲居の月をなかめ（眺）はや身は木かくれ（隠）の山すみ（住）はうし

「位山」は、美濃北部、飛騨高山南方の山名。全山を覆うイチイの木は笏の用材として聞こえ、「一位」の爵位を朝廷から贈られたので、木を「一位」と称し、山を「位山」と呼ぶに至ったとか。その「位山」を望む心が、〝頂上〟へと登りつめたい、登りつめたい……と願う心に相通うであろうことは、つとに指摘されてきたところであるが[注13]、もう今の私たちにも痛いほどその心は分かっている、と言ってよい。

　多分、すでに貞成親王は日夜〝日次記〟とは別の一書のために細筆を走らせていたに相違ない。十月八日、彼はそれを清書し終えた。題して『正統廃興記』（一巻）という。のちの『椿葉記』であった[注14]。彼の言によると、……崇光院以来、宮中転変の事、并びに世上の事、禁裏聖運開くの事等、つぶさに一巻にこれを記せり。内裏（彦仁）の叡覧に備えんがため、今日清書し畢んぬ。

とある。大切なのは、これに続く左の文言であった。

……但し、仙洞（後小松院の）叡聞（耳に達するのは）憚りあるの間、機嫌（頃合い良き時）を以て禁裏（彦仁）へ進らすべきなり。且は、予の先途の事（私の先々のこと＝太上天皇のことか）望みあるの趣、申し入れんがために、これを録せり。……

まこと、日次記のかぎりでは正直なお人ではあった。後小松院のご機嫌を損じてはミもフタもないので極秘裏に彦仁に読ませたいと言い、その本意は「先途の事望みあるの趣」を、まだわずか十四歳の子に敢えて悟らせようというのだ。

十三日、彼は庭田宰相にこれを託し、勧修寺経成（院近臣で、伏見宮領播磨国衙奉行職）を通じて内裏に届けさせようとしたが、経成はあいにくと留守。

翌月（十一月）二日、前日より伏見に遊びにきていた経成に見せると、内裏に秘密でお届けしましょうと言ってくれた。ただし、年明けてからだ……という。そのまま永享五年に移るが、事実上は、この一件は立ち消えになったらしい。後小松院に知れたら大変であるから、勧修寺経成は、適当に貞成親王に応対していただけなのだろう。

しかし、貞成親王は、断じて諦めたりはせぬ。じっと、機会をうかがう。そして、彦仁の求めに応じて、あるいは自ら進んで、各種の書籍類を内裏に送りつづける。この数年に若き後花園天皇が吸収しえた歴史と文化についての「知識」は多大であり、生涯にわたる教養の基礎は、たしかにこの一時期の「学問」の幅広さにあったものと私は思う。「父」のお蔭であった。ある時は、教訓の書であり、〝帝王〟としての心得書であり、またある時は詩歌の書でもあった。「父」たる貞成親王は、「子」の彦仁に対して、「伏見宮」の伝流のいっさいを注ぎ込もうと努めていたのである。永享五年（一四三三）正月三日、彦仁（十五歳）が元服の儀を経てのちには、貞成親王はその意をますます強めていたらしい。

同年六月、彼は『正統廃興記』を改造し、勧修寺経成に預けてみたが、やがて返却されてくる。むろん、断念などするものか。好機は、必ず到来するのだ。神々よ、御加護を垂れ給え。かつは御照覧あれ。

## 後小松上皇の遺詔

同年十月二十日、伏見御所に五人の「庭者」が到来した。「虎」を名乗る山水河原者たちであり、義教の求める名木を採訪にきたのである。その彼らは、雑談で恐るべき話を聞かせてくれた。梅の木一本を義教の御所へ運んだ庭者が、誤って枝を折った。ひどく立腹した義教は三人の庭者を牢屋に押し込め、付き添って監督していた若党五人を引っ捕らえた。内三人は脱走したが、残る二人は切腹自害を遂げたという。貞成は恐怖戦慄し、早々に木を進呈したいと思ったほどだった。

　そのあと夕暮れ時に、彼はもう一つの情報に接した。午後六時頃、後小松院が東洞院仙洞御所において永眠したのである。時に五十七歳。去る四年の冬頃から病みがちであったが、五年に入るとますます募り、九月には絶命との誤報すら流れていたほどであったから、貞成としても「存内」（内心では予想）のことではあった。しかし、「驚歎、極まり無し」である。彼は左のように記している。

　……後光厳以来、御子孫四代、御治世他流を交えざるは叡慮の如くなり。しかるをたちまちにして御子孫断絶、不思議（ママ）の（思いも寄らぬ）事なり。天下諒闇未定と云々。……

「御子孫断絶」の五文字には、「あなたのご子孫は、ここに絶滅した」の意が奔っているように思われる。そして、いかようにその死を歎いては見せても、後光厳院流が途絶して吾が崇光院流の世が到来したことへの喜びは、行間に溢れ出す。当面最大の〝壁〟が、この日一挙に崩れ去ったのである。

　しかし、そうは問屋が卸さなかった。さすがに老獪なる後小松院は、貞成親王に対して痛恨の〝一石〟を投じてあの世へと旅立っていったのだ。史上に知れた「遺詔」である。

　危篤の床にて、上皇は数通の勅書を認めていた。それは大祥寺和尚を経て義教に伝えられた。死去三日のちに、三宝院満済は、つぶさにその内容を日次記に記しとどめている（『満済准后日記』永享五年十月二十三日条）。

……旧院（後小松院）の御事について諒闇（後述）は勿論か。旧院御遺勅勅書拝見するの処、凡そ感涙を催し了んぬ。勅書の趣、後光厳院御一流、断絶せざるのよう、能々申し御沙汰あるべしと云々。仍て、諒闇の事、その沙汰あるべきの条、尤も御本意、一向に憑み思し食すと云々。また一通勅書。御追号の事は後小松院たるべしと云々。以上両条（二ヵ条）なり。……

満済准后が「両条」だと記していた遺勅は、実はその一部にしかすぎなかった。十四年ものちの文安四年（一四四七）三月に、後小松院の近臣で伏見宮には好意を抱いていなかった公家の一人たる万里小路時房が日次記（『建内記』）に記すところでは、大略左のとおりである。

(1)　尊号の事（貞成が太上天皇の称号を得ること）、未来に勅許あらば、当今（後花園天皇）継嗣の由、治定（決定）すべきか。然れば、後光厳院の御流、たちまちに断絶せんか。日ごろの勅約も空の如し。尊号の沙汰あるべからず。

(2)　旧院仙洞（正親町以北、東洞院以西、晴れの面〈御所正面〉は烏丸なり）は、伏見宮（貞成）の御所たるべからざるの事。

(3)　御追号は後小松院たるべき事。

これに次いで時房は、左の記事をも後世に伝えてくれている。

……旧院、御病中に勅書を普広院(義教)に進らせられ訖んぬ。三ヶ条遺詔の事ありと云々。伝え聞くが如くんば、伏見宮(貞成)(天皇の)御実父によりて尊号の事宣下せらるべからずと。若しや宣下せらるれば、御違変(変事)の儀出来の基たるか。然れば、後光厳院流御一流、たちまちにして断絶の儀たるべきか。仍て、遺詔あるなり。仙洞(御所の地)は伏見宮(貞成の)御所となすべからざるの事、御追号は後小松院たるべきの事、以上三ヶ条と云々。……

さらに言を重ねる要もあるまいが、後小松院は閉眼直前における遺言で、貞成親王には太上天皇の尊号を授けるな、仙洞御所を明け渡すなと明言し、義教に後事を託していたのであった(注15)。まだ貞成親王は、この隠微な事情は知っていない。問題は、後小松院の遺詔の本意を第一義とする〝反伏見宮〟派と、義教を頂点とする〝親伏見宮〟派との激論へと発展した。「諒闇」の是非についてであった。

諒闇。それは天皇が父母の喪に服する期間であり、事は一ヵ年にも及ぶ。焦点は、諒闇と決めれば、後小松院を彦仁の「父」と認めることとなるし、それを否決すれば彦仁の「父」は貞成親王となる点にあった。持明院統(北朝)内部での対立は、後光厳院流と崇光院流との永き対立の歴史の結論として、ここにやっと煮つまるのだ。

義教は、十二月十二日には熱田社領を貞成親王に返還し、ついで二十六日には伏見宮領の播磨国衙奉行だった勧修寺経成を罷免して、三条実雅を充てていた。その間に貞成は、三たび室町殿を訪れて義教との親睦をさらに深めたのであったが、一条兼良も三宝院満済も万里小路時房も、すでにして貞成親王の〝敵〟であった。その時房とて、この年の十月三日に義教の逆鱗に触れて、伝奏という要職から追われてしまっていた。貞成にとって義教は、太いたつきであったが、その人へのまわりの公卿らの反発もまた、強いというのが実情である。したがって、貞成は、義教との交際を確実に深めていく一方では、万一の事態に備えて十分にあたりの動静に意を払っていなくてはならぬのである。義教への一辺倒であっては、思わぬ機会に脚下を掬われよう。

諒闇とするか否か。そのことをめぐる丁々発止の〝論争〟を知った貞成は、老いの心身を固くして、事態の成り行きを注視する。

### 彦仁への訓誡

しかし、結局は諒闇と決したのである。義教も頑張ったが、三宝院満済や一条兼良らを主とする故院（後小松院）派の主張に折れた。すべては『満済准后日記』にくわしいから、それに譲るとして（十月二十三日条）、貞成としては義教という人が「当方に御ひいき、喜悦、少なからず」であり、それで十分であった。後年彼は、彦仁に対して、こう述懐している。

……天下諒闇になる事、むろまち殿（義教）には、さなくともしきり（頻）に御さたありけるを、前摂政（一条兼良）・三宝院（満済）など内談して申さた（沙汰）しけるとなん。ゐ（院）んのたえ（絶）けるをなげきて、忠臣ども申しさた、あはれなり。……

と。末尾の「あはれなり」の一語は、それなりに意味深長ではあろうが、「系統」の正否にあくまでも拘泥しようとする気概は、〝敵〟も吾れも同じなのであって、その気持ちに心打たれていると見れば、この表現も貞成という人の人柄の一端を私たちに告げているといってよいだろう。

　ところで、永享六年（一四三四）三月十六日、貞成の室、南御方（庭田幸子）は、「主上」の生母として従三位（じゅさんみ）に叙せられた。光栄の極みであった。しかし、「父」である己は、いったいどうなるのか——と、貞成は思ったに相違あるまい。七月には、近臣の一人、世尊寺行豊が貧乏のために邸宅を売り払って、妻子もろとも「田舎」へと去っていく。だが、どうしようもない。

　焦立ちながらも貞成は、一方では一通の文案を練っていた。彦仁に、せめて一言をと思い立ってのことだ。太上天皇のことは、諦めていないのである。その文言を左に見よう（注16）（適宜、改行を施した）。

「可入火中者也、（端裏書）内裏（後花園天皇）へ文のあん永享　六　七　十三」

思いがけぬ題目、恐憚入たる申入事にて候へども、御所さまの御事、いまゝではなに事にてもいろゐ（綺）（干渉）申入、仰下さるゝ事も候はぬに、出物の申状狼藉に候へども、旧院（後小松院）のわたらせおはしまし候つる時こそ、よろづあの御所より御はからひわたらせおはしまし候へ。

いまは毎事時宜とし候て、御はからひ（計）わたらせおはしまし候べきに、なに事も人まかせにて、勅定も候はぬやうにうけたまはり及候程に、かやうにてはいかゞと覚させおはしまし候。室町殿（足利義教）よろづ申御さた候御事にて候へども、禁中内々の事は、よろづ御成敗わたらせおはしまし候はんずるにて候。いまは御おさなき（幼）御事にても候はゞや。御成人の御事にて候に、万事人まかせなるやうに御座候ては、恐ながら聖断もいかゞと存候。女中はいかにかしこく候も、越度あやまりもある事にて候。叡慮として公事雑事ども勅言候て、御成敗候はんずるに、御斟酌わたらせおはしまし候やらん。なに事も仰事候はぬと、きゝまいらせ候へば、返々御心もとなく、傍難（謗）（論難）も候ぬと存候。故院（後小松院）の御猶子はさる御事にて候へども、まことの父母の申入候はん事はきこしめし入られ、又大事にもおぼしめされ候はんずるこそ、孝道の儀にもかなひ候はんずるに、こゝもとの事をば、いまは外人のやうに思食めされ候やらんと推量仕候。故院の御座候つる時こそ候へ、いまはしぜんの事は御扶持わたらせおはしまし候て、叡慮に懸られ候べき御事にてこそ候へ。人は我らが事を申すべき事も候はゞや、時宜としてこそおぼしめし入候べきに、よそ〳〵なる御おもむき候やらんと推量仕候ほどに、恐ながら御うたてく

（なさけなく）存候。事の次に述懐申入候。返々狼藉の至候。御学問の事も、室町殿よりこの春申され候し事にて候へば、いかにも御たしなみわたらせおはしまし候はんずるにて候。御参内のあらましにて延引候へば、なにやうの御意にて候と不審に候。よろづ無為のやうに御思案わたらせおはしまし候べし。かやうに申入候事、ゆめ〳〵御口外わたらせおはしまし候はで、この御文もやがて〳〵火中に入られ候べく候。御心へのために恐を顧候はず申入候。人はかやうの事も申入べきにても候はず候。愚老の事は一（向）かう御免わたらせおはしまし候べく候。返々出物の申状恐入候〳〵。このよし御ひ（披）ろう（露）候べく候。あなかしく。

「火中に投じなされませ……」などと記しながらも貞成は、〝玉座〟にある彦仁に対して熱っぽく訴えていた。まだ幼いために仕方のないこととは言い条、彦仁は何事も人まかせと聞く。それではよろしくない。義教さまが、よろずに沙汰する世とはいえ、内裏のことは、あなたの責任でございます。女官たちを頼っても、賢くても過ちはある。しっかりなさいませ。あなたは亡き後小松院の猶子として登極なされましたが、しかし、実の父母（貞成・幸子）の言うことは、よく〳〵耳に入れて大事になされませ。君は、私のことを、今では〝外〟の人みたいに思われているのではありませぬか。後小松院がご存命中ならばともかくとしても、今となっては、もう少ししっかりとお考えいただきたいのです。義教さまもおっしゃったとかで、学問に精出されておる由、父として嬉しく思っています。この父が、こんなことをくどくどと文言に認めてよこしたなどと、ほかの人にはおっしゃらないで下さいまし。この文は、焼いてしまって下さい。あなたの心得のためにも大事なことなので、恐れ多いことをも顧みず、筆を走らせました。なにぶんにも、愚かしい年寄りのことですから、御免なさい。かえすぐ〱、出物（出しゃばり）の言説、すまぬとは思うのですけれども……、

というぐあいであって、これはこれで惻々として胸を打つものがある。私とて、せめて一度、老いたる父からかような言葉を聴いてみたかったと思う。ごく若い年頃に。

## 『椿葉記』の本意

右の文が、そのままの文言で少年後花園天皇の眼にふれたかどうかはわからない。それに、慣例として、天皇に近侍し、機密を預かる誰かを通じてのことであるから、貞成親王の本意がまっすぐに伝わったかどうかについても、やはり同様である。しかし、私には、この案文を作っていた「父」の熱っぽい「子」への想いの方へと、誰が何と言おうとて、心惹かれるのだ。

さて、永享六年（一四三四）八月二十七日、義教は醍醐三宝院に、病み上がり早々の満済を訪問し、栗拾いに興じたりして上機嫌であった。その義教からは、伏見に初雁一羽が届けられ、それを肴に貞成と御所の面々は酒宴を楽しんだものである。

貞成親王も上機嫌だったはずだ。それというのも、同日、御乳人春日が内裏へ帰っていくのに『椿葉記』一巻を託していたからである。

この『椿葉記』の末には、左のように見えている。

当代の御事御げんぶく（元服）までのことをばしるし侍りぬ。御ゆくするゑはるかなれば、のこりおほくとゞめ侍りぬ。おほよそ称光院のたえたるあとに皇統再興あれば、ごさがのゐん（後嵯峨院）の御れい（例）とも申ぬべし。八まんの御たくせん（託宣）に、椿葉のかげふたゝび（再）改としめし給へば、そのためし（例）をひき（引）て椿葉記と名づけはんべる（侍）ことしかり（然）。

永享五年二月日書畢　　入道無品親王道欽

すなわち、後花園天皇元服の時（永享五年正月三日）までの経緯を述べたこと、称光天皇のあとが絶えたところで崇光院流が再興したのは、後嵯峨天皇の先例に準じていること、また、後嵯峨天皇の八幡（石清水八幡宮）御託宣の例によって『椿葉記』と名づけたこと等が明記されているのである。「書畢」とは、清書の終了を意味し、したがって約一年半たって内裏に届いたこととなる。村田正志氏の研究によると、この書名の淵源が『新撰朗詠集』帝王所載、大江朝綱（後江相公）の「聖化万年春」の詩にあるということは、つとに究明されていた由で、また、御託宣云々とあるのは、昔に後嵯峨天皇（即位以前）が石清水に参籠した際、前記の詩の一節たる「徳是北辰、椿葉影再改」との神託を蒙り、次いで開運して践祚するに至った故事を指している。(注17)

この奥書に記された日付以降に、実は後小松院の死去、長講堂領・法金剛院領が後花園天皇に帰属したことや、熱田社領が伏見宮に帰属したこと等、重要な事件が相次いで生じてい

たから、貞成は、

此一巻、永享五年正月までの事をかきて、すでに清書の後の事なれば、書加うるにをよばず。一かうに又しるし侍らぬも、ゆくすゑのふしんもありぬべければ、かたはしおくにかきつけ侍るもの也。

と付記するとともに、言をついで、

そもく又、御母儀の加階の事、前にも述懐申つるに、御をもむきによりてほいをとげ侍る。御めぐみのかたじけなきにつけても、いよく おいののぞみもいつかはと、いのちのうちにあらまほしくおぼえて、

かた枝にははなもさくめり老木にももれぬめぐみの春にあはゝや

と書き添えていた。先述した庭田幸子の加階（叙位）の喜びを述べるとともに、老いたる我が身の希望するところも、いつかは叶えられようし、それもできれば生きている間に（死後における〝追贈〟でなく）実現されたきものだ……と強調しているのである。末の和歌一首も、その本意を端的に伝えるものといえよう。(注18)

九月一日、貞成親王は、伏見御所に来た御乳人春日から、後花園天皇の書面を受け取っ

た。女房奉書であったろうが、それには「くわしい記録をいただきまして、まことに嬉しゅう存じました……」とあった。先月末、天皇が腹病を患っていると聞いて、貞成には案じられたけれど、ともあれ吾が子からの便りはなににもまして喜ばしく、苦心の作『椿葉記』がその眼にふれたのは光栄であった。

ところで、『椿葉記』の内容については、すでに本書の随所で引用してきたから、おおよそのことは察せられたことと思う。ただ、全体を大きく分けてみると、

㈠　崇光院以来、後花園天皇の元服まで。
㈡　太上天皇尊号の希望を述べた部分。
㈢　学芸（音楽・和漢の学・政道・歌道など）の修養、君徳の涵養を説いた部分。
㈣　『椿葉記』執筆・奏覧に関する部分。
㈤　追記

という構成である。執筆の一大目標はといえば、むろんのこと全体の約三分の二近くを占める㈠に明らかな如く、「現代」までの崇光院流の足跡を若き天皇に端的に認識させる点にあった。しかし、比較的少ない文言によるとはいえ、「太上天皇」に関して述べた部分にも、あからさまに〝もう一つの大目標〟が示されていたのである。貞成親王は、その先例を縷々述べたあと、次のように記している。

……されば、じやうこ（上古）より、ていわう（帝王）のちゝ（父）として、むぽんしん（無品親）王にてはて（果）たるためし（例）

なければ、御ゆうじ(猶子)の儀にはよるまじきこれい(古例)にまかせてゐんがう(院号)の御さたどもあるべき事にて侍れども、不肖の身なかなか微望をいたすにをよばず。終(つい)には又追号のさたはありもやせんずらむ。おなじくは存命のうちに尊号の儀もあらば、いかに本意ならん。扨(さて)こそきみ(君)の聖うん(運)ひらきましますしるしも、いよ〳〵気味（気配の意か）はあらめとおぼえ侍る。なに事も人の偏執によりてたうざ(当座)はとかく申なし侍るとも、むかしのれいは世のしる(知)ところなれば、いまさら申(もうす)にをよばざる事也。御母儀の叙品などは、いへ(家)にれいある事なれば、杉殿例(杉殿例)やがても御沙汰あるべき御ことなれども、こなたさま（伏見宮）の事は員外にしよ(処)せらるれば、なかなか申にをよばず。よろづ雲井のよそにきき(聞)たてまつるばかりにてすぐ(過)し侍る。よろこびの中のうれへ(憂)にて侍るなり。かやうのだうり(道理)をおぼしめしわく(分)べききみの御せいじん(成人)をまち(待)たてまつれば、おい(老)のいのちも長かれと、いよ〳〵御代安全宝祚(ほうそ)（皇位）のちやうきう(長久)ならん事をきねん(祈念)し侍るばかりなり。……

文意はすでに明白と思うが、昔から、天皇の「父」たる者が「無品(むほん)（無位）親王」のままで果てた例がないと強調し、存命中に太上天皇の尊号を……と催促しているのである。たしかに天皇の「母儀」の叙品については、伏見宮でも故杉殿(すぎどの)（栄仁親王の母、庭田資子(にわたすけこ)）の先例があり、やがては庭田幸子にもその御沙汰はあろうが、伏見宮はなにぶんにも「員外」のお扱いで処されてきているので、思うに任せぬ。「よろこびの中のうれへ」というべきであり、後花園天皇が成人して、このあたりの「道理」を分別するその時を待ちたい。そのためにも長生きしたい……とアピールするのだ。十五、六歳の少年がかように熱烈な想いをそっと語りかけられたら、「なんとかせねば……、しかしどうすれば良いのか……」と当惑やら焦りを余儀なくもされよう。それに伏見の「父」は、もう六十代であり、還暦を待たずに後小松院も世を去ったあとのことゆえ、老い先のほども案じられるではないか。

この部分もまた、当然に後小松院存生中の執筆にかかるので、極秘文書とはいえ筆の勢いはそれなりに抑制されているが、しかし、吾こそは天皇の「父」なのだという気概はありありと示され、したがって尊号宣下は理の当然なのであると主張されている。そして、後小松院死去の後に記された前掲追記中に見える「おいののぞみもいつかはと、いのちのうちにあらまほしく……」の文言と和歌一首に籠められた含意も、まさしくこの一点に絞られていたのである。

けれども、貞成自身がいかに「先例」に「道理」を見出してみたとて、当座（当面）は「とかく申なし侍る」（とやかく異議を唱える）「偏執」の人があることも否定できない。その「偏執」の人の焦点には、後小松院が浮かんでいた——と見たのは、下房俊一氏であり、『椿葉記』には「道理」の強調と裏腹の関係で、貞成の後小松院への激しい対抗意識が貫流していることが説かれていた[注19]。当を得た指摘と考える。

ところで、一口に『椿葉記』とはいっても、〃一枚岩〃でできていたわけではなかった。というのは、最終的に後花園天皇に進められた本は残っていないが、幸いなことに宮内庁書陵部には貞成親王自筆の三種類の草本（二巻、三本。伏見宮旧蔵）が伝来しているのである。私は、便宜上から『群書類従』（続群書類従完成会刊）帝王部所収の『椿葉記』を使用してきているが、それは、奥書によれば「村井古巌本を以て書写し、扶桑拾葉集を以て校合しおわ」ったものといい、これがごく一般的に読まれ用いられてきているのである。

三種類の『椿葉記』草本の比較校合を通じて、相互の異同を巨細にわたって明らかにするという丹念な作業は、いち早く村田正志氏によって果たされていた。『證註椿葉記』がそれである。同書には、諸本についての詳細な解説や先行研究の紹介もあり、併せて是非参看されるよう切望したいのであるが、それはともあれ、この三種の草本は、

（甲本）文書類の反古を翻えした料紙に記されており、その紙背文書中に「長講堂奉寄進也。永享三年七月十三日、沙弥道欽」の文言が見えているので、最初の草案に近いものと考えられるもの。

（乙本）一軸の表に記され、中間に欠紙が存し、内容も前記（甲本）に近く、修訂の跡が見え、年記・署名のなきもの。

（丙本）前記（乙本）の裏に記され、追記・和歌一首も含めて全文完備し、多少の異同を除くとほとんど流布本と同様であって、最終稿かと目されるもの。

の三つである。

この三種の草本の異同を仔細に照合すると、それはそれで貞成の事実誤認は言わずもがな、彼の〝逡巡〟ぶりすらもが露われており、まことに興味深いものがある。それに論及する余裕とて今はなく、残念ではあるが、かねてより注目されてきた一例を示すことにし

よう(注20)（丶印は抹消を示す。右側の小字は訂正記事。いずれも貞成自身による）。

（甲本）○上、欠ク　わたく□(し)の所望はあきたらず、むかしの例を申さば、光仁天皇は施基皇子の御子、天智天皇の御孫也、光仁は不慮に践祚ありて、施基皇子も追号田原天皇と申、小一条院は春宮（東宮）にてわたらせ給へども、我と御辞退ありて院号ありき、後堀川院は守貞親王（マヽ）「後高倉院皇子」の御子にて践祚の後、かの親王入道にてましませども、やがて太上天皇の尊号をたてまつられて後高倉院と申き、

（乙本）　君の御めでたきたひ（マヽ）には、世の人賀し申せば、老の幸と目出て（面目なるに）付ても、なをわたくしの所望はあきたらず、むかしの例を申さば、まづ院号は小一条院「三条院皇子」、春宮にてわたらせ給へども、我と御辞退ありて院号ありき、守貞の親王「高倉院皇子」は後堀川院践祚ありて、かの親王入道にてましませども、やがて太上天皇の尊号をたてまつられて後高倉院と申、

（丙本）　君の御光にあひて世の人賀申せば（かの御おもむきによりたる事なれども、これも）、老の幸と面目なるに付ても（事ゆへなれは、）、なをわたくしの所望はあきたらず、○院号の例を申さば（かやうに申もかたはらいたく、人わらひなるべけれど、さりとてはむかしの例を申さば）、小一条院、それは春宮にてわたらせ給へば子細に及ばず、守貞の親王は後堀河院践祚ありて、かの親王入道にてましませども、やがて太上天皇の尊号をたてまつられて後高倉院と申、

いうまでもなく、太上天皇の尊号が贈られた先例を述べ立てた箇所であるが、三者を較べてみると、永享三、四年の頃から同六年八月頃までの間に、少なくとも三度にわたって修訂や清書を重ねていた貞成親王の執心のほどは察せられるであろう。もちろん、前述した本意に突き動かされながらのことではあったが。

## 八　一庄同心

**湯起請**

さて、話は少しばかりさかのぼるが、永享三年（一四三一）の六月頃には貞成親王の膝下伏見庄で盗賊が出没して、人々を恐れさせていた。折から京都とその近辺では、二、三年前に発する凶作と飢饉が災いして、深刻な米不足に襲われており、餓死者が続出していたと伝えられる。しかし、日本最大のこの都市に米がなかったわけではなく、実は悪徳の米商六人が暴利獲得に狂奔したのが一因であった。連中とその余党数十人は翌月に幕府侍所に捕らえられ、「湯起請」を経て、その犯罪を確認されたあと、貞成親王が長講堂に願文を納めた日の数日後に、張本の内三人が刑場の露と消えた。三人のうち一人の名は門次郎で、もとは「乞食」であったという。一味は諸国から京への、米の運送路を塞いでおき、手持ちの米を高値で売ろうと試み、「飢渇祭」を三度も催していたとか。「洛中の飢饉、以てのほか」とまで言われる事態を眺めながらの「祭」であった。

ともあれ、南郊伏見庄での盗難頻発は、そういう情況を背景にして生じていた。伏見庄の「主」たる貞成親王は、むろんこれに対処しようと努めた。聞くところでは、疑わしい人があり、中でも「兵庫」という名の地下人は日頃から庄民の疑念の的であるという。その兄弟は三人あり、うち一人は光台寺の僧（俊意）で、あとの二人は伏見御所に祗候する御所侍の内本善祐（ぜんゆう）と同助六（すけろく）。したがって、この三人については問題はなく、兵庫（ひょうご）一人を逮捕するも可……と、貞成は観念したのだが、地下の沙汰人等（有力農民で、領主の下で現地の運営に専従した）が申すには、本人の兄弟らがきっと鬱憤を抱きましょうから、いかがなものでありましょうやと。なるほどと貞成親王は善祐・助六兄弟に尋ねてみたが、近年は兵庫とも交際は切れていて存知しない由である。それに、助六も僧俊意も、口を揃えて、もしや濡れ衣であれば兵庫が不便（ふびん）（哀れ）ですので、まず本人にお尋ね下さり、犯行が事実なれば切腹を仰せつけられませ、とまで言いきった。本人を召し出して尋問すると、ここしばらくの盗賊事件は、ゆめゆめ私のあずかり知らぬところであり、「湯起請」を書いてでも身の証を立て、事と次第によっては腹を切る……と明言した。湯起請とは、古代には「盟神探湯（くかたち）」とも言い、神への誓約文を書いて焼き、その灰を呑んだあと、神前の釜で沸かした煮え湯に手を差し入れて底の石などをつかみ上げ、火傷の出具合から神慮を判断する神聖裁判の一種である。[注21]

早速に御香宮で陰陽師に差配させたが、三日間様子を見たのに兵庫の手に異変はなく、青天白日の身となった。その間、六月五日には容疑者三、四人が召し捕られ、一人は逐電したが三人が同じく御香宮で湯起請に付された。舟津（ふなつ）村の一人と山村の一人は、当座は無事だったので両村にお預けの身となったが、結桶師（ゆいおけし）（住所は不明。ただし、伏見庄の地下人）一人は手を「焼損」し、即座に縛り上げられた。ところが、無事だった二人も三日の間に手が腫（は）れ上がり（焼損）、ただちに糺問（きゅうもん）したところ、あっさりと白状に及んだのである。

少し先の話になるが、同じく伏見宮領の近江国山前庄と、隣庄観音寺との間に〝山相論（争論）〟が生じて、双方が幕府に訴え出た際にも、やはりこの湯起請が執行された。永享八年（一四三六）三月のことである。顚末についてはここでは詳述を避けるが、要点のみを記すと、京中の近衛堀川にあった成仏寺で行われた湯起請には山前庄の「古老百姓」の願阿が抽籤で一番となり、所定の方式で臨んだが、「違失」はなかった。これに次いで観音寺の「百姓男」も同様にしたが、これまた無事。三日のちに検知してみても、双方無事だったので「両方、道理あり」と認められ、「中分」（引き分け）と相成った。(注22) 湯起請の長い歴史の中でも、引き分けに終わったのは希有のことといわれている。

### 伏見の殿原と百姓

ところで、盗賊一件で引き合いに出されてきた善祐・助六、そして辛うじて罪を免れた弟分の兵庫の三兄弟は、すべて内本氏の人であった。この内本氏は伏見庄の有力農民であるが、ほかにも『看聞日記』に名を見せる歴々は多い。以下、その主だった連中について黒川正広氏の仕事に学びつつ、「伏見」の「衆庶」の代表として紹介し、日頃の動きを垣間見るよすがとしたい。(注23)

まずは、三木氏。善清が現れる。この子に助太郎善理（御香宮神主・畠山氏家人）・無垢庵管理（伏見庄下司・室町院領備中国大島保代官・相国寺領丹波国草野土野谷代官）・三郎・与一善康とその子善久がいた。

小川一族も有力であった。三木氏が御香宮神主職を拠点にしていたのに比すると、この小川氏は伏見庄の現地・庄民の管理を預る要職にあって、まず禅啓が『看聞日記』に頻出する。伏見庄の政所であり、大名山名氏の被官でもあれば、鹿王院領金松名の代官にもなった人物である。子の浄喜も、伏見庄政所を勤めるとともに仁和寺領丹波国華田庄の代官職も兼ねた。弟の藤左衛門尉重民は、庭田家の青侍であり、伏見庄の預所（庄官の一）。その弟に勘解由允があり、また新左衛門尉有善（伏見庄の公文）がいる。

両氏と並び立つものに下野氏があり、良有は「地下のおとな」で、小川禅啓・浄喜父子とも並ぶなかなかの文化人。その弟の良村（義村）は「地下侍」、さらに末弟の有慶も「地下殿原」である。

兵庫もその一員だった内本氏については、俊意（僧）・善祐（伏見御所侍）・助六（同。三木善理代官）・弟某・兵庫の五名が『看聞日記』に登場する。

そのほかには岡氏。伏見庄政所（嘉吉三年四月二十二日条）を勤めた性蘂（正栄）と、その猶子の勘解由允（小川禅啓の実子）が名を見せている。ついでは芝氏。これはすでになじみのある芝俊阿、そして、その猶子の左衛門七郎がいた。

姓は不明だが伏見庄下司を勤めた人で、「庖丁」（料理）にも巧みだったのみならず、宴席になくてはならなかった器用人の広時（田向青侍）、その子息で伏見庄預所となった田向青侍の広輔らも、忘れられない。

これらのうち、とくに、と言えば、なんといっても三木氏と小川氏であった。この二氏については、目立った事件と関連して後述するとして、以上にみた〝沙汰人〟（庄官）や〝殿原〟（地侍）のほかに、ずいぶんたくさんの百姓たちがいた。

永享五年（一四三三）閏七月の話であるが、石井村の「御子」（巫女）の家に盗人が入った。あいにくと?居合わせた「老入道」に見つかってしまって、棒でさんざん打擲され、負傷しながら逃げ去った。大騒ぎで沙汰人が全庄民を御香宮に召集し、一人一人裸にして傷の有無を調べたのである。該当者はおらず「無為」であったが、その人数たるや四、五百人というから驚く。

翌永享六年十月のことだが、比叡山延暦寺の山法師らが幕府による寺領没収処分を憤り、例によって強訴のために神輿を振り振り大挙入洛するとの風聞が立ち、伏見庄でも万一の事態に備えて即成院の早鐘を撞き、庄民を非常呼集したのであるが、晩景に御香宮に参集した庄民の数は三百余人であったという。事柄の性質上、この時も男性ばかりと見てよい。

その内訳を見ると、まず小河五郎左衛門尉（禅啓猶子）・小川新左衛門尉（浄喜の子）・三木五郎（善理の子）・内本助六（善祐の弟）・藤兵衛尉（禅啓の子で庭田家の青侍）・岡解由允（禅啓の子、正栄の猶子）・芝左衛門七郎（俊阿の猶子）ら「侍」が七人、これらに五十人もの「下人」が随伴していた。

一方、百姓は、舟津村から六十三人、三木村から百人、山村から三十人、森村から十五人、石井村・野中村からは各十人というぐあいであって、これだけで約二百三十人に達していた。貞成親王の言によると、彼らは「半具足の輩」と呼ばれており、不完全ながらも武装して馳せ参じたのである。ともあれ、これだけもの〝軍勢〟が伏見の一庄からただちに緊急出動していって、幕府軍の周縁部に結集し、加勢するのであった。幸いこの時は大事に到らず、山法師たちは退散したのであったが、河原（鴨の河原）には「諸軍勢」が充満して、なかなかの見物だったらしい。その「諸軍勢」の中には、近郊村落からの「半具足」の連中も地侍たちに率いられて含まれていたわけである。

こうした伏見庄民の〝機動性〟と〝武力〟とは、領主の意向に添って動くかぎりでは問題はなかった。しかし、逆になると領主にとってはまったく厄介なものとなる。彼ら一人一人は、領主（伏見殿）を頂点とし、伏見庄奉行—政所—沙汰人—殿原衆—一般百姓……という支配関係に立っていたのだが、一方、沙汰人・殿原衆らと一般百姓との間では被官・奉公人の関係も結ばれていたらしく、全体にわたって網の目のように入り組んだ支配—被支配関係が伏見庄を覆っていたといえる。むろんこれは、伏見庄にかぎらず、この時代の「庄園」は同様の仕組みから成っていたのである。

こういう「地下の輩」の持つ相互関係の緊密さは、日頃の祭礼や行事や生活風俗の万般を貫いていて、彼らの〝結束〟の強さを生んでいた。この強さが、領主に刃向かって動きだすと、大変なのだ。一庄同心であり、土一揆である。世は、まさに「下剋上」の時代なのだ。

**中央の儀**　ところで、前述した伏見庄の沙汰人や地侍層の中で、特に有力であったのは、三木一族と小川一族とであった。この両者は、片や三木善理、片や小川禅啓を〝長〟として、つねづね対立しがちで、領主伏見宮の悩みの種の一つであったらしい。

貞成が日次記を書きだした翌年、応永二十四年（一四一七）の閏五月、即成院に数十人の強盗が押し入り、衣裳や道具類を奪って去った。話を聞いた貞成が案じたのは、同院に以前から預けていた諸記録・文書類の安否であったが、これは手つかずと知って胸を撫で下ろした。しかし、庄内での犯罪を見過ごすわけにはいかない。月あけて六月二日には、「地下一庄、殿原・寺庵人供行者・土民等」をすべて御香宮に集めて、起請文を書かせたが（湯起請カ）、違失は顕れなかった。七日間のうちに違失があれば罪科に処することとして、いったんは区切りをつけた。

十三日になると、次郎という者の白状で、犯人は三木善理の舎弟たる三木三郎だとわかった。ついでに、去年十二月の楊柳寺での強盗一件も三郎の仕業だという。貞成は、善理に事の由を告げ、三郎の身柄を預かり置けと命じたが、三郎は行方知れずとの返事である。やりとり数遍ののち、侍所へ問題を持ち込むこととなったが、どうしたわけか善理は三郎の出頭を妨げ、そればかりか貞成の意に逆らう行動に出て、自分も姿をくらましたのである。貞成としては初めて知ったことらしいのだが、善理は管領家畠山氏に奉公する被官の身でもあり、その筋を通して幕府の力を借りようと画策する可能性も見えていた。当時の三郎については庄内に潜伏中との噂もあり、貞成は侍所所司代三方範忠に重ねて問い合わせたが、侍所にもむろん消息はつかめておらず、こちらの方で召し捕ってほしいとの申し出であったから、すぐに沙汰人等が三郎の家に押しかけた。しかし、もぬけのからではないか。家財道具もなく、女・童部の姿もない。一族の行方は知れないが、彼らの背後には畠山氏が控えているのに相違ない。だから、これ以上のところは、迂闊に事は運べないのだ。三木善理を闕所処分に付し、一党の住居を焼いて、あとは事態を見守ることとした。

八月二十六日、貞成のもとへ所司代からの知らせが届いた。九月の御香宮祭礼が近づいているが、御香宮の神主たる善理がいなくては事が動くまい。したがって、公方（足利義持）の仰せにより、善理の伏見帰住を実現されたい――、という文面である。当時、義持は南都におり、それを知っていた貞成は「上意（公方の意志）を号するの条、不審」と感想を洩らし、そのあとに「中央の儀か」と書き添えている。

いかに上意といっても、すでに新神主には御所侍の善国という者を任命したあとのこと。しかも、貞成が「上意」に疑念を抱き出した上は、そう簡単に事は運ばない。この一件は、翌二十五年に持ち越され、曲折を経ながらも次第に事柄の本質解明へと赴いていく。

同年六月に到って、所司代は、一件につき政所小川禅啓と三木善理とを侍所に出頭させ、対決させたいと伝えてきた。この頃になると、貞成の心中の「上意」への疑惑は固まりきっている。禅啓は十一日、十二日と連続して侍所に出頭したが、善理はいっこうに現れようとせず、どうやら畠山の意向を伺ってでなければ侍所へは出頭しない気であるらしい。貞成は、「事の様、不審。若しや上意には非ずして中央の儀か」と、またしても思う。そして、一方では広橋（親光）に書面を発して、三木善理の伏見帰住はむつかしい由を義持に伝えてほしいと依頼していた。十三日、帰って来た小川禅啓は、こうなった上はいっそのこと仔細を公方に打ち明けてみましょうという、所司代の見解を貞成に伝え、「此の方としては古事なり」と、貞成を喜ばせたものである。

しかし、九月に入り、思いがけないことに所司代は、三木善理らの名田・屋敷の返付を求めてきた。ことに善理については、事件の犯人でもなく、一応は伏見殿として罪に処したのであるからこのあたりで免じてやってはどうかと、義持が仰せたというのだ。やむなく貞成は、三木らの「不義」は一事にとどまらなかったことを理由にして、今後いっさい「不義」を働かぬと約束する誓約書を出すのを条件に、帰住を認めたのである。

ところが、またしても奇妙な事態が生じた。十二月末に善理が四ヵ条の訴えを幕府政所頭人の伊勢因幡守に提出していて、公方の仰せによって、奉書が善理に与えられた由を記す目安状が伏見御所に届けられたのだ。届けたのは三方（所司代）の使者である。披見して貞成は一驚したらしい。㈠善理らの住居を新築すること、㈡名田畠の年貢の返却、㈢「両僧坊田不動堂下地」を返却することと併せて、㈣三位（田向経良）・小川禅啓を重罪に処し、伏見庄から追放処分にすることが記されていたのである（応永二十六年四月十五日条）。

これには〝裏〟があった。かいつまんで要約すると、田向が伊勢因幡守に確かめたら、これは義持の命令にもとづくものでなく、畠山の画策に発していた。つまり、畠山が伊勢にしきりと働きかけてくるので、伊勢は上意を伺った。義持は、まだ事件が落着しておらぬとすれば、重ねて事態の収拾方を伏見殿に申し伝えよ、と言ったらしい。その意を受けて伊勢は奉書を発給したのだが目安状に載った四項目のうち、第㈣項ばかりは奉書には書かなかったという。それについては義持の仰せを受けていなかったからだ。結局、奉書をとりついだ所司代の三方が訴人の善理の言うがままに目安状に書き加えたか何かしたものとみえる。貞成の言によれば、「畠山・三木等、掠め申すに依り、中様の儀出来す。公方仰せ出だされざる事、諫言、説くべからざるなり」であった。鬱憤を晴らすべく、三木が「主」の畠山を動かして画策しつづけたわけであった。

この一件は、在地の有力者同士の年来の対立・確執に根ざし、その背景も深かった。さらに伏見殿の、領主としての処分のあり方、幕府内の勢力関係ということも加わって、容易にはほぐれぬまま、それ以後もくすぶりつづけたのである。

さて、事件に関する『看聞日記』の記事には、しばしば「中央（中様）の儀」という妙な言葉が出てくる。この一語については、これまで格別に論じられてこなかったが、最近、笠松宏至氏の研究によって、その語義は至って明快となった。(注24) くわしくは、他の用例をも併せ引かれた氏の一文によられたいが、実はこの語は「決定権者たる権力トップが除外された場における家臣たちの決定が、トップの意志として外部に表明される」意味で理解されるという。要するに、肝心の人物が聾桟敷に置かれている状態である。そして、そのことによって貞成とその周囲の人びとも引きずり回されつづけたのであった。

## 一揆と弾圧

さて、以上に私たちは、貞成の時代、この伏見庄に生きた人びとの動きをまさぐってみた。こんどは、彼らの「生産」と「生活」に深く関わって繰り広げられた一揆や相論に眼を移しておくことにしよう。

永享五年（一四三三）三月二十日のこと、伏見庄沙汰人小川浄喜以下多勢が、醍醐三宝院領の炭山へと出動した。〝柴苅り〟の問題であり〝境界〟をめぐる争いであった。この日彼らは、かねてからのもめごとに決着をつけるべく、相手側との談合で「山の境」を決めることにしたのだ。こちらの「主」は貞成親王、先方の「主」は三宝院満済（五十六歳）である。炭山の人びとは出会おうとせず、そのために事もなくすんで、沙汰人らは帰庄した。

　このあたりに本格化しはじめた事件は、柴と併せて草の問題をめぐる庄民たちの、長い苦闘の歴史を背景としている。(注25) 周知のように、当代には二毛作が普及し、反当たり収穫量も増える代わりに地味が痩せやすく、肥料である草木灰の確保は庄民の死活にも関わる重大事なのに、伏見庄には草も柴も乏しかったらしい。しがたって、ずいぶんと前から草木のための戦を重ねていたのである。

　話はさかのぼるが、応永二十七年（一四二〇）七月に伏見庄民が木幡（聖護院領）の地で草苅りをした際、木幡側は境を明示する札を立てて、立ち入りを阻んだ。激昂した伏見庄民は武力で決着をつける姿勢で臨んだ。この時貞成は「何様にも公方へ訴訟申すべき間、楚忽の儀（軽々しい言動）あるべからず。その間、相待つべし」と命じ、あとは〝政治決着〟へと持ち込んでいる。

　その翌々年の八月には、下三栖との間に「野堺相論」が起こった。これも草苅り争いである。双方とも、武力闘争も辞せず……の構えで、三栖側は要害（砦）まで築くありさま。宇治槙島の惣官が仲裁に入って、いったん落着したかにみえたが、またもや伏見庄から草苅りに入ったので、こじれ出し、一触即発という事態の中で幕府管領や侍所も動き、三栖側による伏見襲撃を抑えた。そして、今度の柴争いである。

四月に入ると、事態は悪化した。沙汰人の知らぬうちに庄民らが炭山に押しかけ、乱闘となったらしく、炭山の者三人が打ち殺されてしまった。急を聞いた沙汰人らが現場に駆けつけた時は、もう遅かった。仰天した貞成親王は、公方（義教）に報告するとともに、事態の収拾に苦慮した。すでに伏見側は相手三人を捕らえてきており、炭山のほうも仕返しに伏見庄民二人を捕らえ去っていた。

貞成は激怒し、張本は誰かと、小川浄喜・三木善理を呼び出して尋ねてみたが、慌てきった二人は言葉も出ない。ただ、「土一揆の所行の間（行為なので）、誰を張本とも申し難し」と答えたという。時代の相と、民衆の動向に照らせば、たしかに二人の言うとおりである。三人も殺されてしまった炭山側は、人勢を繰り出して京に通じる道の途中、深草・法性寺辺まで徘徊させ、伏見庄民を狙い討とうとしていたらしい。

この事件は、伏見側、そして貞成親王にとっては始末が悪かった。いかに農民の死命を制する肥料源の争いとはいえ、殺人事件まで起こり、しかもそこに到った筋道については沙汰人はもちろん、領主までも不行届きを批判されかねない。その上、相手側の満済は〝黒衣の宰相〟として義教の側近の一人であり、相談相手でもあったから、おそらくはそのためもあろう、義教は強硬姿勢で乗り出してき、張本人の身柄の引き渡しを要求した。

貞成親王は、やむなく政所浄喜と善理を召喚し、相談したが、地下の者を召し捕ることは叶わぬと言う。それでは……と、貞成は二人が幕府に出頭して仔細を報じてくるようにと命じした。しかし、いったん承知したものの、二人は出頭して召し捕らえられでもしたら大変だと歎願し、小川禅啓らも同様に貞成に懇願したので、沙汰止みになった。

そのうちに、侍所の軍隊が下向して、沙汰人らを逮捕するとの噂が流れた。貞成は彼らを面前に集め、義教が要求する交名（名簿）をなんとかして作成せよと迫るが、面々は、誰が張本人かはわからないのに交名が作れるはずもないと抗弁したのである。当然のことであった。

結局は、沙汰人らは御香宮に起請文を納め、自分たちが事情を知っていないことを誓約。その上、貞成の許しのもと、庄民の住居を何軒か焼いた。沙汰人らが張本人らと「同心」しておらず、犯科人追及に尽力していることの証としたのだった。庄民らは、幕府の強権発動に怒り、沙汰人らも武装して抵抗する気構えであった。

やがて、炭山につかまっていた二人の伏見庄民は、幕府侍所の糺問に耐えきれなかったのだろう、張本人二人の名を白状してしまった。その一人、三木右近太郎（右近三郎道光の子）は、九月半ばに父の家に潜伏中を逮捕された。武器をもって抵抗したとみえるが、父親を質に取るぞと脅迫されて、仕方なく縛についたのである。道光の兄弟たちも地下人を呼び集め、幕府軍と一戦交えんとしたので三木善理が宥めにかかったが受けつけない。善理の急報を受けて駆けつけた源宰相（田向経兼）の懸命の説得で、地侍・百姓たちも気を鎮め、やっとのこと大騒ぎは収まったのだった。

だが、残る一人、三木兵衛四郎の行方は杳として知れなかった。義教との関係もあって貞成はこれからもずっと、張本人の探索を気にかけなくてはならなかった。

十月十三日に、伏見庄沙汰人・殿原・地下百姓・古老たちは、御香宮で告文（神に告げ奉る文）を書かされ、今後は幕府の成敗に背かぬこと、勝手な計らいで「不忠不義」をなさぬこと、兵衛四郎は見つけ次第捕らえて突き出すこと等々を誓約、運判を遂げて、一件は落着した。しかし、兵衛四郎が見つかるはずもなかった。庄内にいようが、庄外に隠れていようが、彼は庄民たちによって守られていたと推察される。

義教が、己が意に違ったとして、伝奏の万里小路大納言時房を急に罷免したのも、やはりこの日のことであった。折しも、例の諒闇の儀で、朝廷も幕府も沸いていたであろう。その問題で義教と時房の意見が対立していたことは、すでに見ておいたのだが、それはともあれ、強権者義教の意の赴くところと、膝下の「地下」の激烈な波濤とのはざまに置かれた貞成親王は、まさしく「薄氷を踏む」如き恐怖の念を当日の日次記に籠めていた。

# 九　太上天皇

### 京中の伏見御所

ふたたび貞成その人へと視線を返していこう。時に永享七年（一四三五）八月六日。当年、すでに六十四歳になっていた貞成親王は、この日三条中納言実雅の突然の来訪を受けた。何事かと思うと、義教からの申し出として、「京都御所」を建てて、貞成親王に進上したい由である。ただし、それでは伏見殿に祗候の面々が難儀するかも知れず、京中に移られるのがよろしいか、それとも伏見にこのままおられるのがよろしいか、意向を聞かせてほしいというのだ。折から、伏見御所では増築工事を始めたばかりである。それはどうにでもなるとはいえ、いったいどこに建ててくれるのか。いや、なによりも義教がどうしてこんなことを言いだしたのか。いくつもの疑問が貞成の念頭をかすめていく。

実雅の話は明快であった。故後小松院の御所を解体して、一条東洞院内裏の近くにお建てになること、この件については東御方がふだんから伏見御所の「狭少荒廃」ぶりを義教に語り、しかも貞成が京住まいを願っているという話をしていたので、義教もその気になったらしい。貞成は、それでも我が耳を疑った。公方の御意（ぎょい）は誠なるか、東御方は「老蒙（耄）、正躰（しょうたい）（正気）なき事を申さ」れたのではないかと。しかし、御乳人（おちのひと）（春日局）も今朝義教に呼ばれて、同様の質問を受けたというからには、もはや疑うべくもないのだ。喜悦の念が湧き上がってくる！「珍重、極まり無し」。たしかに移住——それも京洛のただ中へのそれはなにかと「大儀」であるが、「年来本望」に違いはなかったし、義教の計らいとあれば是非もあるまい。ただちに実雅に承知の旨を伝えた。そして、酒を勧め、太刀一振(ひとふり)を引出物として、謝意を表したのである。東御方（在京中）に悦びを伝える手紙を書き、伏見御所での造作を中止させた。

義教が旧院御所を解体する案を示していたのは、改めて言うまでもなく例の「遺詔(ゆいしょう)」を重視してのことであった。それには、仙洞御所を貞成親王に使わせてはならぬ、と厳しく言い置かれていたのである。義教は、苦肉の策として、同敷地を充てるのを避け、建物を隣接地に移して、「遺詔」を守ったという姿勢を示すこととした。

工事は順調に進んだ。伏見御所出入りの大工源内が、貞成の口ききで新御所造営の任に当たることとなった。二十二日には貞常王も同伴して上洛、室町殿を訪問し、歓待を受けた。三日間滞在して、武家の面々とも昵懇(じっこん)になり、大いに楽しんだが、やはり体がついてこない。万般に面目を施して、意義深い日々ではあったけれど、疲れを覚えることもしばしばのようである。二十五日、夜分に伏見へ帰った。松明を頼りに。

九月十四日、彼は内裏に帰る御乳人に、彦仁——いや主上への『金葉集(きんようしゅう)』（『金葉和歌集』）書写本を託し、その包み紙に、一首を書き添えた。

もしほ（藻塩）草かくともみえぬあとなからちよ（千代）までのこれわかの浦浪

もうすぐなのだ。京に戻れるのは。その嬉しさが老いの身を温かく包んでくれる。

翌日、主上から便りが届き、返歌が添えられていた。

うつしをくわかのうらなみ千世かけてくもらぬすゑのかゝみ（鏡）ともみん

いよいよ、その日はやって来た。師走十八日である。前日に貞成親王は御香宮・権現（ごんげん）・若宮・妙見（みょうけん）などに「出京の暇（いとま）」を報じ、神楽（かぐら）を奉納した。顔見知りの間柄でもあったろうが、地下の老者（おとな）十人ばかりが参列し、お祝いにと折紙三百疋を貞成に呈してくれた。夜に入って、初雪が降った。明日の朝、発（た）つのだ。

十八日、方違（かたたがえ）のためにいったん室町殿に入り、一夜を明かした十九日、晴、雪時々降るという天候下に新御所に移った。(注26) 広い御所だった。

暮れも押し迫った二十九日、予告なしに義教が訪れてきた。こちらから礼に訪問したいが……と実雅を通じて打診したところ、固辞されたのでそのままになっていたのに、義教の方から歳末のご挨拶だといって出向いてきたのだった。なんの用意もなく、「座敷むざ〳〵」のありさまであったが、それでも義教は上機嫌で帰っていった。

嬉しかったことは、もう一つあった。主上が師範久秋（ひきあき）から雅楽の秘曲「蘇合（そごう）」を伝授されたというのだ。ずっと楽の道は大切に思っていて、それも父貞成の教訓を守ってのことであろうが、ずいぶんと上達なされたものと貞成は喜んだようである。

連日、参賀の客は相次ぐ。場合によっては伏見でもそうであったけれども、京住まいが叶った上は、〝公家〟たちも〝武家〟たちも一挙に接近し、後小松院亡きあとの事実上の「上皇」として貞成親王を立てようとするし、貞成親王も背筋を伸ばして、しっかりと応対しなくてはならないのだ。

「万歳祝着」の喜びと「忩劇」（あわただしさ）とで年を越した貞成親王は、正月十日（永享八年）の夜、不思議な夢を見たという。それはたしかに六条殿（六条御所＝長講堂）であり、そこに参ったら四、五十歳くらいの「やせ〳〵とした法師」が姿を現した。ああ、後白河法皇さまだ……と直感して恐れ入っていると、その法師は長押の下にうずくまり、次のようなことを告げたのであった。

　今、此の如くに御運開き給うハ、併せて吾が擁護に依るなり。其をさ様ニも思し食されざるの間、本意に背くの由、勅定あり。

「仰天」した貞成親王は、「更々、緩怠（おろそかにする）の儀は存じておりません。冥慮を憑み奉っておるのです」と「種々陳謝」した。すると法師は、元の如く御殿の内へと姿を消した――ところで、眼が醒めてしまった。

たしかに法皇の御加護なくんば、崇光院一流の再興開運はありえなかったのだ……と、意を新たにした親王は、いつぞやの立願の本意にもとづき、六条殿の内の両社に神供、御影にも神供を奉納するように伝えたのである。

**東御方の一件**

夢想の翌月九日に、貞成は義教の英断に一驚したに相違ない。というのは、後小松院の仙洞御所跡の敷地を貞成の管理下に置くとの申し出が伝えられたのだ。仙洞御所を貞成の伝領に委ねるなどの「遺詔」を〝守〟って建物を移建し、そこに貞成を入れたあと、元の敷地を貞成に付ける――。これでは、〝元の木阿弥〟であって、「遺詔」は吹っ飛んだのである。とまれ、大いに感激した親王は、当夜、旧跡地に出かけて歴覧し、ついでにその近くの内裏に行って内緒で紫宸殿などを拝見した。そして、四月十九日、ついにあの後小松院の御所跡地は、正式に伏見宮のものとなった。この土地へは、やがて伏見宮の近臣等も居宅を構えて移り住んでくる。永年苦楽を分かち合った臣下らとも常にこの「京」で、しかもつい近くに相まみえるのだ。いや、それ以上に嬉しいのは、主上のいます内裏にもいっそう近づく。

この年正月二日に、義教が一男子をもうけていたことも、彼は知っていた。だが、それが、後の義政になろうとはむろん夢想だにしていない。

一つ気になることがあった。去年末に義教の訪問を受けたのはよかったが、実は例の贈物がいっこう途絶えたままなのだ。なにか、気に障ることでもあるのだろうかと、貞成親王はひそかに神経を立てつづけていたらしい。

それが到来する。十一月一日、侍読の中原康富（『康富記』の筆者で、かねてより伏見御所に参入して、貞常の侍読を勤めていた）を相手にいつものように読書したのであったが、まったくもって思いがけぬことに、義教より鯉一喉（一尾）が届けられたのだ。大喜びの貞成は、御所侍の為久に庖丁を揮わせ、早速に賞翫した。義教という人のこわさ加減は、ここ数年来に起こった各種の事件を通じて天下周知のこととなりきっていたし、貞成親王とて同様に「恐怖」と「為悦」[注27]との間で心を震わせてきていた。だから、この日の一尾の鯉は、鯉以上の物だったのだ。しかし、貞成親王は、六十六歳になった翌永享九年春二月、肝を冷やして義教への「恐怖」を改めて確認することとなる。

ここ数年というもの伏見御所にいるよりも京都の室町殿にいるほうが多くなっていた東御方は、貞成が京都御所に移ってのちもやはりそうであった。義教に気に入られていたのだ。むろん、下世話に言う男女関係とは違う。なにしろ東御方は、すでに七十五歳、義教は四十四歳である。要するに、利発で軽口の才もある老女であったらしい。そういう面白さを、義教は大いに買ったとみえる。

ところが、この月の九日、東御方は義教のお伴で三条実雅邸へ遊びにいったはよかったが、大変な騒ぎを惹き起こしてしまった。同邸の会所に入った義教は、飾りの唐絵のみごとさに感じ入ったらしく、東御方に向かって感想を求めた。雑談中の座興程度の心算なのだろうが、東御方はつい悪口を吐いた。けなしたのである。激昂した義教は腰刀を抜き、「金打」をして東御方を責めた。もう姿を見せるな！と叫びながら追い立て東御方はほうほうの体で

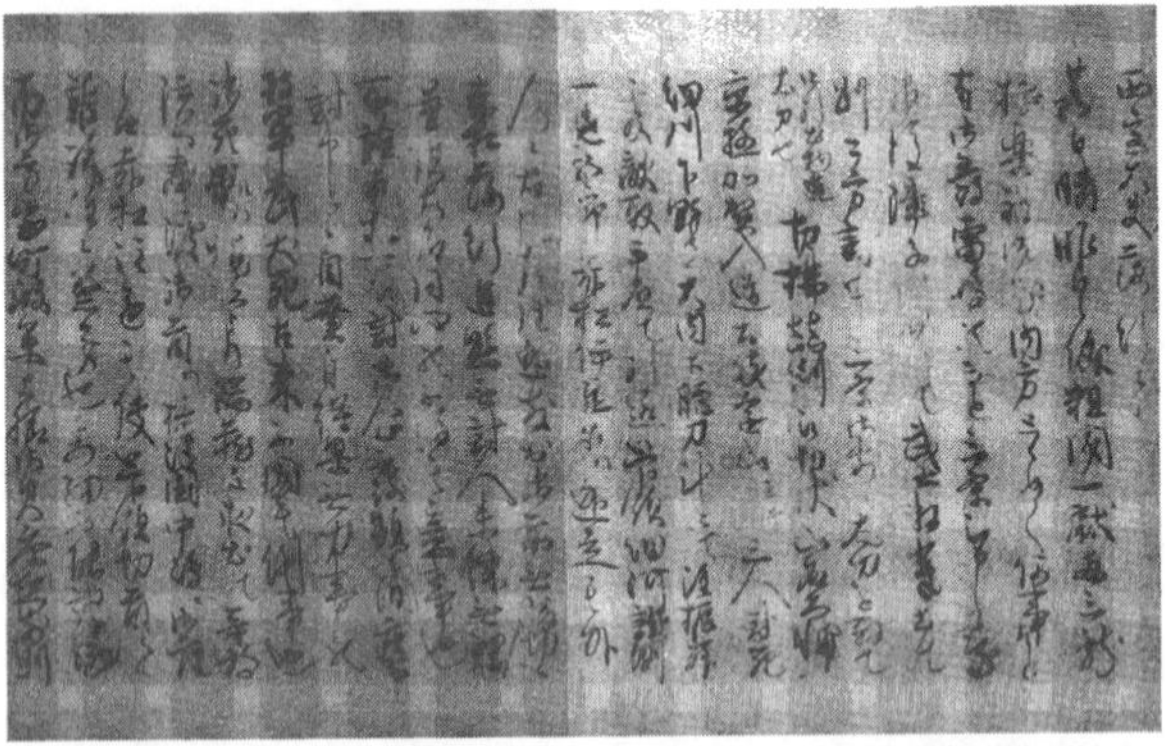

『看聞日記』巻四十三，嘉吉元年６月25日条　（宮内庁書陵部所蔵）

三条邸を出、その日のうちに伏見の禅照庵に逃げ去った。「金打」とは、「きんちょう」とも言い、武士が誓いを変改せぬしるしに両刀の刃と刃、小柄の刃と刀の刃を打ち鳴らす行為をさすが、この場合は、義教は金打をした腰刀で東御方を打擲したと推察される。峰打ちであったろうが、一命を保ちえたのは望外の幸せといってよい。文字どおり「只事に非ず」で、貞成は「天魔の所為か」としか言えなかった。「薄氷を履むの儀、恐怖千万。世上も物言（風聞）あり、赤松の身の上と云々……」とも、彼は記している。この「赤松」という大名一族への義教の対処も、穏当さを欠くものとして取り沙汰されていたのだった。

　義教は、東御方が伏見殿に祗候するのは許したから、彼女はその後も貞成の邸で日々を過ごした。しかし、寄る年波には勝てず、病を得、四年のちの嘉吉元年（一四四一）五月二十七日に禅照庵で息を引きとった。行年七十九歳である。それにしても、貞成にとっては継母の一人とは言い条、亡父栄仁親王との間に数子をもうけ、栄仁死後も伏見宮のために働きつづけ、さらに京都御所実現への橋渡しまでしてくれた「母」が人前で赤恥をかかされるなどということは、あってはならぬことだった。屈辱の一語に尽き、その想いはさらなる「恐怖」へと連結したのだった。死去の報に接した貞成親王は「年来の余波（なごり）、旧労奉公（長らくの奉仕、功労）、旁哀傷（心の痛み）少なからず」と痛恨の言を日次記に刻み込んだのである。

東御方死去の約一ヵ月後、六月二十四日に、足利義教は斃れた。史上に名高い嘉吉の変により、大名赤松氏のために突如生命を奪われたのである。四十八歳であった。公武ともに、あまりのことに驚天動地。事件の経過をつぶさに知った貞成親王は、「自業自得の果て、無力の事か。将軍此の如き犬死は、古来その例を聞かざる事なり」と同月二十五日条（三五六頁写真参照）に記している。この文言に親愛なる人の横死を歎く心を読みとるか、それとも地熱の如く堆積し来った怨念の噴出するさまを見てとるか――そのいずれかでしかあるまい。私は後者の見方を採らざるをえないし、またこの文言の直接の起点には東御方の屈辱の一件がどっかりと腰を据えていたものと考えたいのである。

## 太上天皇

義教「犬死」の年の閏九月、後花園天皇は、熱田領内の数郷について伏見宮の直務下に置くことを貞成親王に伝えた（三五八頁写真参照）。もう、父も子も義教という人の一挙手一投足に一喜一憂する必要もなくなった。義教のあとは長子義勝が家

後花園天皇宸翰消息　(嘉吉元年閏９月27日，『後花園院御文類』，宮内庁書陵部所蔵)

督をとり、翌嘉吉二年（一四四二）十一月に将軍職に就いたが、わずか九歳。しかも同三年の七月には夭折してしまった。そして、その六年後に義勝の弟の義政（初め義成）が十四歳で将軍職を継承したのである。

その間、嘉吉三年九月には南朝遺流の人びとが内裏を襲撃し、「神璽・宝劔」を奪い、放火した。報を受けた貞成親王は、ひとえにわが子の身を案じたにちがいない。幸いにして無事であった。前関白近衛忠嗣邸に避難した天皇は、まもなく貞成の御所を仮御所として移ってきた。九月二十六日である。以後、貞成としては望外なことに、毎日〝彦仁王〟の顔が間近に見られたのだ。彼は、その喜びを、こう記していた。「老後細々竜顔（天皇の顔）を拝すべきの間、乱中の大慶なり」と。ところが、年の暮れには、貞成は八年余り住んだこの御所を天皇のために明け渡して、土御門高倉の三条実量邸に移り、ここで天皇の内裏新造の成る日を待つ身となった。再び彦仁と離れ住むようになった貞成は、心淋しくもあったろう。

大事なことがあった。二男貞常王について、しっかりと措置をしておかねば。貞成は老軀に鞭打って、この一事を心にかけた。文安元年（一四四四）二月、貞常王に親王宣下があり、翌年三月に元服の儀が行われた。二十一歳である。そして、さらに翌年八月には、貞成は相伝の領地たる伏見庄・播磨国衙以下を貞常親王に譲与した。[注28]家督は、この日、若き貞常の手に移りきったのであった。七十五歳まで生き永らえた貞成は、この前後数年をどのような想いで過ごしていたものであろうか。嘉吉三年（一四四三）暮れ以来、大幅に欠けていた日次記は、突如、文安四年（一四四七）十月十四日に再開され、貞成の「院号」（尊号）問題が語られる。

すでに後花園天皇は、これについて万里小路時房に下問していた。彼の意見は『建内記』に縷々記されているが、やはり彼としては後小松院の「遺詔」に拘泥せざるをえなかった。その言によると、貞成は最近しきりに尊号のことが決まるよう所望していたという。老い込みに伴う焦りがあったものか。また、実は周辺の女房たちの働きかけがあったともいう。だが、誰が、いかに後小松院の遺志を重んじようと、また後光厳院一流の人びとの思惑を案じようと、「時代」は大きく変わりつつあった。

同年十一月二十七日、貞成入道親王は、ついに「太上天皇」の尊号を後花園天皇より受けたのである。

人生の最終の〝標的〟は、ここに射抜かれた。貞成は、いつもそうであったように、この老いの面目を丹念に描き出す。尊号宣下の儀について細やかに記し、参賀の面々の名も洩らさずに録していく。十二月二十五日の日次記の終わりに、彼は、次のように記していた。

> 院号に就きて参賀の人々、真俗（僧俗）、委細これを記せり。無用と雖（いえど）も邂逅（かいこう）の儀なり。仍てこれを注せり。

と。身勝手な解釈であるかも知れないが、もっと若い頃ならばともかくも、この歳になった貞成が面々の名を記録するのを「無用と雖も」と称し、しかしながら「邂逅の儀」と観じているのには、いたく興を惹かれる。老いの身の疲れがそこはかとなく漂い、同時に人との思いがけないめぐり会いは大切にしたい気が働いていたのではあるまいか。

たなかみや河かせさえて氷魚ならぬこほりそかゝるせゝの網代木——『看聞日記』巻十四紙背

# 十　日記の終焉

## 尊号辞退前後

たしかに、京住まいの身となってからは、日次記では「伏見」の姿が急速に遠のくかに思われる。無理もあるまい。強いて言えば、例の炭山との争闘の際に逐電したままであった兵衛四郎が永享十年（一四三八）の八月に見つかり、義教愛妾の「上様」（三条実雅の妹の尹子で上﨟局だが、義教がそう呼べと命じたので内室、奥方を指す破格の呼称が付いた）に仕える中間九郎次郎のとりなしで伏見庄に帰住したことがある。だが、義教は断じて許さず、結局は幕府の政所に召し捕られ、小川浄喜等の沙汰人に護送されて上洛し、いったんは貞成御所の近くに移転してきていた庭田の家に預けられたあと、侍所の手に渡された。

そういう類のこととか、あるいは折にふれての伏見庄の殿原衆の奉仕とか、さらにはたまさかに大光明寺での法事を兼ねて「故郷」伏見の御所や寺社を歴覧して往時を偲ぶとかが、貞成と伏見とのつながりを証立てていた。

そういえば、少しさかのぼる話題だが心に深く刻まれる記事を、貞成親王は伝えている。彼が、京都の御所（一条東洞院御所）に移り住んでのち、伏見のことを「故郷」と呼んでいたことは前述しておいたので記憶にとどめて下さった読者もあろうかと思うが、その故郷伏見の〝花〟を京都御所の庭前に移植したのだった。永享十年霜月（十一月）十六日条の末の方の記事によると、「伏見梅桜堀（ママ）渡車遣之処、不二到来一。依レ雨不レ罷歟、不審也」とある。伏見の梅の木と桜の木……と聞くと、私たちの記憶に残る『看聞日記』の世界に不可欠の彩りをなすものであり、晩秋の紅葉や冬の雪景色とともに瞼にも鮮やかである。それを掘り起こして京へ運ばせるべく車を派遣したのに、雨のためか来ない……と少々焦立って待っている。次の十七日条は、のっけから「晴、伏見木到来、御所梅一本、馬場桜一本堀（ママ）渡」と書き出されていて、ありありと彼の喜びを感じさせるのだ。とうとう来た！という想いである。この御所は貞成親王が住みなれた伏見御所、馬場とあるのは旧伏見御所跡地が馬場に転じていたものとみられる。とまれ、この日から寝殿東面の樹々のなかに、故郷の花が増えて、晩年の彼を愉しませていたのであろう。

さて、太上天皇の尊号を受けた貞成親王は、年あけた文安五年（一四四八）正月十八日に、後花園天皇の内裏へ一通の書面を呈した。冷泉永基が参議（宰相）に任ぜられるよう、格別の配慮を請うたのである。冷泉永基という人は故崇光院が南朝方に囚われの身となった際に随行して仕えた冷泉範康（賢恵）の孫に当たる人物で、常々祗候の身ではなかったが、折にふれて伏見御所を訪問したり、宮家のために働いたりしたので貞成親王にも親しまれていた。この時に貞成がしたためた文案も幸いに『後崇光院御文類』（注1）に残っており、それによると「多年奉公粉骨の労に優せられ候て、除目に御さたも候へかし……」と懇ろな書面である。この要請が利き、同月二十九日に永基は昇進できた。

翌二月二十二日、貞成親王は尊号を辞退した。桜花もようやく盛り近く、庭田邸では糸桜がほころび、大原野の桜も人びとを招いていた。しかし、すでに途切れがちの『看聞日記』は、まるで、かねてよりの「持病」たる「脚気」「中風」のぐあいすらも案じさせるようであり、喜寿を迎えた人の息づかいが、桜を賞でる人びとの華やいだ声と合わさって響いてくるのだ。

その日記が伝えるかぎりでは、同月十日、彼は陰陽師有季朝臣に「尊号辞退報書日次事」を諮問した。十九日もしくは二十二日が「吉日」との勘申であり、二十二日に決した。報書は、式部権大輔菅在豊卿が草し、前左衛門佐藤伊忠朝臣が高檀紙に清書した。その文面を日記で見ると、思わずはっとする。いきなり「伏見……」と書き出されているのだ。これは私の浅学ゆえのこと。貞常親王の侍読だった中原康富の日記（『康富記』）では返り点・送り仮名等が記録されていて、これは「伏して……を見るに」と読む。そのあとに辞退の事由が述べられており、要点は、「太上」は至尊の号であって、「天皇」や「帝」よりも尊い。したがって、名も徳もなき「人臣」にはふさわしからず。また、後代の謗りも避けたい……というところにあった。特に最後にあげた「後代の謗」云々というあたりは、型どおりの形式を踏襲してのことかとも思えるが、仮にそうであったとしても、貞成親王の一つの〝配慮〟も働いていたのではあるまいか。謙虚なる姿勢が強く印象づけられるのだ。

折しも、室幸子、いや「国母」（天皇の母）に対する院号宣下の議がもち上がっていた。後花園天皇はこれを可とし、翌三月四日に敷政門院の号を宣下した。その日の喜びを漂わせる記事もない。そして、私たちの『看聞日記』は、二月分の記事のあとは、四月七日条のわずか二十八字の文言をもって、壮大なる歴史の舞台に、一気に幕を下ろしてしまうのである。

### 幸子の死

室幸子は、すでに病んでいた。中原康富の伝えるところでは「噎病」であり、前年秋頃からの患いだという。噎病とは、喉がふさがって食物が通りにくく、むせぶ病だとか。その声は、同宿の土御門高倉御所内で貞成も耳にしては案じていたのであるまいか。貞成よりも十八歳も若かったとはいえ、明徳元年（一三九〇）生まれの五十九歳である。伏見御所時代の記事を見ても、京都時代のそれを見ても、ずいぶんと健康な女性、それに性格もごく温厚……という印象が強いのだが、ともかく貞成との間に、少なくとも七人もの子をもうけ、はっきりしているかぎりでの最後の子は、四十五歳の年の永享六年（一四三四）十月四日に出産した女子である。女の子を産むたびに、貞成は「飽満」などと記していたものだが。

その幸子は、女院号宣下の喜びに浸りきるまもなく、宣下の翌月、四月十三日に世を去ってしまった。その数日前の記事が『看聞日記』の最後であった。

幸子は、閉眼に先立って出家を志し、遣迎院長老を招いて剃髪を遂げ、手水をつかったあと念仏を誦し、「正念」にて臨終。彦仁（天皇）・貞常（式部卿）の二人の男子ほか、すべて尼となって生きていた四人の娘たちに先立って逝ったのである。中陰の儀は、二十二日に伏見大通院において修せられた（『康富記』）。

貞成も、生き永らえてしまった。たしかに、土御門高倉西南の御所のつい近くに「主上」がいて、それにその近接地には年来の近臣たちも邸を構えていた。身近には貞常親王が起居して、参上する康富から教わったり、雑談の相手をさせたりしている。来訪客も結構多い。洛中の巷間の噂話も、すぐに飛び込んでくる。そして、ありがたいことには、昔日の如く「計会（けいかい）」に人知れず溜息（ためいき）を洩らすこともなくなった。しかし、幸子という人の死去は、言葉にならぬ想いを彼の胸底に沈澱させていたのではあるまいか。南御方（みなみのおんかた）と称されて、室町殿にも繁く顔を見せつつ、義教寵愛（ちょうあい）の上臈局（上様（かみさま））からも昵懇（じっこん）の応対を受けていた彼女が、室町殿と伏見殿とを結ぶ路線上で果たした役割は多大であった。東御方（ひがしのおんかた）の御恩も忘れはせぬ。けれども、南御方の安定した言動にも、貞成はずいぶんと助けられたはずである。

年老いて、苦楽を共にした妻に先立たれるというのは、いったい全体、どういう想いがするものなのか。

# 十一　薄暮のなかの余生

## 余　生

神慮のみの知るところとしか言えないが、南御方幸子の死後、貞成親王は八ヵ年の〝余生〟を保った。以降の彼の面影は、一つには侍読中原康富や大外記中原師郷の日記（『師郷記』）の中に見えつ隠れつし、二つにはわずかに残る和歌詠草類の一首一首のうちに浮かんでは消え、消えては浮かぶ……としか、言いようもない。確実に彼は、『看聞日記』の世界を泳ぎまわってきた私たちの前から、次第次第に遠のいていくのだ。深追いは避けて、彼を突き放し、自由にしてあげたいという気持ちと、逆に執拗に追いつめていきたいという気分とが交じり合う。いずれもが、一人の男の生涯における〝老後〟、それへの漠然たる畏怖の念と、強い関心とによって支えられている。

愛する幸子が死んで二ヵ月のちのこと、六月六日に貞成は、まだ残っていた懸念を払いきった。宮家相伝の記録類・楽器類をも式部卿貞常親王に譲与し終えたのである。貞常の手に渡り、歴代の伏見宮当主に相伝された(注2)その譲状も、大切に今日に伝わって、私たちが最晩年の彼の心境を偲ぶよすがとなっている。

「（端裏書）院御譲状 文安五」

相伝御領(別紙目録在)譲進之候、永代可有御管領候、累代記録文書等(楽器)、同譲進之候、不可有無沙汰候也、

文安五年六月六日　（御花押）(貞成親王)

追申

御領之中、男女御恩之地、大通院(栄仁親王)寄附之所、不可有違乱候也、追号如此相計候、禁裏へ可被申合候也、

「追申」に言う「男女御恩之地」云々は、二年前の文安三年八月二十七日に貞常に与えた譲状(注3)（真筆）の追申にも明記され、そこでは「御領之中男女御恩、不相替可有御扶持候也」と記されていて、伏見殿に仕えた男女らへの恩給分については変わるところなく扱えと強調しているのであった。

主上の地位も安定してすでに三十歳、宮家を嗣がせた貞常も早二十四歳である。もう、思い残すこともあるまい。人生の〝仕上げ〟は、「時代」にも恵まれて完了した。

宝徳(ほうとく)(注4)二年（一四五〇）に貞成は、仙洞御所(せんとうごしょ)で催した歌合(うたあわせ)にて、二十数首を詠んでいる。その一首。

冬川にちるもみち葉をとち(閉)ませて(文)こほり(氷)もにほふ水の色かな

伏見松林院陵

その翌年四月には、また一人懐かしい人が世を去ったと聞く。亡父栄仁の異母弟、弘助法親王であった。自分より三十歳も若い叔父であったし、はっきりと対面した機会も数少なかったはずだけれど、血の繋がる人の死であれば、貞成の心に刻まれたものと思う。

**旅立ち**

康正二年(一四五六)五月十六日、貞成は病んだ。そして、懐かしい伏見の宝厳院へと身を移した(『師郷記』)。七月には、この年四月に諸国に臨時段銭(税)を賦課して造築を始めていた土御門の新内裏が完成し、後花園天皇は一条東洞院御所からそこに移った。

八月、再び一条東洞院の仙洞御所に戻って来ていた貞成親王は、二十九日に八十五年の生涯を閉じた。その霊柩は、伏見の大光明寺に移されて、九月四日に灰と化した。追贈された院号は、後崇光院である。

御陵は、京都市伏見区丹後町にあり、伏見松林院陵という。京阪電鉄「伏見桃山」駅前から沿線を南下し、白と黒の際立った壁の酒倉が連なる道を辿っていくと、しばらくのところに、ひっそりと小さな木立とともにある。このあたり一帯は〝柿ノ木浜〟に接しており、貞成時代にはむろんのこと宇治川・巨椋池の増水に浸されがちの地形をなしていたものと推察される。

# 十二　好奇の人

この日記は、ほんとうにいろいろな意味で面白い。一人の人間が亡くなった話のすぐあとに、こんな話は〝不謹慎〟と見る向きもあるかも知れないが、しかし、貞成という人は、まことに興味深い人物だったと思う。その人間の面白さは、もちろん『看聞日記』のそれに相通い、まさに『看聞日記』を通じてこそ思い知られるものなのだ。この魅力は、いつまでも日本中世の歴史と文学に関心を寄せる者の心を惹きつづけるであろう。

## 『看聞日記』の特性

「好奇心の強い人であった」という阿部猛氏（日本史）の評は、まことに適切であると思う。[注5] もっとも、私のように風俗・習慣・噂話ばかりを追っかけつづけてきていた者には、貞成がそうなのでなくて、こちらの方が好奇心に突き動かされていたのでは……とも思えるが、たしかにこの日記の有する重大な特性の一つとして、筆者貞成自身の聞き耳の鋭さと、記録する精神力とでもいうべきものがあり、その特性は、巷説風聞の類を記しているあたりに際立って躍動していたかに思われる。事実、彼の記しとどめた噂話は、ある時は朝幕の枢要に関わるものであり、またある時は京洛を狂い歩いた天狗とか、女に化けて酒屋に現れ、犬に吠えられて尻尾を出した狸の話であったりして、枚挙に遑ないのだが、これだけもの

「話題」を後世に伝えてくれたことによって私たちは、同時代の「歴史」と「文化」を、ずいぶんと幅広く、しかも人間的な感覚で捉え直していくための素材を得ているのである。『看聞日記』の魅力というのは、一つにはこの点にある。

### 「好奇」の根

巷説風聞の類をこの日記から集成してみたら、いったい何が結論づけられるのであろうか。一つ一つばらばらにして見ていると、たしかに愚にもつかぬ話ばかりではある。かと言って、集成してみても、せいぜいのところは「室町前期巷説風聞集」でしかあるまい。やはり、一つ一つの断片と、その時々の政治・社会の情勢とを関連づけて考えうるのか否か、可能だとしたら、どのような「方法」や「観点」がありえてのことなのか——というところへと、私の関心は赴いていく。民間の「俗信」との関連で言うと、京都での火災の因が愛宕山の天狗による……とする話題（永享八年三月六日条）などは、中世の京都住民の愛宕信仰の普及ぶりと切り離せない。また、その天狗が京の中京辺の町屋の軒に菖蒲を逆さに葺いて回ったという話題（応永二十七年六月二十七日条）などに出くわすと、端午の節句の「風俗」の数々に思いは走って、果ては〝印地〟（石合戦）（嘉吉三年五月六日条ほか）へと及ぶ。また、酒と狸の挿話も当代における酒屋の繁昌ぶりを傍証していようし、称光天皇が病みがちのある日、便所で尼さんの幽霊を見て気絶した（応永三十二年七月二十七日条）話にも、一人の病者の単なる妄想が浮かぶのでなく、正しく当時の「政治」史の一断面が切り取られて提示されていたとも思えてくる。むろん、こじつけは許されない。かと言って、無視——ないしは軽視してもならない……という、厄介な〝課題〟

を保ちつつ、『看聞日記』中の巷説風聞の数々は、私たちの力量を問うている。

貞成自身は、そのようなことまでは思い煩ってくれなかった。「計会」を歎きながらではあったが、暇があれば書き、退屈すれば伏見山のあたりを散策したり、宇治川に船を浮かべたりしていた。彼における「好奇」の根は、ほんとうは、「みやこ」を離れて「伏見」に住み、話題に飢えていたことに発していた。その飢えの感覚が、「みやこ」に入ってからは年を逐って満たされつづける。したがって、彼は、相も変わらず日次記の続紙（継紙）にこまめに筆を走らせながらも、伏見在住の頃ほどには、かような類のことは書き記さなくなるのだ。「飽満」の日々が、次第に彼の中から、つまらぬ巷説を敢えて記録する精神力を削ぎ取っていったのではあるまいか。むろん立場上からくるいっそうの緊張、忙しさということも大いに働いたであろうが——。

たしかに、「伏見」こそが、貞成の心の「故郷」であったと、私は信じる。京では、たしかに、正月の千秋万歳の衆ともいっそうなじんだし、六月の祇園御霊会も近しくなって「笠鷺」の「ぬれ〳〵舞」も伏見では見られぬものであった。それに飽きるばかりの「猿楽」、そして美物と遊興の数々……。しかしながら、第一、あの滔々たる宇治川、淀川の流れと、それに連結しつつ洋々と展開していた巨椋池の眺望は、「京」の二つの「御所」生活にはなかった。『看聞日記』における〝野性味〟の喪失。「好奇」の根っこは、きっと「田舎」住まいの中にこそあったのだと思う。

さて、貞成が没した翌る年、長禄元年（一四五七）二月、伏見御領（伏見庄）の百姓は、東九条の民と猛烈なる争闘を展開した。事を処すべきは、すでに伏見宮四代の貞常親王であった。その内実を追うゆとりは、もうない。「衆庶」の時代は、とっくに到来しており、この「時代」に生きる者が、各自の立場に立ち、すべてを背負って闘い抜かねばならなかったのである。

# 注

＊春・夏・秋・冬の各部別に通し番号を付した。

## 春

(1) この点については、のちに詳述する（「秋」七）。なお、同じく「秋」注（7）を参看。

(2) 『後小松院宸記』（『増補史料大成1歴代宸記』所収）。左にその応永五年五月十八、二十六日の記事を掲げる。

応永五年（後小松御記歟）自五月十八日同月廿六日両日

十八日。重有自京帰申云。国師被違時議退鹿苑院。今日即被移等持院。以外之大変歟。所驚存也。此御所御進退之事。以外被申歟。珍事々々也。是亦無是非事歟。不可説々々。

廿六日。霽。親王御方。今日於指月庵被遂御素懐。御戒行国師被参申。只如夢如幻。被期御前途之処。俄如此之御進退。併彼相国申沙汰也。凡天照太神以来一流之御正統。既以失墜。絶言語者也。只溺悲涙了。心空上人自八中（幡カ）被来。此間。於善法寺被談法華経。其間為御祈禱。参社頭之処。於武内御殿奉祈念ニ。宝殿内聊震動吉瑞也。被申雖然。已以御出家。神慮誠匪測々々。多年之御前途。如空無念至。何事如之哉。御年四十八。於今者無後栄御事歟。故大納言素意奉察者也。先皇先祖之御照覧。就内外無勿躰哉。彼申沙汰。云神慮。云冥慮。方以匪測々々。日月未墜地。如何。且御心中無比類事歟。莫言々々。此一巻可投丙丁。童子々々。

御領数百ケ所飛行。結句如此之御進退。今古無其例矣。只不耐歎息。老命頗無益歟。予又依此厳命。先立（まカ）出家了。公私含恨。前縁匪測者歟。

なお付言すれば、右の記事は「後小松御記歟」と記されて伝わったこともあって誤認されやすかったが、庭田経有（貞成室幸子の父）の日記に疑いないことは、いち早く村田正志氏が関説されていた（同

「後小松天皇の御遺詔」、『国史学』四七・四八合併号、昭和十九年二月、所載)。文中の「相国」は足利義満、「故大納言」は庭田重資（栄仁親王母資子の父。経有の父）である。

(3)『集所収文書』の「室町院領目録」を村田正志著『證椿葉記』（昭和二十九年、宝文館刊）付録より左に引用させていただく。

後堀河院第二宮
室町院御領

本御領

北白河院領 大和国高殿庄 院御分

御別相伝 同国小高瀬庄 大宮前大納言

北白川院領 伊勢国々分寺 院御分 十地院

院御分 信濃国小河庄

土御門姫宮 加賀国山代庄 園前中納言

一、金剛勝院領

院御分 大和国石川庄

同 同　国吉貞庄

御別相伝 紀伊国山田庄 姫宮御分 空悟上人

南庄 光助僧正

東庄 太子堂

同 新八里庄

姫宮御分 同　国下坂庄

同 十一条

同 金次郷

別相伝 備中国園東庄

院御分 河内国富田庄 綾小路前大納言入道

北白河院領 和泉国大鳥庄 院御分 椎野寺

北白河院 同国湯田御園 院御分

北白河院領 下総国葛西御園 姫宮御方

同 常住寺 美濃国小瀬庄

同 同　国広瀬庄

同 河内国高柳庄

同 近江国山前庄 勧修寺中納言

北庄

光助僧正 橋爪庄

入江殿三時知恩寺 善覚寺

三条入道内府 十条

梶井宮 九条郷

御別相伝 同西庄 頼昭僧正

筑後国生葉庄（御別相伝　禅林寺殿）　持明院中納言　大光明寺

一、六条院領

伊賀国長田庄（御別伝　禅林寺殿）　持明院中納言　　近江国伊香庄（姫宮御分）

伊勢国小倭庄（院御分）　　同　国日置庄（姫宮御方　西園寺）

美作国田殿庄（同）　　上野国菅野庄（同）

越前国稲津庄（同）　　越後国菅名庄（同　姫宮御方　泉涌寺）

備中国大島保（御別相伝　定秋　経秀）　　伊予国矢野庄

阿波国那東庄（入江殿）

一、七条院御領

河内国石川庄（御別相伝　前将軍家御分）　一条中納言　　尾張国櫟江庄（前将軍家御分）

同　国御母板倉御厨（院御分　此内粟田島御別相伝）　　越前国磯辺庄（前将軍家　常住寺）

日向国平群庄（同）　　肥前国三重屋庄（同　常住寺）

一、押小路姫宮御領

大和国君殿庄　　仁和寺花園御所跡（妙心寺）

一、散在御領

近江国塩津庄（御別相伝　院御分）　　同　国今西庄（同）

大和国三个庄　　周防国石国庄

一、後高倉院法華堂領

美濃国鵜沼庄（四条前宰相）　　同　国正近山（四条前中納言）

伊与国宇和庄（西園寺）

一、新御領

丹波国伊中庄（十地院）　　若狭国松永庄（季景）

越中国糸岡庄　　　野辺庄
　柳川村　　　　　荷川村（土御門中納言息女）

一、此外御領地
伊勢国証誠寺（宗門僧正）　　同　国観音寺（頼昭僧正）
同　国今熊野社　　　　　　同　国上福寺
同　国佐奈郷内坂手葛庭新開田
信濃国那古野庄　　　　　　尾張国秋吉御園
同　国伴野庄（大徳寺）　　　伊勢国氷室保
同　国願満名（四条前宰相）　同　国奈波利御厨
同　国村松御厨
遠江国蒲御厨
　武家所進地頭職
河内国小高瀬庄（勧修寺中納言）　同　国上仁和寺庄（能景法印）
　　下仁和寺庄（妙心寺）　　出雲国林木庄
同　国吉曾名庄（為敦朝臣）　同　国母里庄
同　国志々塚上方　　　　　　同下方

（4）参考までにこの件についての後小松天皇綸旨の文面を左に掲げる（勧修寺家文書、巻注3所掲『証註椿葉記』付録所収）。

伊賀国長田庄・近江国山前南庄・同橋爪里（号七）・同八里・同北庄役・同国今西庄・同国塩津庄・若狭国松永庄・越前国磯部庄内粟田嶋・備中国大嶋保并播磨国衙御年貢等、可有御管領之由、天気所候也、以此旨可令申入萩原殿（栄仁親王）給、仍執啓如件、

応永五年十月十六日　　　右中弁経豊（勧修寺）奉

謹上　綾小路少将殿(敦宗)

(5) 下房俊一「伏見宮貞成」(『国語国文』四一一号、昭和四十三年十一月)。

(6) 位藤邦生「後崇光院の和歌——訴えかけの機能——について」(広島文教女子大学国文学会『国語国文学論攷』、昭和五十三年十二月)。

(7) 同右。

(8) 伊藤敬「菊葉和歌集考」(『国語国文研究』四四号、昭和四十四年四月)「菊葉和歌集考補遺」(『藤女子大学国文学雑誌』一一号、昭和四十七年三月)。

(9) 以下『伏見宮家御記録』からの引用は、すべて京都大学陳列館古文書室所蔵騰写本によった。

(10) 足利義満については、林屋辰三郎著『南北朝』(昭和四十二年改訂初版、創元社刊) 参看。

(11) 林屋辰三郎著『日本　歴史と文化』下巻 (昭和四十二年、平凡社刊) 第六章参看。

(12) 以上、岡松一品のことについては、三浦周行著『歴史と人物』(大正五年、東亜堂書房刊) 参看。

(13) 続群書類従完成会『看聞御記』下 (昭和四十九年訂正三版四刷) 所収による。

(14) 続群書類従完成会『史料纂集　教言卿記　第二』(昭和四十六年刊) による。

(15) 『新訂増補国史大系35後鑑　第二篇』所引による。

(16) 『伏見宮家御記録』所収「光厳院御置文案」。文面は左のとおりである。

「(端裏書)光厳院御置文案伏見事」

「(端朱書)此一通回禄以前、以正本予(栄仁親王)染筆所写留也、若為一字構虚言者、可蒙祖神之冥罰者也、(栄仁親王)(御花押)」

伏見御領事、付大光明寺御塔頭之儀、為将来廻思慮之旨候、不混惣御領事、仙洞(崇光院)御余流何様にも各別相続御管領可宜之由存候、以此趣可被申入仙洞也、敬白、

貞治二年四月八日　光ー(智)

勧修寺一位(経顕)殿

(17) 和辻哲郎著『日本倫理思想史』下巻（昭和二十七年、岩波書店刊）第四篇第三章。
(18) 北川忠彦著『世阿弥』（昭和四十七年、中央公論社刊）三六頁。

夏

(1) 宮内庁書陵部編『図書寮叢刊　看聞日記紙背文書・別記』（昭和四十七年、養徳社刊）所収「栄仁親王琵琶秘曲御伝業並貞成親王御元服記」の内。貞成元服の件についてもそれによる。
(2) 以下四首の内、「見花」の一首は、応永十九年二月の花見御会当座の歌、「野月露深」の一首は応永二十年九月十三夜の歌、「沢蛍」は同年十月二十日人麻呂影供の歌、「地儀」は同年十一月三十日（庭田重有朝臣すゝめ侍し十首の内一首である（沙玉和歌集による）。
(3) 「春」注（6）所掲論文。
(4) 「春」注（5）所掲論文。
(5) 「夏」注（1）所掲に収録。
(6) 同右。
(7) 「称光院大嘗会記」では「仍内弁直被献之」とあるので、このように理解しておく。ただし、「経嗣公記」（『後鑑』所引）同日条の記述によると、「巳（ママ）の日主基の節会なり。（中略）関白、内大臣殿御帳のうしろの左右の円座につかせ給ふ。（中略）内弁左大臣御かざしをとりて、西階をのぼりて、関白につたへてしりぞかる。関白御帳のうしろの方より、主上の御冠の左にさゝる。内大臣殿相ともにこれをさし奉らる。」とあり、後考にまつ。
(8) 「春」注（15）所掲『後鑑』所引の同年十二月十四日付「足利義持寄進状」の文面では「源氏町」と併せて「千種町」も寄進されている。
(9) 位藤邦生「夢想の意味あい——『看聞日記』の場合——」（広島大学国語国文学会『国文学攷』六八号。昭和五十年八月）所載。

(10) 宮内庁書陵部所蔵「後崇光院御文類」第一巻合綴、応永二十三年九月四日付「栄仁親王御書」。『書陵部紀要』第一九号所載（解題・釈文＝飯倉晴武）による。

(11) 「春」注（16）所掲。

(12) この一件もまた貞成像の理解の仕方に重要で微妙な分岐点を用意する。「春」注（5）所掲の論文で、下房俊一氏は左のように述べられた。

「(上略) この間の事情を伝える史料は、実は看聞日記以外になく、しかもこの日記の応永卅二年以前の条々は後年清書されたのであるから、疑えば際限がない。むしろ、貞成による毒殺説はわたしを魅惑しさえするのだが、残念ながらこの人物は、そうした危険を恐れぬ大胆さは持ちあわせていなかった。それのみか、虚名をはらす努力さえもかれには過重の負担であったらしい。『遺恨何事如之哉』と激昂することにおいては人後に落ちなかったけれども。ところで、この虚言を流したのは、外ならぬ宮家の臣下のうち野心を抱く輩であったという。幸い、虚名そのものは時の経過とともに消散したが、こうした分子の暗躍する中で宮家当主としての第一歩を踏み出さねばならなかったことは、以後の波瀾をもっとも的確に予言するものであった。(下略)」

また、位藤邦生氏も「夏」注（9）所掲論文において、次のように言われている。

「(上略) が、そうこうする内治仁が急死、貞成が遺跡を相続することになった。『男子無御座間無御相続人、仍予御遺跡相続申、不慮之儀且神慮也、大通院御存生之時、年来励忠孝併冥伽之至也』と彼は書いている。年来大通院に忠孝を励んだことがここでも繰り返されるのに注意したい。貞成一味が治仁を毒殺したとの噂もあったが、貞成は栄仁の生前治仁の猶子となっていたから、相続の件自体に問題はなかった筈である。それにもかかわらず大通院への孝養がまたしても強調され、いわば相続正当化への一事由とされる点が、私には興味深い。下房俊一氏は『伏見宮貞成』で、『むしろ、貞成による毒殺説はわたしを魅惑しさえするのだが、残念ながらこの人物は、そうした危険を恐れぬ大胆さは持ちあわせていなかった』と言われた。確かに毒殺の件の真相は分からない。併しながら貞成の性格については、私には下房氏とは別の印象がある。斜陽に立つ公家層の一員としての貞成の処世上の用意周到さは並々でない。応永年間にはそれほど成功しなかったにしろ、絶大な世俗権力である将軍を利用する意図は早くから見えていた。また、ひとたび危険を感ずるや、蝸牛のように首を竦め身を守る術も、彼の場合水際立って巧みであった。（下略）」

(13) 念のために付記すると、田向経良（のち経兼と改名）は綾小路家に伝来の郢曲を綾小路信俊より相伝されたが、神楽・催馬楽は伝授されないままに終わった。郢曲は経良の子長資、さらにその子経秀へと相伝された。

(14) この一件については、『看聞日記』の〝常套語〟の一つである「無力」の意味に焦点を合わせた位藤邦生氏の二論文があり、多大の示教を得た。「伏見宮貞成の生きかた――『看聞日記』に見られる「無力」について・応永期の場合――」（広島中世文芸研究会発行『中世文芸叢書　別巻Ⅲ〈中世文芸五〇号記念論集〉』、昭和四十八年一月刊、所収）。「無力次第也――『看聞日記』に見る伏見宮貞成の生きかた――」（広島大学国語国文学会『国文学攷』六二号、昭和四十八年六月、所載）。

(15) 山田洋子「中世大和の非人についての考察」（名古屋大学文学部国史研究室気付、中世史研究会『年報　中世史研究』四号、昭和五十四年五月、所載）参看。

(16) 村田正志著『證註椿葉記』（昭和二十九年、宝文館刊）付録・管絃諸道相承系図の内「琵琶血脈」（森末義彰氏所蔵文書）によった。

(17) 「夏」注（10）所掲「後崇光院御文類」第七巻（二十六）。

(18) 同前、第一巻（一）。ついでながらこの翌年四月にも同郷のことで畠山満家に左のような書面を届けている（同第一巻（三））。

播州垂水郷事、先度令申候訖、而常光院堯孝僧都、以数通支証歎申候之間、於于今可閣候、以前如此証文等、不令存知候之間、令申候き、」（第二紙）「何様向後自訴事、追可申候也、謹言、

卯月二日　　（貞成親王）（御花押）

「管領遣状案（第二紙奥端書）垂水郷事 応永卅四 二」

(19) この点については、村田正志「伏見宮栄仁親王の二皇子に関する史実」（本化妙宗聯盟内、師子王学会出版部発行『信人』第二十二巻第五号、昭和二十八年五月、所載）から教示を得ている。なお、本論文掲載誌は今日では披見しがたくなっているが、幸いに宮内庁書陵部所蔵のタイプ印刷本（別刷）を利用しえた。〔本注記に関しては、本書「学術文庫版の刊行に当たって」を参看されたい〕。

(20) 位藤邦生「後崇光院と伏見宮連歌会」（『連歌と中世文芸』、昭和五十二年二月、角川書店刊、所収）参看。

(21) 「夏」注（1）所掲『図書寮叢刊　看聞日記紙背文書・別記』三六号「賦唐何連歌懐紙」。

(22) 「夏」注（9）所掲。

(23) 荻野三七彦「椿葉記の研究」（『歴史と地理』第三一巻第四号、昭和八年四月、所載）。

(24) 「夏」注（14）所掲の位藤氏の二論文を参看。

(25) 村田正志「後小松天皇の御遺詔」（「春」注（2）所掲）に負うところが多大である。

(26) 「夏」注（1）所掲『図書寮叢刊　看聞日記紙背文書・別記』所収。

(27) 貞成親王出家前後のことについては、日次記事のほか、前注（26）所掲の「御出家記」にくわしい。

(28) 以下については、野田只夫「城下町の歴史地理研究――築城前後の伏見――」（『西日本における都市圏の研究――昭和四十三年度文部省科学研究助成金による総合研究中間報告――』、昭和四十四年三月、所収）、京都市編『京都の歴史』第三巻（昭和四十三年、学藝書林刊）に負うところが多大である。

(29) 『両聖記』（花山院長親著。『群書類従』第二輯、神祇部所収）。

(30) 昭和五年六月に続群書類従完成会が『看聞御記』上下巻合冊本（同年十月刊）に付した「序文」による。

(31) 以下一連の記述については、林屋辰三郎『中世藝能史の研究――古代からの継承と創造――』(昭和三十五年、岩波書店刊)、同『古典文化の創造』(昭和三十九年、東京大学出版会刊)、藝能史研究会編『日本の古典芸能5茶・花・香――寄合の芸能――』(昭和四十五年、平凡社刊)、京都市編『京都の歴史』第三巻(「夏」注(28)所掲)に負うところが多大である。

(32) 位藤邦生「後崇光院と伏見宮連歌会」(「夏」注(20)所掲)よる。

(33) 「夏」注(1)所掲『図書寮叢刊　看聞日記紙背文書・別記』五一号。(傍注=横井)

(34) 位藤邦生「伏見宮連歌会と源氏寄合――『須磨』の巻による付合の意味するもの――」(『国語と国文学』第五六巻第六号、昭和五十四年六月、所載)参看。

## 秋

(1) 今西・塩津両庄については、くわしいことはわかっていない。塩津庄については、応永二十九年~永享年間の代官職の異動が日記でうかがえる程度である。なお、中村直勝『荘園の研究』(昭和十四年、星野書店刊)、阿部猛「中世後期における都市貴族の生活と思想――『看聞御記』の世界――」(和歌森太郎先生還暦記念論文集刊行会編『古代・中世の社会と民俗文化』、昭和五十一年、弘文堂刊、所収)を参看。

(2) 松永庄についても、前注(1)所掲中村・阿部両氏の論著を参看。

(3) 『満済准后日記』同日条によると、満家は「戌終に参詣」し、「神前に於て御鬮(くじ)を給りて亥終に罷り帰る」とある。その間、せいぜい二、三時間であることから、「八幡」は通説の「石清水八幡宮」ではなく、洛中の「三条坊門八幡宮」(御所八幡宮)ではなかったかとする向きもあり、筆者もそう考えている。

(4) 『群書類従』第五輯、系譜部所収。

(5)「夏」注(19)所掲。

(6)「夏」注(1)所掲『図書寮叢刊　看聞日記紙背文書・別記』所収。

(7) この注記は『群書類従』本『椿葉記』にも見えており、注記を含むその記事を左に掲げる。(傍注＝横井)

……ちかく故大納言公雅(三条)卿の母は我母儀(西御方と申)姪にてはんべ(侍)れば、実雅(三条)卿もよそならぬ人なり。……

村田氏がさらに注意を喚起されたのは『椿葉記』(乙本)の「故大納言公雅卿の母」の箇所に付された「実治卿息中川三位公為卿女」なる注記と、「我身の母儀(西御方と申)」(同じく乙本)の箇所に付された「三条中納言実治卿女」なる注記とである。自ずと、貞成母＝西御方＝三条実治女……ということになる。ちなみに、この「三条」の略系譜を、村田氏の論文「伏見宮栄仁親王の二皇子に関する史実」(「夏」注(19)所掲)から借りて左に掲げておく。

(8)「夏」注(10)所掲。

(9)『公卿補任』(正長二年)では信俊の行年を七十七歳としており、今はそれに従っておく。ただし、その前年の記事によると「従二位源信俊」(同人)について「三月三十日任(七十四歳)」と記されている。参考までに付記し、後考にまちたい。

(10) 綾小路信俊の没後、永享二年五月以降に、有俊が伝承すべき相伝の郢曲・催馬楽関係文書類の去就をめぐって洞院満季との間に紛争が生じ、これには後小松院(満季側)・貞成親王(有俊側)も絡んでいた。くわしくは村田正志『證註椿葉記』(「夏」注(16)所掲)二二三―二二五頁を参看。

(11) 貞成親王は『椿葉記』で、即位したことがないのに太上天皇の尊号が贈られた先例をあげている(後述）。

(12)　荻野三七彦「椿葉記の研究」（「夏」注（23）所掲）参看。併せて村田正志『證椿葉記』（前掲）解題二、「内容」を参看。

(13)　位藤邦生「後崇光院の和歌」（「春」注（6）所掲）を参看。

(14)　『正統廃興記』と『椿葉記』との関係については、荻野三七彦氏は「椿葉記の研究」で、両者の内容には相通う面が多いことを認めつつも、永享四年十月に清書し終わったというのが『正統廃興記』、同五年六月に清書し終えたのが『椿葉記』であると理解して、一応別箇の著述とみなされていた（「夏」注（23）所掲）。これに対して村田正志氏は、『證椿葉記』（前掲）の解題において既往の所説をふまえつつ、日記中には改題したことを示す記事もなく、両者が各々別の書と見られぬこともないが、としつつも、貞成親王自筆草本『椿葉記』三種の内一本が永享三年の紙背文書を有することを重視して、両者を「同書」と見なされている。

(15)　この前後の事情については、村田正志「後小松天皇の御遺詔」（「春」注（2）所掲）に負うところが多大である。

(16)　「後崇光院御文類」第二巻（五）（「夏」注（10）所掲）による。

(17)　後嵯峨天皇が仁治二年（一二四一）の春に出家を志して石清水八幡宮に参籠し、託宣を受けた話は『古今著聞集』『増鏡』に見えているが、村田正志氏は、貞成が前者によってそれを知ったのであろうと推測されている（『證椿葉記』（前掲）二四五―二四六頁参看）。

(18)　この年の頃、貞成が詠んだ和歌数首に彼の本願を見ようとした位藤邦生氏は、左の各首を例示されている（ただし、ここでは先に引いた『椿葉記』の一首は重出を避けた。「春」注（6）所掲論文より引用。（傍注＝横井）

(1)君か世に思ひ出をまつ老か身はかさなる年のおしまるゝ哉　（『沙玉和歌集Ⅱ』永享六年作）

(2)もくつをはかくかひもなき和かの浦やひらふ玉にはいかてましらん　（同右）

(3)法の道入身なりとも位山のぼる（昇）ためしはありとこそきけ　(同右)
(4)あまてらす神の光はもらすなよ君か代に猶数ならぬ身を　(同右)
(5)君か代にあふ思ひ出やこれならん我名をかくる和かの浦浪　(同右)
(6)世の人の数ならすともことはり（理）のある身を神はいかゝすつ（捨）へき　(同右)
(7)よそなから雲井の月をあふく哉身は山陰のすまゐなれとも　(『後花園院御百首』)
(8)君か代にあひ生の松ふる葉まて露の恵にもれぬうれしさ　(同右)
(9)君か代にあはすはわかの浦なみによらてもくつ（藻屑）の朽や果なん　(同右)
(10)(略)

(19) 下房俊一「伏見宮貞成」(「春」注(5)所掲論文)参看。

(20) 村田正志『證註椿葉記』一七〇—一七一頁より引用(濁点=横井)。

(21) 湯起請の歴史と実相については、牧野信之助「法制経済史上の諸問題」(同『武家時代社会の研究』、昭和十八年、刀江書院刊、所収)がくわしい。

(22) 『看聞日記』永享八年三月二十二日・五月十九日・二十一日・二十四日条を参看。

(23) 以下の叙述は、黒川正広「伏見庄の地侍たちとその生活」(『歴史教育』第十三巻第七号、昭和四十七年七月、所載)に負うところが多大である。なお、同庄の中世史については、清水三男『日本中世の村落』(昭和十八年、日本評論社刊、昭和四十九年再刊、校倉書房)、豊田武「土一揆の基礎構造」(社会経済史学会編『農民解放の史的考察』(昭和二十三年、日本評論社刊、所収)などを参看。

(24) 笠松宏至「中央の儀」(平凡社発行『月刊百科』二〇二号、昭和五十四年七月、所載)。

(25) 以下の叙述については、京都市編『京都の歴史』第三巻(学藝書林、昭和四十三年刊)、宇治市編『宇治市史』第二巻(昭和四十九年刊)に負うところが多大である。

(26) 京都の伏見御所と後小松院仙洞御所については、髙橋康夫「後小松院仙洞御所跡敷地における都市再開発の実態——室町時代京都の都市再開発に関する考察——」(『日本建築学会論文報告集』第二六三号、昭和五十三年一月）がくわしく、多大の教示を得た。本文で述べるべき点も多々あるが、果たせない。すべて同氏の右の労作を参看されたい。

(27) 義教からの贈物の有無をめぐる貞成親王の心理については、位藤邦生氏がすでに「伏見宮貞成対足利義教――『看聞日記』への文学的アプローチ――」（『広島大学文学部紀要（東洋）』第三十二巻一号、一九七三年、所載）において鋭い分析の結果を示された。本項の叙述のポイントについては、右の労作に負うところが多かった。

(28) 「後崇光院御文類」（『夏』注（10）所掲による）第四巻十五の「御譲状（御筆）」は左のとおりである。

相伝御領別紙目録在以下譲進之候、永代可有御管領候也、謹言、
　文安三年八月廿七日　（貞成親王）（御花押）
　進之候
　　追申
　　記録文書以下同可有御管領候、代々御記載目六禁裏へ進之候、可得御意候、御領之中男女
　　御恩不相替可有御扶持候也、

併せて、文中に「別紙」とある御領以下目録の内容（第四巻十四、「御譲状案（御筆）」）を左に引いておく。

譲進
一、伏見御領
　五ケ加納
一、播磨国衙
　別納十ケ所　但当時七ケ所管領

比地御祈　　石見郷
　伊和西　　市余田
　玉造保　　佐土余部
　粟賀加納
一、熱田社領
　付藪郷
一、江州山前南庄
　同七里村　八里村　北庄役
一、昆布干鮭月捧
一、若州松永庄一円
一、江州塩津庄　同今西庄
一、丹波草野　　同戸野谷
一、播州平野五名半分
一、同国餝摩津別符
一、筑前住吉社
一、日向国大嶋保
一、一条東洞院敷地　仙洞旧跡
　已上

右管領所々、（貞常親王）式部卿親王所譲与如件、但此内人給寄進等有之、不可有相違者也、
　文安参年八月廿七日　　（貞成親王）（御花押）

なお、永享十二年八月に貞成が作成した「伏見殿御領目録」の案文（榎戸文書）を、参考までに村田正志著『證註椿葉記』（前掲）付録より借りて左に掲げる。

「（表題）伏見殿御領目録」

御領目録〔人給付之、〕

一、伏見御領〔依旱水損、年貢不定、〕

五ケ加納

深草〔宝厳院御寄進、〕　炭山〔冷泉三位永基卿、〕　御恩、

槙嶋〔田向三位長資卿、御恩、〕　下三栖〔有俊御恩、〕

小芹河〔楽人郷秋御恩、〕

一、播磨国衙〔課役分弐万雖千疋、〕　〔本年貢三万五千疋、奉行得分百貫云々、〕

庭田大納言御恩千疋〔重賢相続給、〕

持経朝臣千疋〔此外供御料所、〕

住心院僧正聖天供料千疋、

一、尾張熱田領〔四百五十貫、〕　別納藪郷万余疋

大番役千五百疋〔本八三千疋也、近年半分下行、〕

庭田大納言御恩三千疋〔重賢相続給、〕

行豊朝臣五百疋　伊成千疋

永親千疋　　重仲五百疋

女中御訪〔近衛千疋、春日千疋、〕〔左衛門督千疋、其他支配、〕

一、近江山前南庄、同七里、〔号橘爪、田向御恩、参百疋、〕　八里村、〔奉行一乗院庁定直五分一得分、〕参百五十余石〔六条殿両社神供正五九月三百疋宛之、〕

同北庄役〔四十貫、〕　庭田大納言御恩〔重賢相続、〕

一、昆布干鮭月捧五百余貫、毎月四十二貫沙汰、
南御方毎月千疋一年中万二千疋、
庭田大納言奉行得分五千疋月々四百疋、重賢相続給、
六条殿御影供御毎月卅五疋
一、若狭松永庄　一円百余貫
半済定直奉行、半済浄喜奉行、
田向三位御恩五百疋浄喜奉行執沙汰、
有俊御恩千疋同、
一、近江塩津庄　同今西庄両庄年貢卅五貫、加増分三百疋、
庭田大納言御恩千疋今西分、　冷泉三位八百疋故正永御訪相続給、塩津分、
田向三位五百疋塩津分、
一、日向大嶋保弐千五百疋、
茂成朝臣御恩五百疋
一、筑前住吉社参千五百疋、　大内代官安富如元執沙汰、三千疋請申、
一、丹波草野　同戸野谷廿余石、　三木善理奉行、
一、播磨餝摩（ママ）津別府千余疋、　華恩院課役分五百疋致沙汰、
一、同国平野五名半分千疋、
一、一条東洞院敷地参百疋、　炭御油料所禁裏御乳人奉行、
一、播州佐保社郷三百疋、　曇華院御喝食進之、
播磨国衙別納十ケ所
一、石見郷七千余貫、　大通院御寄進、　一、比地御祈卅貫、　南御方知行、
一、伊和西弐千余疋、　一、市余田弐千参百疋、　春日殿、

一、玉造保二千五百疋、　庭田大納言、　一、　佐土余部四千五百疋、隆富朝臣也、加増千五百疋、以上六千疋、
一、粟賀加納三百余疋、　田向三位也、
已上七ケ所、残三ケ所不知行、
永享十二年八月廿八日当知行分記之　後崇光院御判

冬

（1）「夏」注（10）所掲。第五巻（一七）。
（2）「後崇光院御文類」（前注）第四巻（一六）。
（3）「秋」注（28）所掲。
（4）宮内庁書陵部編『図書寮叢刊　後崇光院歌合詠草類』（昭和五十三年、明治書院刊）所収「詠草拾遺」の内、3「仙洞歌合詠草」（宝徳二年）による。
（5）「秋」注（1）所掲。阿部猛氏の論文を参看。

# 後記

いかにも饒舌で偏った内実のこの一書を読み進んできて下さった読者に対して、まずは御礼を申し述べる。非力の上に準備の不足も重なったから、ごく初歩的な誤りや考え違いを随所に露呈しているのではあるまいかと、ひたすらに案ずるのみであるが、今はこれまで。巨細にわたって厳しいご叱正、ご批評をお願いする。

それにつけても、一つの日記とその筆者の世界にのめりこむのは、随分と恐ろしい事ではあった。文言に現れたものと行間に潜伏するものとが相呼応し、空想は思いこみを招き、思いこみがまたもや空想を誘発し続けたのである。初に〝実証〟し得た事とて無く、仮にあったとしても、真に叙述すべき事のみに絞って構文すれば、この長大なる文も、せいぜい五、六十紙の内に身を収めきったに相違ない。そのことを恐ろしかったなどと今は言い立ててみるが、しかし私は、与えられた広い海域を好き勝手に泳ぎまわり、所詮は遊んでしまったのである。そして、伏見宮貞成親王は、こよなき相棒となってくれた。

*

執筆に際しては、主人公の〝前半生〟のありていというものにひどく拘泥した。個人的な想いも重なり合って、幼児から少年へ、少年から青年へ、そして中年期へと進み行く路線上で、一人の「人間」としての主人公がどのようであったのか、そこにこそ日記を記し始めた年（四十五歳）以降、閉眼（八十五歳）に到るまでの主人公の〝心〟の原核部が息づいている筈だ、と見てのことである。この一点へのこだわりの深刻さは、全く思いがけぬ程の仕事の遅延の一理由となった。ために、「そしえて」社の各位には、余分の心労をおかけした。一元の勤務先で初に執筆依頼を受けて以来、長年にわたって激励を惜しまれなかった大谷高一氏、編集担当者として、怠惰な私を上手に引っ張って終着駅に追いこまれた牧野高明氏のお二人に対しては、篤く御礼を申したい。何よりもこの気質をわかって下さり、誘われ続けた事は、終生忘じ難い。

*

この日記には、まことに不思議な文体の魅力がある。私は、その点にも執心し、主人公が体験した〝時間〟の流れと、それに即応しての〝心〟の動きとを出来るだけ大事に扱いたいと思った。努めて先きざきの事には触れず、原則として日を逐い乍らの叙述を試みたのはそのためだったが、しかしまさに衆寡敵せずの比喩のままに、筆まめで長命だった主人公には完敗したのである。微に入り、細を穿てばそれなりに人間の体臭のたちこめるドラマに満ちた彼の〝晩年〟像に深入りし得なかった点や、また主人公の世界の基盤を形成していた「衆庶」のただ中へと大きく歩を進め切れなかった点、さらには所領の問題についてはわずかしか言及し得なかったことなどは勿論心残りではあるけれども、いつの日か、更めてその辺りに深入りする機会を得たく思う。

＊

主人公の「容姿」は、一切のちの世には伝わらなかったようだが、代わりに素敵な水茎の跡の数々が残されていて、私を彼へと接近せしめる一助となった。四角四面の活字ばかりでこの日記に馴染んで来ていた私の眼には、その一つ一つが互いに手を取り合って群舞するかに見えたし、それの背景には、もう一つの『看聞御記』の世界がありありと写し出されていたのだった。

群舞と背景とに心を惹かれがちの私を、いつも諸先学のお仕事の数々が〝実証〟の世界へと連れ戻してくれた。一々については注記したのみでお許しを請う。とりわけては、いち早く国文学研究の立場から貞成の人間像や、日記の文学的特質などにメスを加えられていた位藤邦生・下房俊一両氏のお仕事から蒙った学恩は、すでに筆舌には尽くし難いものである。そして私は、相異なる領域に立つ二つの学——日本史と国文学——は、いっそう太くて強い管で結ばれ合って良いと痛感させられたのであった。終始変わらぬお力添えを下さった飯倉晴武氏をはじめとして、陰に陽に支えられた各位、また関係史料の閲覧・写真撮影・図版掲載等について便宜を計られた宮内庁書陵部・京都府立総合資料館等の諸機関への謝意とも併せて、ここに篤く御礼を申し上げる次第である。

＊

なお、全くの私事にて恐縮ではあるが、各方面に一方ならぬご迷惑を及ぼし乍らの事とは申せ、数か月をこの仕事に投じ得たのは、家族一人一人の支えによることであった。誌して記念とするのを許されたい。

最後に、一つの人生を生き抜くという一事について、多くの示唆やら励ましやらをもたらしてくれた伏見宮貞成親王のご冥福を念じ上げる。よろず遠い遠い世界のお人ではあったと思うが、あなたは、間違いなく数百年のちの一史家に対して、また一つ「歴史」と「人間」とを観ずるための素晴らしいレンズを付与されたのである。合掌。

横井　清

一九七九年晩秋

# 伏見宮貞成関係略年譜

＊（　）内の数字は年齢を示す。
＊特に重要な記事を**ゴチック体**で示す。

| 和暦 | 西暦 | 年齢 | 関係事項 | 一般事項 |
| --- | --- | --- | --- | --- |
| 文中元<br>応安五 | 一三七二 | 一 | ○3月25日 **貞成王誕生**。今出川公直夫妻に養育される。 | 3月13日 頓阿没（84）。12月 二条良基の連歌新式成る。 |
| 文中三<br>応安七 | 一三七四 | 三 | ○1月29日 後光厳院没（37）。 | 4月 小嶋法師没。 |
| 天授六<br>康暦二 | 一三八〇 | 九 | ○6月24日 光明院没（60）。<br>○この頃、義満、しばしば伏見御所を訪問。 | |
| 弘和二<br>永徳二 | 一三八二 | 一一 | ○4月11日 後円融天皇譲位。後小松天皇（幹仁）践祚。 | |
| 元中元<br>至徳元 | 一三八四 | 一三 | ○11月28日 伏見大光明寺で故陽禄門院秀子（崇光・後光厳母）の三十三回忌仏事が営まれる。 | 5月19日 観阿弥清次没（52）。 |
| 元中六<br>康応元 | 一三八九 | 一八 | ○8月13日 庭田重資（栄仁親王外祖父）没（83）。 | |
| 元中九<br>明徳三 | 一三九二 | 二一 | ○11月30日 崇光院、伏見殿で落飾（59）。 | 3月2日 細川頼之没（64）。<br>閏10月 両朝合一。 |
| 明徳四 | 一三九三 | 二二 | ○4月26日 後円融院没（36）。 | |
| 応永元 | 一三九四 | 二三 | ○6月27日 貞成王の養母東向（今出川公直室）没。 | 12月17日 義満、将軍職を義持に譲り、次いで太政大臣になる。 |
| 二 | 一三九五 | 二四 | | 6月20日 義満出家。 |

| | | | | |
|---|---|---|---|---|
| 三 | 一三九六 | 二五 | ○3月28日　義満、伏見殿を訪問。○5月17日　今出川公直没(55)。 | |
| 五 | 一三九八 | 二七 | ○1月13日　**崇光院没**(65)。後小松天皇、長講堂**領・法金剛院領・熱田社領・播磨国衙を没収**。○5月14日　直仁法親王(花園天皇皇子、萩原殿)没(64)。その遺領(室町院領)の内七箇所・萩原御所その他が栄仁親王に帰属。26日　**栄仁親王、伏見指月庵で出家**。○8月13日　**栄仁親王、義満の求めで萩原御所に移住**。○10月16日　後小松天皇、室町院領伊賀国長田庄等七箇所と播磨国衙・同別納十箇所を栄仁親王に還付。○12月10日　西御方(貞成生母)没。29日　後小松天皇、播磨国衙別納の内伊和西の地を対御方(栄仁母、庭田資子)に付する。 | |
| 六 | 一三九九 | 二八 | ○12月　**栄仁親王、伏見御所へ帰住**。 | 10月13日　応永の乱。 |
| 八 | 一四〇一 | 三〇 | ○7月4日　**伏見御所炎上。栄仁親王、嵯峨洪恩院へ移る**。 | 2月29日　土御門内裏炎上。<br>5月13日　義満、明国へ遣使。 |
| 一〇 | 一四〇三 | 三二 | ○11月　貞成王、栄仁親王の即位を夢想。○この年頃より応永十六年まで、**栄仁親王、嵯峨有栖川山荘**(斯波武衛義重山荘)**に住む**。 | |
| 一一 | 一四〇四 | 三三 | ○1月20日　貞成王、立太子決定との夢をみる。 | |
| 一五 | 一四〇八 | 三七 | ○3月8日　後小松天皇、義満の北山新第に行幸。この間栄仁親王も参候奏楽。○11月　後小松天皇、伏見庄を栄仁親王**に還付**。○12月20日　治仁 | 5月6日　**義満没**(51)。 |

| | | | | |
|---|---|---|---|---|
| 応永一六 | 一四〇九 | 三八 | 王元服。○6月　栄仁親王、有栖川山荘より伏見に帰住し、一旦は宝厳院を仮御所とする。 | 7月23日　義持、内大臣となる。 |
| 一八 | 一四一一 | 四〇 | ○4月4日　**貞成王、伏見御所で元服。以降、当所に常住。**同日、栄仁親王、今出川公行に琵琶秘曲を伝授。○11月19日　貞成、栄仁親王より琵琶秘曲楊真操を伝授される。 | |
| 一九 | 一四一二 | 四一 | ○5月15日　庭田経有（貞成王の室幸子の父）没。○8月29日　後小松天皇譲位、称光天皇（実仁）践祚。 | |
| 二三 | 一四一六 | 四五 | ○1月1日　**『看聞日記』幕を開く。**○6月25日　栄仁親王、名笛柯亭を後小松院に献呈。○7月1日　仙洞御所（一条東洞院）、近火のため類焼。○9月3日　後小松院、室町院領を栄仁親王に安堵。4日　栄仁親王、播磨国衙安堵の院宣を請う。○11月19日　貞成王の長女（のちの性恵。庭田幸子所生）誕生。20日　**栄仁親王没。**大通院と号する。治仁王、伏見宮家を相続。 | 10月　上杉禅秀の乱起こる。 |
| 二四 | 一四一七 | 四六 | ○2月11日　**治仁王没**（47?）。**貞成王、伏見宮家を相続。**以後、治仁王の急死を貞成王らの毒殺によるとする風説が流れる。○3月4日　風説につき、後小松院への取りなし方を勾当内侍に依頼する。12日　故治仁王の称号を葆光院とする。○4月5日　箏（銘梨花）を後小松院に献呈。○5月2日 | |

| | | | | |
|---|---|---|---|---|
| | | | 義持に、伝来の御手本・歌合・巡方帯等を進呈。閏5月2日　故崇光院の仕女三条局（真修院）没。6日　後小松院に文永三年御移徙記を献呈。○6月2日　即成院強盗犯人の糺明のために、御香宮に伏見庄民等を召集し、起請をさせる。19日　仙洞御所の再建成り、この日、後小松院移徙。20日　恵舜蔵主（貞成王の異母弟。大通院宮。三条実継女某所生）没。 | |
| 二五 | 一四一八 | 四七 | ○1月10日　御所内女官の名を改め、対御方（故栄仁仕女）を東御方に、近衛局を廊御方に、今参局（貞成仕女、庭田幸子）を二条局に、それぞれ変える。○7月　称光天皇仕女新内侍の懐妊一件にまきこまれる。○12月26日　智観（故治仁王の長女。上臈局所生）鳴滝十地院に入室か。 | 1月24日　義持、兵を派して義嗣（異母弟）(25)を殺す。6月　大津の馬借、祇園神輿を奉じて入京強訴。 |
| 二六 | 一四一九 | 四八 | ○6月17日　**彦仁王**（貞成長男。後花園天皇）誕生。○7月4日　貞成王、綾小路信俊より朗詠秘曲を伝授される。○12月19日　青蓮院義円（のち足利義教）の求めで庭樹を進呈。 | 7月　幕府、明国との国交を絶つ。 |
| 二七 | 一四二〇 | 四九 | ○1月　坂本智恩寺主（故栄仁親王異母妹。三条局所生）没。○2月9日　嵯峨宝幢寺供養を見物。○3月10日　青蓮院義円、伏見御香宮猿楽を見物。○6月　伏見庄民と深草郷民、用水につき相論。○7月　伏見庄と木幡の間に草刈（堺）相論が起こる。 | 8月　今川了俊（貞世）没(96)。10月11日　小川宮（称光天皇弟）、勧修寺邸を御所として移住。 |

| | | | | |
|---|---|---|---|---|
| 応永二八 | 一四二一 | 五〇 | ○この年頃、貞成王、江南隠士・江南漁翁と号して詩歌を作る。○4月　疫病流行し、公家の間にも死者続出。東御方の兄弟日権院（妙法院執事）・同報恩院（高野隠居）相次いで没する。○6月13日　今出川（菊亭）公行没。○7月5日　四紘灌頂・山前庄等のことにつき、後小松院に返書を呈する。○8月9日　今出川公富没（26）。17日　石清水八幡宮に伏見宮家興隆を祈願。 | この年、大旱魃。 |
| 二九 | 一四二二 | 五一 | ○1月11日　大光明寺内大通院造営事始。18日　彦仁王（4）を伴い石清水八幡宮に参詣。○5月24日　大通院成る。○6月13日　用健（貞成王の異母弟）、大通院の住持となる。○7月12日　義持、大光明寺に参詣。貞成王、義持に歴代重宝の『宮滝御幸記』を進呈。22日　管領畠山満家に書状を送り、播磨垂水郷のことで幕府に訴える。○11月20日　故栄仁親王七回忌仏事を大通院で営む。 | この年、飢饉・疫病流行。 |
| 三〇 | 一四二三 | 五二 | ○2月　称光天皇と小川宮の関係が悪化。○4月2日　重ねて幕府に播磨垂水郷のことを訴える。○9月13日　椎野寺主（貞成王の異母弟。廊御方所生）没。 | 3月　義持、子義量に将軍職を譲る。4月25日　義持出家。11月　幕府、南朝の遺臣を斬る。 |
| 三一 | 一四二四 | 五三 | ○1月29日　彦仁王の即位必定という真乗寺恵明房の夢想の話を耳にする。○4月12日　後亀山法皇没（75）。19日　貞成王の女あ五々（9）入江殿 | 2月　幕府、鎌倉府と和睦。 |

| | | | | |
|---|---|---|---|---|
| | | | （二時智恩寺）に入室。○5月13日　坂本智恩寺主（故栄仁親王異母妹。治部卿局所生）没。○8月12日　三条公雅・冷泉永基を通して後小松院に家計不如意を訴える。30日　真栄（＝故治仁王の二女。上﨟局所生）岡殿に入室。○9月2日　近臣の庭田と田向、敷地の垣根の帰属をめぐって争い、絶交。○11月25日　後小松院へ、後深草院以来相伝の御記類五合を献呈。○12月1日　後小松院へ後伏見院宸筆御記等二巻一帖を献呈。 | |
| 三二 | 一四二五 | 五四 | ○2月16日　皇太子小川宮没（22）。この月貞成王の二女某（庭田幸子所生）天王寺妙厳院に入室か。○4月16日　**貞成王、親王宣下を受ける**。19日　後小松院の依頼で書写した経巻を院に献呈。○6月28日　称光天皇、後小松院との不和のために急遽譲位・出奔を企てる。義持これを諫止する。○閏6月3日　後小松院、事態収拾のために貞成親王に薙髪入道を促す。貞成親王これを受ける。○7月5日　**伏見指月庵で薙髪。法号は道欽**。25日　称光天皇危篤の噂を耳にする。28日　義持、鹿苑院主厳仲に彦仁王の年齢を問う。厳仲の使僧用健に、貞成親王答える。○8月10日　瑞夢を見る。この月、石清水八幡宮に願文を奉納し、無位無官の身を歎く。称光天皇、回復。○12月19日　**二男貞常王誕生**。 | ○2月27日　義量没（19） |
| 三三 | 一四二六 | 五五 | ○4月25日　所領今西・塩津両庄代官職の改替、並 | 5月14日　洞院満季、後小松 |

| | | | | |
|---|---|---|---|---|
| | | | びに松永庄の直務支配について後小松院の勅許を得る。<br>＊この年の日記を欠く。 | 院に『帝王系図』（『本朝皇胤紹運録』）を撰進。6月8日 近江坂本の馬借一揆、京中に乱入。 |
| 応永三四 | 一四二七 | 五六 | ○この年も称光天皇の病状は一進一退をつげる。<br>＊この年の日記を欠く。 | 4月 幕府、「洛中洛外酒屋土倉役条々」を定める。11月 幕府、赤松氏を討つ。 |
| 正長 元 | 一四二八 | 五七 | ○7月7日 称光天皇危篤。11日 皇嗣のことについて朝幕の要人等が合議する。12日 三宝院満済、足利義宣の意を受けて世尊寺行豊を伏見に遣わし、貞成親王に彦仁王迎立の意向を伝えさせる。貞成親王、これを受諾。13日 幕府、ひそかに畠山満家を伏見御所に派し、彦仁王を洛東若王子社に護送させる。16日 義宣、勧修寺経成を通じて、彦仁王がすでに渡御の由を初めに後小松院に奏上。後小松院、彦仁王を猶子とする。17日 彦仁王、仙洞御所に入る。20日 **称光天皇没**（28）。28日 **彦仁王践祚**（10）。次いで新内裏三条高倉御所に入る。○10月14日 後小松院、薙髪入道の意を義宣に伝える。義宣、これを諫止。<br>＊この年の日記を欠く。 | 1月18日 **義持没**（43）。3月12日 青蓮院義円、還俗して義宣と改名し、将軍家を嗣ぐ。7月6日 小倉宮、伊勢へ出奔、ついで挙兵。9日 正長の土一揆。<br>この年、飢饉・疫病のために死者多し。 |
| 永享 元<br>（正長二） | 一四二九 | 五八 | ○2月20日 瑞室（故栄仁親王異母妹。三条局所生。真乗寺・景愛寺主）没。○6月18日 綾小路信俊没（77?）。○8月29日 後花園天皇（彦仁）、 | 3月9日 義宣、元服（36）。15日 義宣、将軍宣下。義教と改名。9月13日 広橋兼 |

| | | | | |
|---|---|---|---|---|
| | | | 土御門内裏に移る。○12月2日　故崇光院三十三回忌（明年正月十三日）仏事を繰り上げて営む。27日　即位式が挙行される。 | 宣没（64）。この年、小倉宮、嵯峨に帰住。 |
| 二 | 一四三〇 | 五九 | 4月29日　義教より初に美物を贈られる（以降、たびたびに及ぶ）。○6月24日　後深草・伏見・後伏見院三代宸筆の大嘗会記録・卯日神膳御記等重代秘蔵の文書を後小松院に献呈。○8月10日　貞成親王の女某（田向長資養女）没（3）。○10月26日　義教の勧めにより後花園天皇の御禊行幸を二条油小路辺で見物し、勧修寺経成邸に逗留。28日　初めて室町殿を訪問し、義教と初対面。翌日伏見へ帰る。○11月6日　これ以前、二、三年にわたり、近江国山前南北両庄知行権について、伏見宮・徳光院周高・京極（西園寺）中納言実光の三方相論が続き、この日義教より安堵の御内書を得る。15日　貞成親王の女某（庭田幸子所生）誕生。○12月10日　故陽照院殿（西御方。貞成親王生母）三十三回正忌日仏事を大光明寺で営む。20日　義教、伏見御所を訪問。この前後、義教の指示により訪問客が連日相次ぐ。28日　前源宰相田向経良（改め経兼）、伏見庄奉行職を辞退。<br>＊この年1～2、5～7、11月の日記を欠く。<br>＊この年1～4月の日記を欠く。 | 12月29日　義教の上臈局（三条実雅妹）に叙品宣下。 |
| 三 | 一四三一 | 六〇 | ○1月29日　石清水八幡宮に参詣し所願成就を祈る。2月7日　義教の招きで室町殿を訪問。当日深 | 12月11日　義教、室町北小路の新邸に移る。 |

永享　四　一四三二　六一

更に伏見に帰る。23日　伏見庄奉行職に庭田三位重有を任命し、近江国山前北庄役を安堵。○3月1日　大通院主用健没（56）。6日　重代相伝の古書類を後花園天皇に進覧（以降相次ぐ）。24日　**後小松院、薙髪入道**。○4月19日　近臣四条隆富、窮乏のため西大路の邸を売却し、伏見御所近くの小家に移住。23日　伏見庄預所職に庭田家青侍の藤兵衛重氏を任命。○6月4日　伏見庄内を荒らした盗人一味を捕らえ、御香宮において湯起請させる。○7月16日　後深草院二十七回忌に際して、同天皇宸筆『法華経』一部十巻を長講堂へ寄進するとともに、願文をひそかに奉納する。○8月4日　義教より献呈の馬を石清水八幡宮に奉納し、併せて所願成就の願文を納める。○10月23日　石山寺に参詣し、所願成就を祈念。○11月13日　庭田三位重有の泊瀬寺参詣に際して願文奉納のことを託す。○12月19日　室町殿に義教を訪問。

2月8日　般若心経一巻を書写して翌朝石清水八幡宮に奉納。30日　少外記中原康富、貞常王の侍読として伏見御所に初参か。○10月8日　『正統廃興記』（『椿葉記』）の清書を完了。13日　『正統廃興記』を後花園天皇にひそかに献呈することにつき、その当否を勧修寺経成に諮問。○11月2日　『正統廃興記』を勧修寺経成に内見させる。10日　後小松

9月10日　義教、富士遊覧の旅に出る。

| | | | | |
|---|---|---|---|---|
| | | | 院、病む。○この年頃より太上天皇の尊号を心中に願い始めるか。 | |
| 五 | 一四三三 | 六二 | ○1月3日　後花園天皇（15）元服。10日　義教、三条実雅を派して伏見御所に送り、天皇の元服を祝賀。27日　貞成親王室幸子（南御方）、室町殿に義教を訪問。東御方、これに同行。○2月25日　故治仁王の女某（応永二十四年二月十七日生）得度。この月、『正統廃興記』を『椿葉記』と改め、本文完成。○3月20日　伏見庄民等、醍醐炭山と柴刈（堺）相論。以降刃傷沙汰に及ぶ。○4月23日　幕府、炭山土一揆の張本人を確認し、伏見庄百姓等の還住を許す。○6月5日　後小松院、病む。27日『椿葉記』を勧修寺経成に内見させる。○9月9日後花園天皇御歌始。○10月20日　後小松院没（57）。この頃、諒闇の儀につき論議が起こる。27日朝議で諒闇に決定。○12月12日　幕府、後小松院の遺詔により長講堂領・法金剛院領を後花園天皇の管領下に置く。熱田社領、伏見宮に返還される。26日　幕府、伏見宮の料所播磨国衙の奉行勧修寺経成を改替し三条実雅を充てる。 | 4月21日　紀河原勧進猿楽。5月　勘合貿易再開。 |
| 六 | 一四三四 | 六三 | ○1月　諒闇により、四方拝・小朝拝・節会など恒例の儀を停める。○2月21日　貞成親王、義教に「長講堂領文書目録」を見せる。○3月16日　庭田 | 2月9日　足利義勝誕生。5月　世阿弥元清、佐渡へ配流される。 |

| | | | | |
|---|---|---|---|---|
| 永享七 | 一四三五 | 六四 | 幸子、従三位に叙される。○4月20日 貞成親王の女かかこ御所（理延）真乗寺に入室。○7月4日 近臣世尊寺行豊、困窮のために邸を売却し、妻子は田舎に下る。13日 後花園天皇に書状を進め、政道のことなどにつき訓す。○8月27日 『椿葉記』を後花園天皇に奏覧。○9月1日 後花園天皇、『椿葉記』一納受の返書を貞成親王に送る。○10月4日 貞成の女某（庭田幸子所生）誕生。○11月27日 貞成の女某（庭田幸子所生）岡殿へ入室。○8月6日 義教、京都の新御所への移住につき貞成の意を伺う。貞成これを受ける。27日 義教に、秘蔵の『玉葉集』一合（十九巻、一巻欠）正本を進め見せる。○12月19日 **京都一条東洞院の新邸に移る**。以後これに常住。 | 6月13日 三宝院満済准后没(58)。 |
| 八 | 一四三六 | 六五 | ○1月10日 夢想で長講堂にて後白河院と対面し、宮家開運はその加護によるものと悟る。○4月19日 幕府、仙洞御所旧跡の地の管領を貞成に帰する。以後、近臣等当所に移住する。○この年、田向経兼（もと経良）出家。 | 1月2日 足利義政誕生。 |
| 九 | 一四三七 | 六六 | ○2月9日 東御方、義教の逆鱗にふれ、伏見禅照庵に退下。30日 延暦寺円城院よりの賀札に、貞成を「吾君上皇」と称する。○11月 この頃より持病の脚気に悩まされつづける。 | 2月10日 入道永助親王没(76)。3月24日 勧修寺経成（経興）没(63)。 |

| | | | | |
|---|---|---|---|---|
| 一〇 | 一四三八 | 六七 | ○11月17日　伏見の御所より梅一本、馬場（旧御所跡地）より桜一本を取り寄せ、寝殿東面に植え込む。 | 7月　幕府、大覚寺義昭を大和国の天川に討つ。 |
| 一一 | 一四三九 | 六八 | ＊この年の日記を欠く。 | 2月10日　足利持氏没（42）。 |
| 一二 | 一四四〇 | 六九 | ○6月27日　庭田重有（貞成室幸子の兄）出家。○7月30日　庭田重有没（60）。＊この年の日記を欠く。 | 3月　結城合戦始まる。この年、日野富子誕生。 |
| 嘉吉　元 | 一四四一 | 七〇 | ○5月27日　東御方、伏見禅照庵で没（79）。28日貞成親王の長女性恵（入江殿。庭田幸子所生）没（26）。○閏9月27日　後花園天皇、熱田社領の内尾張国藪郷・英比郷を生母庭田幸子の湯沐料とする。 | 4月　結城合戦終わる。6月24日　**嘉吉の変**。**義教没**（48）。次いで、子義勝、将軍家を嗣ぐ。近畿に大徳政一揆起こる。 |
| 二 | 一四四二 | 七一 | ○10月9日　長講堂領の内、播磨国佐保社郷を曇花院喝食御所へ寄進。また某に若狭国松永庄半済分を寄進。＊この年の日記を欠く。 | |
| 三 | 一四四三 | 七二 | ○9月23日　南朝皇族尊秀王・遺臣日野有光らの内裏襲撃・放火のため、後花園天皇、前関白近衛忠嗣第に避難。26日　天皇、貞成親王の一条東洞院邸に移り、仮御所とする。貞成親王、連日の父子対面を幸いとする。○12月29日　貞成親王、一条東洞院御所より土御門高倉の三条実量邸に移る（のち再び還住）。 | 5月7日　小倉宮没。7月21日　**義勝没**（10）。23日　義教の子義政、将軍家を嗣ぐ。8月8日　世阿弥元清没（81）。10月2日　幕府、後亀山天皇の孫勧修寺教尊を捕らえる。 |
| 文安　元 | 一四四四 | 七三 | ○2月20日　貞常王に親王宣下。○4月26日　幸子、准后となる。 | 7月　後村上天皇の孫円満院円胤、紀伊国の北山に挙兵。 |

| | | | | | |
|---|---|---|---|---|---|
| 文安 | 二 | 一四四五 | 七四 | ○3月16日　貞常親王、元服。<br>＊この年の日記を欠く。 | 11月3日　二条持基没（56）。 |
| | 三 | 一四四六 | 七五 | ○3月17日　貞成・貞常両親王父子、住心院で本座田楽を観覧。○8月27日　貞成親王、貞常親王に宮家相伝の伏見御領・播磨国衙以下を譲与する。<br>＊この年の日記を欠く。 | |
| | 四 | 一四四七 | 七六 | ○3月23日　後花園天皇、万里小路時房に対して貞成親王の尊号宣下につき問う。○11月27日　**貞成親王、太上天皇の尊号を受ける。**太上天皇衛士六十人の内三十人を左衛門府より差し進められる。<br>＊この年、1～9月の日記を欠く。 | 7月　山城国西岡の徳政一揆蜂起。12月22日　紀伊国の北山に挙兵した円満院円胤、守護畠山持国の兵に殺される。 |
| | 五 | 一四四八 | 七七 | ○1月18日　冷泉永基（非参議・兵部卿）の任参議のことを内裏に要請（同月二十九日任）。○2月22日　**太上天皇の尊号を辞する。**○3月4日　庭田幸子（貞成親王室）に敷政門院の女院号が宣下される。○4月7日　**『看聞日記』幕を閉じる。**13日　**庭田幸子没**（59）。○6月6日　宮家相伝の記録・文書・楽器等を貞常親王に譲与。 | |
| 宝徳 | 三 | 一四五一 | 八〇 | ○4月13日　弘助法親王（故栄仁親王異母弟）没（50）。 | |
| 康正 | 二 | 一四五六 | 八五 | ○8月29日　**貞成親王没。**諡号を後崇光院という。<br>○この年、田向長資出家。 | 4月2日　幕府、内裏・北小路新邸造営費を諸国に賦課。 |

## 「看聞日記」の人びと——人名小辞典——

1. 本書に名をみせた人物を中心にして選んだ。
2. 貞成親王については省略した。
3. 一、二の例外を除いて、漢字表記の音読により五十音順に配列し、読みがなを付した。
4. 各部の注に掲げた先学の研究に多大の示教を得た。
5. 略年譜・諸系図も参看してほしい。
6. *は人名の読みの不確かなもの。

**阿栄**(あえい)　栄仁異母妹。母三条局。

**あや**　田向(たむかい)あや。田向経良女。

**永基**(ながもと)　冷泉永基、冷泉正永実子、同範定猶子。祖父範康が崇光院に勤仕(ごんし)して以来伏見殿に奉仕。

**叡蔵主**(えいぞうす)　栄仁異母弟、母三条局。

**栄仁親王**(よしひとしんのう)　大通院、崇光天皇皇子、治仁・貞成父。母庭田資子。応永23年11月20日没。

**恵舜**(えしゅん)　恵舜蔵主、大通院宮。栄仁子。母三条実継女(対御方・東御方)。貞成異母弟。応永24年6月20日没。

**管理**(かんり)　(三木(そうぎ)氏)　無垢庵。伏見庄下司・室町院領備中国大島保代官・相国寺領丹波国草野土野谷代官。

**義教**(よしのり)　足利義教。義満子、室町幕府6代将軍、義持弟。青蓮院義円、足利義宣。嘉吉元年6月24日没。

**義持**(よしもち)　足利義持。義満子、室町幕府4代将軍、正長元年1月18日没。

**義満**(よしみつ)　足利義満。義詮子、義持・義教父、室町幕府3代将軍。応永15年5月6日没。

**行光**(ぎょうこう)　沙弥(しゃみ)行光。庭田重有青侍(あおざむらい)長政。応永23年2月24日出家。

**行豊**(ゆきとよ)　世尊寺行豊。崇光院に勤仕の同行俊子、行資父。侍従(じじゅう)宰相。歴代伏見殿近臣、能書家。

**義量**(よしかず)　足利義量。義持子、室町幕府5代将軍。応永32年2月27日没。

**慶寿丸**(けいじゅまる)　→重賢

**経成**(つねしげ)　勧修寺経成。もと経興。同経豊子。参議(さんぎ)・権中納言(ごんちゅうなごん)。後小松院別当(べっとう)、伝奏(てんそう)。伏見殿外様。永享9年3月24日没。

**経良** 田向経良。同資蔭子、長資・あや父。三位・三品。応永28年7月20日任参議。新宰相・宰相・源宰相。永享4年改め経兼、同8年出家。伏見御領奉行職。

**兼郷** 広橋兼郷。同兼宣子、綱光父。権中納言。初め宣光、ついで親光、永享3年改め兼郷。文安3年4月12日没。

**兼宣** 広橋兼宣。同仲光子、兼郷父。大納言。永享元年9月13日没。

**彦仁** →後花園天皇

**洪蔭** 貞成異母弟、松・松崖・蔭蔵主。大通院・椎野寺主・相国寺施食維那（寛正6年3月3日）。

**公雅** 三条（正親町三条）公雅。同実豊子、実雅父。参議・権大納言。法名祐戒。母は西御方（治仁・貞成母）の姪。伏見殿外様。応永34年8月12日没。

**公行** 今出川（菊亭）公行。貞成養父、同公直孫。左府。応永28年6月13日没。

**弘助法親王** 崇光院皇子。栄仁異母弟。相応院（仁和寺内）住持職。母三条局（真修院）。宝徳3年4月13日没。

**興信法親王** 崇光院皇子。勧修寺。康応元年8月21日没。

**公直** 今出川（菊亭）公直。同実尹子、公行父。貞成養父。応永3年5月17日没。

**公富** 今出川（菊亭）公富。同実富子。応永28年8月9日没。

**後花園天皇** 彦仁。貞成子、後小松院猶子。母庭田経有女幸子。文明2年12月27日没。

**後小松天皇** 幹仁。後円融天皇皇子。称光天皇父。永享5年10月20日没。

**椎野寺主** 貞成異母弟。幸寿丸。嵯峨椎野寺（浄金剛院）住持職。母日野資国女（近衛局、のち廊御方）応永30年9月13日没。

**実雅** 三条（正親町三条）実雅。同公雅子。蔵人頭・参議・内大臣。足利義教側近。寛正2

年出家、法名常禧。応仁元年9月3日没。

**実富**（きねとみ）　今出川（菊亭）実富。同公行子。大納言。正長元年7月8日没。

**芝殿**（しばどの）　伏見庄有力者芝俊阿一族。田向経良室。

**時房**（ときふさ）　万里小路時房。内大臣嗣房子。権大納言（応永32年）、内大臣（文安2年）。長禄元年11月7日没。『建内記』筆者。

**周乾**（しゅうけん）　栄仁子、貞成異母弟。用健・乾蔵主・乾首座。母三条実音女（廊御方・宝珠庵）。大通院開基。永享3年3月1日没。

**重賢**（しげかた）　庭田重有子。参議・中将・権大納言。幼名慶寿丸、改め政賢、また改め長賢。

**重氏**（しげうじ）（小川氏）　藤左衛門尉。禅啓子・浄喜弟。庭田青侍・伏見庄預所。

**重有**（しげあり）　庭田経有子、貞成室幸子兄。権大納言。永享12年7月20日没。

**寿蔵主**（じゅぞうす）　行蔵庵主。

**性恵**（しょうえ）　貞成女。あ五々。三時智恩寺主（入江殿）。母庭田経有女幸子。嘉吉元年5月28日没。

**正永**（しょうえい）　冷泉正永・沙弥正永。冷泉範定弟範綱か。冷泉永基の実父。

**昌耆**（しょうき）　昌耆法眼。医僧。

**浄喜**（じょうき）　小川氏。小川禅啓子。伏見庄政所・仁和寺領丹波国華田庄代官。若狭国松永庄代官職。

**称光天皇**（しょうこうてんのう）　実仁。後小松天皇皇子、小川宮兄。正長元年7月20日没。

**承泉**（しょうせん）（小川氏）　下野有慶子、小川禅啓養子。伏見庄在住の地下（じげ）の文化人、もと僧侶。永享9年4月再び僧となり大通院に入る。

**小川宮**（おがわのみや）　後小松天皇皇子、称光天皇弟。応永32年2月16日没。

**真栄**（しんえい）　治仁女。母上臈局。応永31年8月30日岡殿入室。

**信俊**（のぶとし）　綾小路敦有子、有俊父。崇光院以来伏見殿に祗候の近臣。正長2年6月18日没。

**瑞室**（ずいしつ）　栄仁異母妹。真乗寺・景愛寺主。母三条局。永享元年2月20日没。

崇光院　光厳天皇皇子。栄仁父、治仁・貞成祖父。母正親町公秀女秀子。応永5年1月13日没。

西御方　栄仁室、治仁・貞成母。三条実治女治子、陽照院。応永5年12月10日没。

善基蔵主　即成院住僧。

禅啓（小川氏）　伏見庄政所・山名氏被官・鹿王院領金松名代官、地下古老。永享7年5月20日没。

善理　三木氏。御香宮神主・畠山氏家人。

対御方　①崇光天皇妃、栄仁母。庭田重資女資子、杉殿。②栄仁親王仕女。三条実継女。東御方。嘉吉元年5月27日没。

智観　治仁女。母上臈局。応永25年12月26日鳴滝十地院入室。鳴滝殿御喝食。

治仁王　栄仁子、貞成兄。母三条実治女治子。応永24年2月12日没。葆光院。

長郷　菅原（高辻）長郷。もと長興・長則・長広。崇光院に近侍したという長衡の孫。栄仁に奉仕。伏見殿外様。

長資　田向経良子。権中納言。康正2年出家。

直仁親王　花園天皇皇子、光厳天皇養子、崇光天皇皇太弟、入道親王。萩原殿。応永5年5月14日没。

貞常親王　貞成子、後花園天皇（彦仁）弟、伏見宮4代。母庭田経有女幸子。文明6年7月3日没。

東御方　↓対御方②

徳祥　大光明寺長老。

南御方　貞成室、彦仁（後花園天皇）・貞常親王母。庭田経有女幸子。初め今参局、ついで二条局。文安5年4月13日没。

二条局　↓南御方

坂本智恩寺主　①崇光院皇女。栄仁異母妹。母三条局。応永27年1月没。②崇光院皇女。栄仁異母妹。母治部卿局。栄寿院・長照院。応永31年5月13日没。

**兵衛四郎**　地侍三木氏の一族。永享5年炭山土一揆の張本と目され、以後数年逃亡。永享10年8月捕らわる。

**梵祐**　梵祐喝食。侍従経宣子。即成院坊主職。

**満済**　醍醐三宝院門跡。今小路師冬の子。足利義満の猶子となり醍醐寺に入る。准三后。永享7年6月13日没。〝黒衣の宰相〟。『満済准后日記』の筆者。

**明盛**　明盛法橋。六条御所（元後白河院六条御所・長講堂）預所職。

**有俊**　綾小路信俊子。

**有善**（小川氏）　新左衛門。禅啓子。伏見庄公文。

**用健**　→周乾

**理延**　貞成女。母庭田経有女幸子、真乗寺主。

**隆富**　四条（西大路・大宮）隆富。崇光院院司の同隆仲孫。左中将。伏見殿近臣。

**廊御方**　①栄仁仕女。日野資国女。椎野寺主母。初め近衛局（陽明局）。応永23年11月20日出家。応永31年4月29日山田香雲庵に入る。②→周乾

## 本文掲載系図および図表

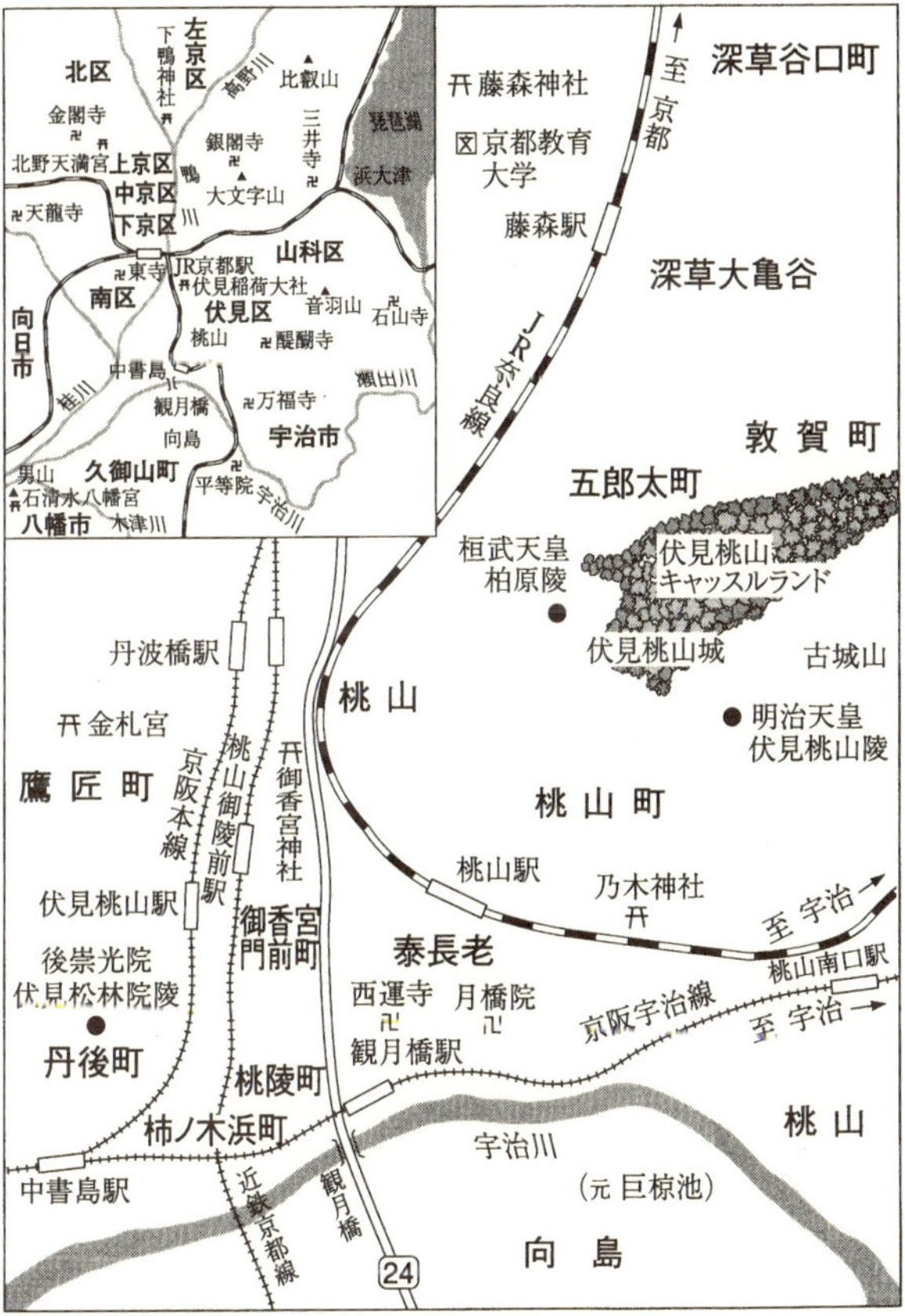


京都・伏見方面略図　貞成時代から中世末期にかけての伏見庄各村（京都市伏見区内）の所在は不明な点が多く，本書「夏一六」（243〜4頁）に掲げた村々の推定現地名を図中に示した。

KODANSHA

本書は、一九七九年十二月、㈱そしえて発行の『看聞御記——「王者」と「衆庶」のはざまにて』を底本としました。

横井　清（よこい　きよし）

1935年，京都市に生まれる。立命館大学大学院文学研究科修士課程修了。日本中世史専攻。京都市史編さん補助・花園大学文学部助教授・富山大学人文学部教授・桃山学院大学文学部教授などを歴任。主な著書に『中世民衆の生活文化』『東山文化』『下剋上の文化』『中世を生きた人びと』『的と胞衣』『中世日本文化史論考』などがある。2019年没。

講談社学術文庫

定価はカバーに表示してあります。

室町時代の一皇族の生涯

横井　清

2002年11月10日　第1刷発行
2022年5月13日　第6刷発行

発行者　鈴木章一
発行所　株式会社講談社
東京都文京区音羽 2-12-21 〒112-8001
電話　編集（03）5395-3512
販売（03）5395-4415
業務（03）5395-3615
装　幀　蟹江征治
印　刷　株式会社ＫＰＳプロダクツ
製　本　株式会社国宝社



ISBN4-06-159572-5

# 「講談社学術文庫」の刊行に当たって

これは、学術をポケットに入れることをモットーとして生まれた文庫である。学術は少年の心を養い、成年の心を満たす。その学術がポケットにはいる形で、万人のものになることは、生涯教育をうたう現代の理想である。

こうした考え方は、学術を巨大な城のように見る世間の常識に反するかもしれない。また、一部の人たちからは、学術の権威をおとすものと非難されるかもしれない。しかし、それはいずれも学術の新しい在り方を解しないものといわざるをえない。

学術は、まず魔術への挑戦から始まった。やがて、いわゆる常識をつぎつぎに改めていった。学術の権威は、幾百年、幾千年にわたる、苦しい戦いの成果である。こうしてきずきあげられた城が、一見して近づきがたいものにうつるのは、そのためである。しかし、学術の権威を、その形の上だけで判断してはならない。その生成のあとをかえりみれば、その根は常に人々の生活の中にあった。学術が大きな力たりうるのはそのためであって、生活をはなれた学術は、どこにもない。

開かれた社会といわれる現代にとって、これはまったく自明である。生活と学術との間に、もし距離があるとすれば、何をおいてもこれを埋めねばならない。もしこの距離が形の上の迷信からきているとすれば、その迷信をうち破らねばならぬ。

学術文庫は、内外の迷信を打破し、学術のために新しい天地をひらく意図をもって生まれた。文庫という小さい形と、学術という壮大な城とが、完全に両立するためには、なおいくらかの時を必要とするであろう。しかし、学術をポケットにした社会が、人間の生活にとってより豊かな社会であることは、たしかである。そうした社会の実現のために、文庫の世界に新しいジャンルを加えることができれば幸いである。

一九七六年六月

野間省一

足利健亮著
## 地図から読む歴史
地図に記された過去の残片から、かつての景観と人々の営みを大胆に推理する〈歴史地理学〉の楽しみ。信長の城地選定基準、江戸建設と富士山の関係など、通常の歴史学ではアプローチできない日本史の側面。

2108

慈円著／大隅和雄訳
## 愚管抄　全現代語訳
天皇の歴代、宮廷の動静、源平の盛衰……。摂関家に生まれ、仏教界の中心にあって、政治の世界を対象化する眼を持った慈円だからこそ書きえた稀有な歴史書を、読みやすい訳文と、文中の丁寧な訳注で読む！

2113

加藤祐三著
## 幕末外交と開国
日米双方の資料から、黒船に揺れた一年間を検証し、無能な幕府が「軍事的圧力」に屈して不平等条約を強いられたという「日本史の常識」を覆す。日米和親条約は、戦争によらない平和的な交渉の成果だった！

2133

横井　清訳（解説・藤田　覚）
## 新井白石「読史余論」　現代語訳
「正徳の治」で名高い大儒学者による歴史研究の代表作。古代天皇制から、武家の発展を経て江戸幕府成立にいたる過程を実証的に描き、徳川政権の正当性を主張。先駆的な独自の歴史観を読みやすい訳文で。

2140

石井寛治著
## 日本の産業革命　日清・日露戦争から考える
日本の近代化を支えたものは戦争と侵略だったのか？外貨排除のもとでの民業育成、帝国の利権争い、アジア侵略への道程を解析し、明治の国家目標「殖産興業」が「強兵」へと転換する過程を探る、劃期的な経済史。

2147

関　幸彦著
## 武士の誕生
古代の蝦夷との戦争が坂東の地に蒔いた「武の遺伝子」は、平将門、源義家、頼朝らによって育まれ、開花した。地方の「在地領主」か、都の「軍事貴族」か。「武士」とはそもそも何か。起源と成長をめぐる新視点。

2150

# 日本の歴史・地理

## 幕末の天皇
藤田　覚著

天皇の権威の強化を図った光格天皇、その志を継ぎカリスマにまで昇りつめた孝明天皇。幕末政治の表舞台に躍り出た両天皇の八十年間にわたる〝闘い〟に「江戸時代の天皇の枠組み」と近代天皇制の本質を追う。

2157

## カレーライスの誕生
小菅桂子著

日本の「国民食」はどのようにして生まれたのか。近代黎明期、西洋料理としてわが国に紹介されたカレーの受容と、独自の発展を遂げる過程に秘められた人々の知恵と苦闘のドラマを活写する、異色の食文化史。

2159

## 江戸と江戸城
内藤　昌著

徳川家三代が急ピッチで作り上げた世界最大の都市・江戸は、「渦巻き構造」をもった稀有な都市である。古代〜江戸への地理的・歴史的な成立過程を詳述し、その実態を物的証拠により解明した江戸論の基本図書。

2160

## 中世のなかに生まれた近世
山室恭子著

判物（サイン）から印判状（はんこ）へ。人格的支配から官僚制的支配へ。武田氏、今川氏、上杉氏、毛利氏など、戦国大名の発給した文書を解析し、東国と西国の違いを明らかにし、天下統一の内実に迫った力作。

2170

## 鉄炮伝来　兵器が語る近世の誕生
宇田川武久著

鉄炮を伝えたのはポルトガル人ではなかった！　戦国大名の贈答品から、合戦の主役へ、さらに砲術武芸の成立まで。歴史の流れを加速させた新兵器はいかに普及し、戦場を一変させたのか？　戦国史の常識を覆す。

2173

## 名将言行録　現代語訳
岡谷繁実著／北小路　健・中澤惠子訳

幕末の館林藩士・岡谷繁実によって編まれた、武将たちの逸話集。千二百をこえる膨大な諸書を渉猟して編纂された大著から戦国期の名将二十二人を抜粋、戦乱の世の雄たちの姿を、平易な現代語で読み解いてゆく。

2177

エドワード・S・モース著／石川欣一訳
## 日本その日その日

大森貝塚の発見者として知られるモースの日本滞在見聞録。科学者の鋭敏な眼差しを通して見た、近代最初期の日本の何気ない日常の営みや風俗を、異文化に触れる驚きや楽しさに満ちたスケッチと日記で伝える。

2178

粟屋憲太郎著
## 東京裁判への道

A級戦犯被告二十八人はいかに選ばれたのか？　昭和天皇不訴追の背景は？　無視された証言と証拠、近衛の自殺、木戸の大弁明……アメリカの膨大な尋問調書が明かす真実。第一人者による東京裁判研究の金字塔！

2179

貝塚爽平著
## 富士山の自然史

三つのプレートが出会う場所に、日本一の名峰は、そびえ立っている。日本・東京の地形の成り立ちと風景と足下に隠された自然史の読み方を平易に解説する。ロングセラー『東京の自然史』の入門・姉妹編登場。

2212

橋本一夫著
## 幻の東京オリンピック　1940年大会 招致から返上まで

関東大震災からの復興をアピールし、ヒトラーやムソリーニとの取引で招致に成功しながら、日中戦争勃発で返上を余儀なくされた一九四〇年の東京オリンピック。戦争と政治に翻弄された人々の苦闘と悲劇を描く。

2213

五味文彦著
## 鎌倉と京　武家政権と庶民世界

中世とは地方武士と都市庶民の時代だった。武家政権の誕生前夜から鎌倉幕府の終焉にかけての、生活の場とその場での営為を通して、自我がめざめた「個」の時代の相貌を探究。中世日本の実像が鮮やかに甦る。

2214

家近良樹著
## 江戸幕府崩壊　孝明天皇と「一会桑」

薩長を中心とする反幕府勢力が武力で倒幕を果たしたという常識は本当か。王政復古というクーデタ方式が採られた理由とは？　孝明天皇、一橋、会津、桑名藩という知られざる主役に光を当てた画期的な幕末史！

2221

宮脇俊三著
**全線開通版 線路のない時刻表**

完成間近になって建設中止となった幻のローカル新線。その沿線を辿る紀行と、著者作成による開業後の実乗記刻表を収録した。第三セクターによる開業後の実乗記を加えた、全線開通版。付録として、著者の年譜も収録。

2225

宮尾しげを著
**すし物語**

大陸から伝来した馴れ鮓は押しずしを経て、江戸期に一夜ずし、にぎりずしとなる。すしの歴史から江戸・明治の名店案内、米・魚・のりなどの材料の蘊蓄、全国各地のすし文化まで、江戸文化研究家が案内する。

2234

関 幸彦著
**「国史」の誕生** ミカドの国の歴史学

武家政権を否定した明治国家は、なぜ再び武家を称揚したか。江戸期の知的伝統と洋学が結合し、「新しい日本の自画像」を描くべく成立した近代歴史学。国家との軋轢の中で挫折し、鍛えられた明治の歴史家群像。

2247

古川 薫著
**松下村塾**

わずか一年で高杉晋作、伊藤博文らの英傑を育てた幕末の奇跡、松下村塾。粗末な塾舎では何があり、塾生は何を教わったのか。塾の成立から閉鎖までを徹底検証、松陰の感化力と謎の私塾の全貌を明らかにする。

2263

浅見雅男著(解説・刑部芳則)
**華族誕生** 名誉と体面の明治

誰が華族となり、「公侯伯子男」の爵位はどのように決められたか。そこではどんな人間模様が展開したか。爵位をめぐり名誉と体面の保持に拘泥した特権階級の姿から明らかになる、知られざる近代日本の相貌。

2275

長谷川 伸著(解説・野口武彦)
**相楽総三とその同志**

歴史は多くの血と涙、怨みによって成り立っている。薩長に「偽官軍」の汚名を着せられて刑死した相楽総三率いる赤報隊。彼ら「草莽の志士」の生死を丹念に追うことで、大衆文学の父は「筆の香華」を手向けた。

2280

## 侍従長の回想
藤田尚徳著（解説・保阪正康）

敗戦必至の状況に懊悩する昭和天皇。終戦の決断に至るまでに何があったのか。玉音放送、マッカーサーとの会見、そして退位論をめぐって示した君主としての姿勢とは。激動期に側近に侍した著者の稀有の証言。

2284

## 伊藤博文　近代日本を創った男
伊藤之雄著

討幕運動、条約改正、憲法制定、そして韓国統治と暗殺。近代国家を創設した最大の功労者の波乱の生涯と、「剛凌強直（ごうりょうきょうちょく）」たる真の姿を描き切る。従来の「悪役イメージ」を覆し、その人物像を一新させた話題の書。

2286

## 満鉄調査部
小林英夫著

戦時経済調査、満蒙・ソ連研究、華北分離政策などの活動実態から、関東憲兵隊との衝突、戦後日本の経済成長やアジア研究への貢献まで。満洲から国策を先導した、「元祖シンクタンク」満鉄調査部の全貌に迫る。

2290

## 徳富蘇峰　終戦後日記『頑蘇夢物語』
徳富蘇峰著（解説・御厨　貴）

占領下にあっても近代日本最大の言論人は書き続ける。封印された第一級史料には、無条件降伏への憤り、昭和天皇への苦言、東條・近衛ら元首相への批判と人戦の行方を見誤った悔悟の念が赤裸々に綴られていた！

2300

## 大政翼賛会への道　近衛新体制
伊藤　隆著

太平洋戦争前夜、無血革命に奔った群像！　憲法の改正や弾力的運用で政治・経済・社会体制の変革と一党支配を目指した新体制運動。これを推進した左右の革新派の思惑と、彼らが担いだ近衛文麿の行動を追跡。

2340

## 秩禄処分（ちつろくしょぶん）　明治維新と武家の解体
落合弘樹著

明治九年（一八七六）、ついに〈武士〉という身分が消滅した！　支配身分の特権はいかにして解消され、没落した士族たちは、この苦境にどう立ち向かっていったのか。維新期最大の改革はなぜ成功したかを問う。

2341

山川三千子著（解説・原　武史）
**女官**　明治宮中出仕の記
明治四十二年、十八歳で宮中に出仕した華族・久世家の長女の回想記。「雀」と呼ばれた著者は、明治天皇夫妻の睦まじい様子に触れ、皇太子嘉仁の意外な振る舞いに戸惑う。明治宮中の闇をあぶりだす一級資料。
2376

アルベール・ド・バッソンピエール著／磯見辰典訳
**ベルギー大使の見た戦前日本**　バッソンピエール回想録
関東大震災、大正の終焉と昭和天皇即位の大礼、満洲事変、相次ぐ要人へのテロ……。駐在して十八年、練達の外交官の目に極東の「日出ずる帝国」とその指導層はどう映じたのか。「戦前」を知る比類なき証言。
2380

藤井讓治著
**江戸開幕**
幕府の基礎を固めた家康、秀忠、家光の徳川三代。外様大名対策、史上初の朝廷支配、キリシタン禁制と鎖国、老中制の確立……。二百六十余年にわたる太平を生み出した強固な体制の成立と構造を解明した名著。
2384

タイモン・スクリーチ著／森下正昭訳（解説・田中優子）
**江戸の大普請**　徳川都市計画の詩学
徳川家は、千年の雅都・京に負けない町を作り出したかった。壮麗な日本橋は、経済の象徴「金座」、時を支配する「時の鐘」を従える。江戸の風景を再現し、その意図を解読する。格好の江戸散策手引書です。
2446

江坂輝彌（てるや）著（序文　サイモン・ケイナー）
**日本の土偶**
「土偶」は年代・地域により大きく違う。どこから来て、どのように変容したのか。三〇〇点以上の図版で一万年の歴史を立体的に解説。稲作が広がる前の列島の景色や縄文人の世界観を想起させる、伝説的名著。
2474

黒岩比佐子著
**歴史のかげに美食あり**　日本饗宴外交史
ペリー、明治天皇、ニコライ皇太子、伊藤博文……近代日本の運命は、食卓で決まった！　幕末から明治末まで大事件の主役たちを悩ませた「おもてなし」。当時のメニューを細見し、食の視点から歴史を読み直す。
2477

# 日本の歴史・地理

大津　透著
## 天皇の歴史1　神話から歴史へ

「日本」と「天皇」は、どちらが先に誕生したのか？　卑弥呼と「倭の五王」に遡り、『古事記』『日本書紀』が描く神話の解読と考古学の最新成果から、神武以降の天皇を検証する。大化の改新、律令国家の形成まで。

2481

吉川真司著
## 天皇の歴史2　聖武天皇と仏都平城京

人々の期待とともに即位した聖武天皇を待ち受けていたのは、相次ぐ天災と政変、疫病の大流行だった。苦悩する天皇は仏教に帰依し、平城京は仏都の彩りを濃くしていく。波乱の生涯と、宮都の実像を活写する。

2482

佐々木恵介著
## 天皇の歴史3　天皇と摂政・関白

天皇と摂関は、対立していたのか？　菅原道真の怨霊問題、醍醐・村上天皇の「延喜・天暦の治」、そして藤原道長の栄華。王権をめぐる姻戚関係を藤原氏が支配するなかで、天皇のみがなしえたこととは何か。

2483

河内祥輔／新田一郎著
## 天皇の歴史4　天皇と中世の武家

最も重視された皇統の理念「正統」とは何か？　源平争乱と承久の乱、皇統分裂、後醍醐天皇の倒幕運動。天皇と武家が共同で支配する「朝廷・幕府体制」の曲折をたどり、足利義満の権力構想を解明する。

2484

藤井讓治著
## 天皇の歴史5　天皇と天下人

天下布武を目指して上洛した織田信長。皇居の「北京移転」を目論んだ豊臣秀吉。巧みに朝廷に介入し、江戸に幕府を開いた徳川家康。三人の天下人と対峙し格闘した三人の天皇、正親町・後陽成・後水尾の実像。

2485

藤田　覚著
## 天皇の歴史6　江戸時代の天皇

無力の天皇が君主の実権を握ったのはなぜか。学問で権威を高め、飢饉で幕府に救い米を出させた光格天皇。幕府からも反幕府勢力からも担がれて、高い政治的権威を得た孝明天皇。一五人の天皇の屈辱と抵抗。

2486

# 日本の歴史・地理

西川　誠著
## 天皇の歴史7　明治天皇の大日本帝国
明治天皇は薩長の「操り人形」だったのか？　幕末の混乱の中で一六歳で皇位に就き、復古と欧化を決断した帝は、ついに国民の前に姿を現す。国家とともに成長し「建国の父祖」の一員となった大帝の実像。

2487

加藤陽子著
## 天皇の歴史8　昭和天皇と戦争の世紀
一九〇一年、明治天皇の初皇孫として生まれた迪宮裕仁は、生涯に三度、焦土に立つ運命にあった。昭和の戦争は、平成の天皇に何を残したのか――。戦後昭和から平成までの「象徴天皇の時代」を大幅加筆！

2488

小倉慈司／山口輝臣著
## 天皇の歴史9　天皇と宗教
天皇とは、神か、祭祀王か、仏教者か。伊勢神宮と大嘗祭の起源、神祇制度の変遷など、知られざる側面を探究。古代の祭りから、仏教に染まった中近世、現代の宮中祭祀まで。皇族に信教の自由はあるのか？

2489

渡部泰明／阿部泰郎／鈴木健一／松澤克行著
## 天皇の歴史10　天皇と芸能
天皇家の権威の源泉は、武力でも財力でもなく、「芸能」にあった。和歌・管絃を極め、茶の湯や立花に励み、和漢の学問と文化の力で一五〇〇年を生き延びてきた天皇の歴史から、日本文化の深層が見えてくる。

2490

石井寛治著
## 明治維新史　自力工業化の奇跡
倒幕を果たした維新の志士と産業の近代化に歩みだした豪商農を支えた「独立の精神」。黒船来航から西南戦争まで、新しい国のかたちを模索した時代を政治、社会、経済、産業と立体的な視点から活写する。

2494

佐藤弘夫著
## 「神国」日本　記紀から中世、そしてナショナリズムへ
「神国」思想は、日本の優越性を表すものでも、排他的なものでもなかった。神国思想の形成過程と論理構造を解読し、近世・近代への変遷を追う千年の精神史。既成概念を鮮やかに覆す思想史研究の意欲的な挑戦！

2510

《講談社学術文庫　既刊より》

## 日本の歴史・地理

**日中戦争** 前線と銃後
井上寿一著

意図せずして戦端が開かれ、際限なく拡大する戦争。そこに労働者も農民も地位向上の希望を賭け、兵士は国家改造の夢を託す。そして国民の熱狂は大政翼賛会を生み出した。多彩な史料で描く戦時下日本の実像。

2518

**島原の乱** キリシタン信仰と武装蜂起
神田千里著

関ヶ原合戦から約四十年、幕府を震撼させた大蜂起はなぜ、いかにして起きたか。「抵抗」「殉教」の論理だけでは説明できない核心は何か。壮絶な宗教一揆の実相を描き出し、歴史的意味を深く問う決定的論考。

2522

**宮中五十年**
坊城俊良著（解説・原武史）

著者は伯爵家に生まれ、明治三五年、宮中に召し出された。一〇歳の少年が間近に接した明治天皇は、厳しく几帳面ながら優しい思いやりを見せる。大帝崩御の後も昭憲皇太后、貞明皇后らに仕えた半世紀の回想。

2527

**漂巽紀畧**（ひょうそんきりゃく） 全現代語訳
ジョン万次郎述／河田小龍記／谷村鯛夢訳／北代淳二監修

土佐の若き漁師がアメリカに渡り「西洋近代」と出会った。鉄道、建築、戦争、経済、教育、民主主義……幕末維新に大きな影響を与えた「ジョン・マン」の奇跡的な記録。信頼性が高い写本を完全現代語訳に。

2536

**君が代の歴史**
山田孝雄著（解説・鈴木健一）

古今和歌集にあったよみ人しらずの「あの歌」は、いかにして国歌になったのか。種々の史料から和歌としてのなりたちと楽曲としての沿革の両面でたどる。「最後の国学者」が戦後十年を経て遺した真摯な追跡。

2540

**潜伏キリシタン** 江戸時代の禁教政策と民衆
大橋幸泰著

近世では一部のキリシタンは模範的な百姓として許容され、本当の悲劇は、近代の解放後に起こった。近世の宗教弾圧を検証し、「隠れ切支丹」の虚像を覆す。大浦天主堂の「信徒発見の奇跡」は何を物語るのか。

2546

森　鷗外著（解説・猪瀬直樹）
**元号通覧**

一三〇〇年分の元号が一望できる！　文豪森鷗外、最晩年の考証の精華『元号考』を改題文庫化。「大化」から「大正」に至る元号の典拠や不採用の候補、改元の理由まで、その奥深さを存分に堪能できる一冊。

2554

藤田達生著
**本能寺の変**

なぜ明智光秀は信長を殺したか。信長は何と戦い、何に負けたのか。戦国時代とは、室町幕府とは、日本の中世・近世とは何か。史料を丹念に読み解くことで、日本史上最大の政変の深層を探り、核心を衝く！

2556

加藤聖文著
**満鉄全史**　「国策会社」の全貌

一企業でありながら「陽に鉄道経営の仮面を装い、陰に百般の施設を実行する」実質的な国家機関として大陸に君臨した南満洲鉄道株式会社の誕生から消滅まで。年表、首脳陣人事一覧、会社組織一覧付き。

2572

永原慶二著（解説・本郷和人）
**戦国時代**

大名はいかに戦ったか。民衆はいかに生き抜いたか。そして日本はいかに変容したか。戦後日本史学の巨人が戦国時代の全体像を描き出した決定的論考。戦乱の実像と時代の動因を、明晰かつ生き生きと描く名著！

2573

谷口耕一・小番　達訳注
**平治物語**　全訳注

『平家物語』前夜、都を舞台にして源平が運命の大激突――。平治の乱を題材に、敗れゆく源氏の悲哀と再興の予兆を描いた物語世界を、流麗な原文、明快な現代語訳、詳細な注でくまなく楽しめる決定版！

2578

細川重男著
**執権**　北条氏と鎌倉幕府

なぜ北条氏は将軍にならなかったのか。なぜ鎌倉武士はあれほど抗争を繰り返したのか。執権への権力集中を成し遂げた義時と、得宗による独裁体制を築いた時宗。二人を軸にして鎌倉時代の政治史を明快に描く。

2581

## 学術文庫版 日本の歴史 全26巻

編集委員＝網野善彦・大津透・鬼頭宏・桜井英治・山本幸司

| | | |
|---|---|---|
| 00 | 「日本」とは何か | 網野善彦（歴史家） |
| 01 | 縄文の生活誌 旧石器時代～縄文時代 | 岡村道雄（考古学者） |
| 02 | 王権誕生 弥生時代～古墳時代 | 寺沢　薫（橿原考古学研究所） |
| 03 | 大王から天皇へ 古墳時代～飛鳥時代 | 熊谷公男（東北学院大学） |
| 04 | 平城京と木簡の世紀 奈良時代 | 渡辺晃宏（奈良文化財研究所） |
| 05 | 律令国家の転換と「日本」 奈良時代末～平安時代前期 | 坂上康俊（九州大学） |
| 06 | 道長と宮廷社会 平安時代中期 | 大津　透（東京大学） |
| 07 | 武士の成長と院政 平安時代後期 | 下向井龍彦（広島大学） |
| 08 | 古代天皇制を考える 古代史の論点 | 大津透/大隅清陽/関和彦/熊田亮介<br>丸山裕美子/上島享/米谷匡史 |
| 09 | 頼朝の天下草創 鎌倉時代前期 | 山本幸司（静岡文化芸術大学） |
| 10 | 蒙古襲来と徳政令 鎌倉時代後期 | 筧　雅博（フェリス女学院大学） |
| 11 | 太平記の時代 南北朝時代 | 新田一郎（東京大学） |
| 12 | 室町人の精神 室町時代 | 桜井英治（東京大学） |
| 13 | 一揆と戦国大名 室町時代末～戦国時代 | 久留島典子（東京大学史料編纂所） |
| 14 | 周縁から見た中世日本 中世史の論点 | 大石直正/高良倉吉/高橋公明 |
| 15 | 織豊政権と江戸幕府 織豊時代～江戸時代初期 | 池上裕子（成蹊大学） |
| 16 | 天下泰平 江戸時代（17世紀） | 横田冬彦（京都橘女子大学） |
| 17 | 成熟する江戸 江戸時代（18世紀） | 吉田伸之（東京大学） |
| 18 | 開国と幕末変革 江戸時代（19世紀） | 井上勝生（北海道大学） |
| 19 | 文明としての江戸システム 近世史の論点 | 鬼頭　宏（上智大学） |
| 20 | 維新の構想と展開 明治時代前期 | 鈴木　淳（東京大学） |
| 21 | 明治人の力量 明治時代後期 | 佐々木隆（聖心女子大学） |
| 22 | 政党政治と天皇 大正時代～昭和初期 | 伊藤之雄（京都大学） |
| 23 | 帝国の昭和 昭和（戦前 戦中期） | 有馬　学（九州大学） |
| 24 | 戦後と高度成長の終焉 昭和・平成（戦後～バブル崩壊後） | 河野康子（法政大学） |
| 25 | 日本はどこへ行くのか | H・ハルトゥーニアン/T・フジタニ<br>姜尚中/岩崎奈緒子/比屋根照夫<br>T・モーリス=スズキ/C・グラック |